教育部人才培养模式改革和开放教育试点教材

教师礼仪概论

金正昆　编著

北京大学出版社
PEKING UNIVERSITY PRESS

图书在版编目(CIP)数据

教师礼仪概论/金正昆编著. —北京:北京大学出版社,2007.9
(教育部人才培养模式改革和开放教育试点教材·现代礼仪系列)
ISBN 978-7-301-12673-8

Ⅰ.教… Ⅱ.金… Ⅲ.教师-礼仪-电视大学-教材 Ⅳ.G451.6

中国版本图书馆 CIP 数据核字(2007)第 132356 号

书　　　　名:	教师礼仪概论
	JIAOSHI LIYI GAILUN
著作责任者:	金正昆　编著
责 任 编 辑:	徐文宁
标 准 书 号:	ISBN 978-7-301-12673-8
出 版 发 行:	北京大学出版社
地　　　　址:	北京市海淀区成府路 205 号　100871
网　　　　址:	http://www.pup.cn
电　　　　话:	邮购部 010-62752015　发行部 010-62750672　编辑部 010-62752032
电 子 邮 箱:	zpup@pup.cn
印　刷　者:	人卫印务(北京)有限公司
经　销　者:	新华书店
	787 毫米×980 毫米　16 开本　15 印张　286 千字
	2007 年 9 月第 1 版　2024 年 6 月第 9 次印刷
定　　　　价:	39.00 元

未经许可,不得以任何方式复制或抄袭本书之部分或全部内容。
版权所有,侵权必究　举报电话:010—62752024
电子邮箱:fd@pup.pku.edu.cn

前　　言

人生一世，必须交际。任何一个正常人如果打算完全回避人际交往，都是绝对不可能的。

进行交际，需要规则。没有规则，人际交往便会自行其是，难以沟通，难以修成正果。

所谓礼仪，即人际交往的基本规则。古人尝言："礼也者，理也。"

"礼"的基本要求是尊重。孔子云："礼者，敬人也。"从本质上讲，"礼"是一项做人的基本道德标准。"礼者，养也。""礼"所规范的是一个人对待自己、对待别人、对待社会的基本态度。"礼"的基本要求是：每一个人都必须尊重自己、尊重别人，并尊重社会。

每一位现代人都应该尊重自己。一个人不尊重自己，就不会获得别人的尊重。尊重自己的具体要求是：首先，要尊重自身；其次，要尊重自己所从事的职业；最后，则要尊重自己所在的单位。

每一位现代人都应该尊重别人。因为"来而不往，非礼也。"一个人不尊重别人，就难以得到对方的尊重。尊重别人，具体要求往往有所不同：尊重上级，是一种天职；尊重同事，是一种本分；尊重下级，是一种美德；尊重客户，是一种常识；尊重对手，是一种风度；尊重所有人，则是一种做人所应具备的基本教养。

每一位现代人都应该尊重社会。马克思说过：人是社会关系的总和。每一个人都生活于社会。尊重社会，将美化人类自身的生存环境，并有助于人类的最优化发展。尊重社会的具体要求是：首先，要讲究公德；其次，要维护秩序；再次，要保护环境；最后，则要爱国守法。"仪"的含义则是规范的表达形式。任何"礼"的基本道德要求，都必须借助于规范的、具有可操作特征的"仪"，才能恰到好处地得以表现。就礼仪而言，没有"礼"，便不需要"仪"；没有"仪"，则又难以见识何者为"礼"。

简而言之，所谓礼仪，就是人们用于表现尊重的各种规范的、可操作的具体形式，它普遍适用于各种各样的人际交往；亦即人际交往的基本规则。

在现代生活中，人们所讲究的自然是现代礼仪。一般而论，现代礼仪通常具有以下四个基本特征：

其一，普遍性。在任何国家、任何场合、任何人际交往中，人们都必须自觉地遵守礼仪。

其二，规范性。讲究礼仪，必须采用标准化的表现形式，才会获得广泛认可。

其三，对象性。在面对各自不同的交往对象，或在不同领域内进行不同类型的人际交往时，往往需要讲究不同类型的礼仪。

其四,操作性。在具体运用礼仪时,"有所为"与"有所不为"都有各自具体的、明确的、可操作的方式与方法。

孔子尝言:"不学礼,无以立。"在现代生活中,礼仪依旧是每一位现代人不可或缺的基本素养。

学习现代礼仪,首先可以内强素质。在人际交往中,有道德才能高尚,讲礼仪方算文明。学习礼仪,讲究礼仪,无疑会使人们提高自己的内在素质。

学习现代礼仪,其次可以外塑形象。现代礼仪讲究尊重,强调沟通,重视认知,力求互动。得法地运用礼仪,不仅会令自己更易于被他人所接受,而且还会有助于维护自身乃至所在单位的良好形象。

学习现代礼仪,最后还可以增进交往。目前,人们已经普遍意识到:在现代社会中要成功、要发展,不但需要智商,而且需要情商。所谓情商,外在表现为一个人的心态如何,内在的本质则是一个人与其他人进行合作的能力。掌握现代礼仪,自然有助于使自己更好地与他人进行合作,并且进而令自己成为受欢迎的人。

作为一名现代人,不学礼,则不知礼。不知礼,则必失礼。

作为一名现代人,不守礼,则会被他人视为不讲礼。在现代社会中,一个人若被他人视为不讲礼,则往往无人理!

现代生活已经告诫人们:有礼走遍天下,无礼寸步难行。

现代生活已经提醒人们:必须学礼、知礼、守礼、讲礼,必须时时处处彬彬有礼。

目 录

第一章 师 德 …… 1

第一节 社会公德 …… 2
第二节 职业道德 …… 8
第三节 双向沟通 …… 14
第四节 阳光心态 …… 19
练习题 …… 25

第二章 师 表 …… 26

第一节 形象规范 …… 27
第二节 着装规范 …… 32
第三节 仪容规范 …… 42
第四节 表情规范 …… 51
第五节 举止规范 …… 59
练习题 …… 67

第三章 师 言 …… 68

第一节 礼貌用语 …… 69
第二节 文明用语 …… 76
第三节 书面用语 …… 86
第四节 电话用语 …… 91
第五节 网络用语 …… 99
练习题 …… 104

第四章 师　缘 ……………………………………………… 105

第一节　校园交往 …………………………………… 106
第二节　友邻交往 …………………………………… 114
第三节　家庭交往 …………………………………… 122
第四节　涉外交往 …………………………………… 131
第五节　媒体交往 …………………………………… 141
练习题 ………………………………………………… 147

第五章 师　行 ……………………………………………… 148

第一节　会面礼节 …………………………………… 149
第二节　拜访礼节 …………………………………… 158
第三节　集会礼节 …………………………………… 167
第四节　宴会礼节 …………………………………… 176
第五节　舞会礼节 …………………………………… 193
第六节　交通礼节 …………………………………… 203
第七节　礼品礼节 …………………………………… 219
练习题 ………………………………………………… 227

参考书目 ……………………………………………………… 229
后　记 ………………………………………………………… 230

第一章 师 德

内容简要

师德,此处指的是教师在其工作与生活之中所应恪守的基本道德规范。作为为人师表者,教师理当讲究师德。本章所讲授的内容,包括社会公德、职业道德、双向沟通、阳光心态等教师所应具备的基本道德修养。

学习目标

1. 正确认识师德的重要性。
2. 身体力行地讲究师德。
3. 模范地遵守社会公德。
4. 认真地恪守职业道德。
5. 重视双向沟通。
6. 拥有阳光心态。

有道是"学高为师，德高为范"。作为教书育人之人，师德乃教师的立身之本。要做一名称职者，教师在师德方面就必须率先垂范。

所谓道德，通常指的是个人的行为规范，即做人的基本要求。所谓师德，一般是指教师所应具备的道德品质和所应遵从的行为规范，即对教师约束其个人行为所提出的基本要求。

有道德才能高尚，讲礼仪方为文明。在日常工作与交往中，每一名教师均应自觉地恪守师德。

第一节　社会公德

社会公德，是人们在社会生活中所需要共同遵守的行为准则。它主要通过社会舆论对人类的社会生活发挥一定的约束作用。讲究社会公德，不仅是每一名公民的天职，而且也是社会稳定而又有秩序地发展的重要保证。

在日常生活里，讲究社会公德与讲究礼仪之间的关系十分密切。讲究社会公德是讲究礼仪的重要基础，讲究礼仪则是讲究社会公德的具体表现。因此，对于每一位教师而言，讲究礼仪，就一定要讲究社会公德；而讲究社会公德，反过来又必然会对讲究礼仪有所帮助。在社会生活里，既然教师不能够不讲究礼仪，那么教师自然也不能够不讲究社会公德。因此，讲究礼仪与讲究社会公德并无任何矛盾。从某种意义上来说，讲究礼仪与讲究社会公德实际上是殊途同归的。

不同的阶级，有着不同的社会公德。在不同的时代里，社会公德的具体内容往往又有所不同。当前，我国的社会主义现代化建设需要教师不仅要学有所长，而且还必须在社会生活里讲究社会公德，真正做到德艺双馨。

要求教师讲究社会公德，意在使之成为一名真正有教养的人、高尚的人。要真正做到此点，绝对不可以只是口头上谈谈而已，而是必须在行动上将这一要求付诸实践。当前最重要的，就是要求教师在维护秩序、关心他人、讲究卫生、爱护环境等四个方面身体力行。

一　维护秩序

维护秩序，是对教师讲究公德的首要要求。所谓秩序，在此指的主要是社会秩序。良好的社会秩序，是避免混乱的基本保证和基本规范。只有全体公民自觉维护社会秩序，一个社会才有安定与祥和可言。在维护秩序方面，教师应当努力做好下列四点。

（一）遵纪守法

作为一名公民，教师在社会生活里，必须以自己的实际行动遵守法律、遵守纪律，成为遵纪守法的模范，而绝对不允许言行不一，口是心非，反其道而行之。

所谓法律，是指由立法机关制定、国家政权保证执行的行为规则。它体现着统治阶级的意志,是阶级专政的一种工具。我国是一个实行法治、以法治国的国家。教师一定要自觉做到有法必行,认真守法。

所谓纪律,则是指一个团体或者组织为了维护集体利益并保障其正常运作而制定的,要求其每一名成员遵守的规章、条文。在学校里,作为一名教师,必须遵守学校纪律。在组织内,作为一名成员,教师则必须遵守组织纪律。

(二)保护公物

保护公物,是维护社会公共秩序的应有之义。在社会生活里,教师们必须以自己的实际行动保护公物,并且积极地与一切破坏公物的行为进行坚决斗争。

所谓公物,指的是公有、公用处所之中为大众提供服务的、属于社会所有的一切公共设施和物品。每一位具有良知的社会成员,对于任何公物都要加倍爱惜,自觉保护。有意或无意之中损坏公物,都是不应该的。

教师应当特别注意:任何公物都切切不可窃为己有,也不应当以任何形式对其独占或者私用。在公共场所进行活动时,不要四处乱刻、乱画、乱涂、乱抹,不要破坏公有建筑物;不要随意攀缘公有园林之内的树木,或者偷折偷采其树枝、花卉、果实;不要对公用的桌椅、电话以及其他用具丝毫不加爱惜。

(三)礼让有序

教师在公共场所内进行活动时,必须注意慎独。对于自己所遇到的其他社会成员,不论相识与否,都要谦让,并且和平共处。不要无事生非、寻衅滋事,更不允许欺软怕硬、刁蛮无理、打架骂人。

需要与其他人同时使用公用设施或是进行某项活动时,务必要讲究先来后到,有先有后,依次而行。除去按照规定可以给予某些特殊人士以照顾之外,维护现场秩序的最佳良方,就是大家自觉排队。

在某些不需要排队,但又需要分出先后的情况,教师切勿争先恐后。要懂得在这类场合里礼让别人,"退一步地阔天宽"。

(四)无碍于人

在日常生活里,教师必须时刻注意,不要因为自己的粗心大意,而对别人造成某种程度上的妨碍。如下三点,特别应当为教师所重视。

1. 不在公共场所大声喧哗

在公共场所里活动时,不论交谈、行走,都不应当制造噪声。无视别人的存在,大呼小叫、高声谈笑、引吭高歌、打打闹闹,都是极度失礼的。

2. 不尾随或围观其他人士

在公共场所里活动时,每一位有教养的人士都不可以尾随、围观、窥视或是反复打量陌路之人。指点、议论别人,甚至不邀而至地自动加入别人的谈话,同样是不允许的。特别是对异性、少数民族、外国友人或者残疾人,此番表现则尤为不妥。

3. 不同其他人士相距过近

人与人之间关系不同时,其彼此之间相处的距离往往会有所不同。在正常情况下,与亲密者相处,双方距离可小于 0.5 米。与常人打交道,双方距离宜在 0.5 米至 1.5 米之间。在公共场所里与陌生人共处时,若非环境十分拥挤,则双方距离不应当小于 1.5 米。若无任何原因而与陌生人相距过近,难免令人顿觉不快。

二 关心他人

在社会生活里,人与人之间应当相互关心,互助友爱。教师在公共场合内要做到目中有人,在力所能及的范围内,积极而主动地关心他人。具体来讲,需要同时注意两个方面的问题。

一方面,教师对别人要真心实意地加以关心。所谓关心别人,就是要对对方加以重视和爱护,并且把对方的事情放在自己的心上。对于需要关心的人而言,来自别人的关心犹如雪中送炭,是不可缺少的。教师对别人的关心,既要出自真心,发自诚意,又要重在实际行动。

另一方面,教师对别人的关心必须注意适度。在关心别人时,教师要力戒过犹不及,不要因为自己对别人的关心而有碍于对方的私生活,或者直接干涉对方的个人行动自由。关心虽为善举,但应适可而止。倘若对别人过分地关心,有时对方不但不会领情,而且还会因此感到不快。

从讲究社会公德方面来讲,在社会生活里,教师要关心别人,主要需要将重点放在下述四个方面。

(一) 照顾老人

老人既是长辈,又是需要关心的弱者。在任何情况下,教师都应当主动关心老人。具体而言,有三点必须注意。

1. 敬重老人

在日常生活里,教师一定要以自己的实际行动去敬重老人。对老人不恭不敬,是没有教养的表现。敬重老人,实际上就是在敬重将来的自己,所以古人才会提出"老吾老"的做人基本要求。

2. 礼待老人

与老人相处,教师务必要注意时时处处对其待之以礼。在任何情况之下,教师都要在自己的心目中和实际行动上将老人置于"上位",而由自己身居"下位",执礼事之。

3. 关照老人

由于生理原因,老人往往需要人们给予更多的具体的生活方面的照顾。在必要之时,教师应当挺身而出,在日常生活里主动而耐心地照料老人。

(二)尊重妇女

妇女是人类的母亲。没有妇女,就没有整个人类的继往开来,人类社会也将不复存在。在某种意义上讲,尊重妇女,就是在尊重自己的母亲,就是在尊重人类自己。在尊重妇女方面,教师有以下三点一定要自觉地做好。

1. 体谅妇女

由于在社会生活里贡献良多、负担甚重,平日妇女有其种种难言之隐,不足为外人道哉。作为一名成年人,教师一定要对妇女加以真心体谅。不要难为妇女、苛求妇女,不宜对妇女求全责备,不可对妇女缺乏基本的谅解。

2. 平等相待

《中华人民共和国宪法》规定:"中华人民共和国妇女在政治的、经济的、文化的、社会的和家庭的生活等各方面享有同男子平等的权利。"① 因此,教师在思想上、行动上都要讲究男女平等。任何情况之下,都不容许搞大男子主义,不容许搞男尊女卑或歧视妇女。

3. 积极保护

保护妇女,是每一位公民的义务。对教师来说,保护妇女不仅应当表现为保护妇女的正当权利和利益,而且应当表现为保护妇女不受任何形式的伤害。

(三)保护儿童

古人曾倡导:"幼吾幼,以及人之幼。"儿童是人类的明天和希望。保护儿童,从广义上来讲,就是在保护人类的未来。教师必须将保护儿童视为义不容辞的一项天职。具体而言,在保护儿童方面,主要应当注意下述两点。

1. 以身作则

儿童的可塑性与模仿性极强,在社会生活里,朝气蓬勃的教师通常都是令其心悦诚服的学习榜样。因此,教师们在儿童面前必须注意检点自己的举止言行,为儿童树立一个正面的榜样。如果大而化之,言行过于随便,不仅会对儿童造成误导,而且还很有可能因此而误人子弟。

2. 悉心维护

作为未成年人,儿童缺乏自主意识,而且在生活里难以保护自己。因此,需要包括教师在内的全体成年人给予全心全意的维护。维护儿童,一是要对其进行正面教育;二是要对其进行全面保护;三是要维护其正当的权利和利益;四是要同对其进行伤害的人和事坚决斗争。

(四)帮助病残

在社会生活里,病人、残疾人都是最需要别人帮助照顾的弱者。在力所能及的前提下,

---

① 《中华人民共和国宪法》,北京:人民出版社,2004年版,第71页。

教师应当对病人、残疾人给予热情的帮助。以下三点,均为教师帮助病残人时应予注意的重点。

1. 尊重人格

病人、残疾人,都仅仅是生理上或心理上出现问题的人。在人格上,他们与其他人则是完全平等的。因此,即使在对其进行帮助时,也应当首先尊重对方的人格,切勿居高临下、出言不逊,切切不可在口头上或行动上对其造成侮辱或伤害。例如,对其敬而远之、指指点点,或者对残疾人以"残废"相称,都是极为错误的。

2. 鼎力相助

在社会生活里,教师们对于病人、残疾人,尤其是那些急需别人帮助的病人、残疾人,一定要及时而且热情地援之以手,并且在帮助对方时一定要尽心尽力,不讲任何条件。

3. 体贴入微

在帮助病人、残疾人时,教师一定要表现得耐心细致,体贴入微,热情周到,不厌其烦。最为重要的是,不要在帮助对方时搞形式主义,不要仅仅走个过场,而是要真心实意地争取替对方办上一些实事,能够为对方排忧解难。所以要在帮助对方时了解对方的所思所想,想其所想,急其所急,应其所需。

三 讲究卫生

在现代社会里,讲究卫生不仅是一种基本的社会公德,而且也是每一位文明人所必须具有的良知。

所谓卫生,是有益于常人健康生活的一种状态,是提高人们生活质量的一种必然要求。讲究卫生,就是要求人们的所作所为合乎卫生的具体要求。对于教师们而言,能不能够在平日生活里自觉地讲究卫生,不仅与其能否防止疾病直接相关,而且还会直接影响其个人形象。在任何情况下,不注意讲究卫生,都不算是一名受到过良好教育的教师的正常表现。

要求教师讲究卫生,一定要从我做起,从身边做起,从每一件小事做起。最关键的,是要主动而自觉地讲究卫生,而并非只是装装样子、走走过场、骗骗别人而已。在个人卫生、生活卫生、环境卫生等三个方面,教师都应当认真地加以讲究。

(一) 个人卫生

讲究卫生,首先必须从讲究个人卫生做起。一个人假如总是对其个人卫生不甚讲究,那么他在人际交往中就必定难以树立起其良好的个人形象。一般来讲,讲究个人卫生,主要有如下三个要点。

1. 讲究身体卫生

在日常生活里,对于个人的身体卫生务必要多加重视。教师要养成注意身体卫生的良好习惯,尤其是要养成平日勤于洗手、勤于洗脸、勤于洗脚、勤于洗澡等"四洗"的习惯。唯有如此,才能在根本上使自己显得干净卫生、清爽宜人。

2. 讲究仪表卫生

对于个人的仪表卫生,教师平日尤须加以注意。与身体卫生相比,一个人的仪表卫生更加容易受到交往对象的高度重视。

3. 讲究服饰卫生

教师平日所使用的服饰,必须讲究卫生,并勤于换洗。一个人所使用的服饰不论有多么高档,如果它们显得不够卫生或肮脏不堪,都会令人大倒胃口。

(二) 生活卫生

在日常生活中,教师必须认真、细致地讲究卫生。在以下三点上,特别要做到严于律己,不得大意。

1. 注意作息卫生

人体的生物钟,有其正常的运行规律。因此,教师们平日工作、学习和休息的时间应当同样地讲究规律性。注意作息卫生,既有益于自身健康,又有不妨碍他人之效。

2. 注意饮食卫生

俗语说:"病从口入。"教师在日常生活中一定要牢记此点,认真注意个人的饮食卫生。不仅要不吃、不喝不卫生的东西,不搞暴饮暴食,而且还须讲究进食方式的卫生,不暴殄天物,不在大庭广众前大吃大喝。

3. 注意忌烟忌酒

人所共知,吸烟与喝酒都无益于身体健康。吸烟过量或酗酒,则更是对身体危害极大。教师必须自觉地忌烟、忌酒,尤其是不要在公共场所吞云吐雾、猜拳行令,害人扰民。在校园里或课堂上,吸烟与喝酒则更是绝对不允许的。

(三) 环境卫生

教师对于环境卫生应当倍加爱护。个人卫生、生活卫生与环境卫生三者,应当相辅相成。假如只注意前两者而忽略了第三者,便难言是真正地讲究卫生。对教师来讲,讲究环境卫生,一是要重视环境卫生;二是要搞好环境卫生;三是要保持环境卫生。具体到下述三点,尤须加以注意。

1. 清理环境

讲究环境卫生,就要积极动手,亲自参与环境的打扫与清理。对于环境卫生不理不睬,与破坏环境卫生一样,都是缺乏社会公德的表现。

2. 废物归位

在任何情况下,教师都应当对废弃之物主动进行收拾、打扫,并且将其投入垃圾桶之内。不要把自己的废弃之物乱丢乱扔,或者擅自对其进行焚毁。

3. 痰不乱吐

随地吐痰,是一种极不文明的恶习。它既会破坏环境卫生,又有害于他人的身体健康。因此,教师必须做到决不随地吐痰。

四 爱护环境

在提及讲究公德时,爱护环境是人们始终不应当遗忘的。所谓环境,通常是指人类生活的外部条件。它被视为人类社会赖以生存和发展的基础。爱护环境,一般是指每一个人在日常生活里都有义务对人类所赖以生存的环境自觉地加以保护和爱惜。从本质上讲,爱护环境,归根结底就是爱护人类自己。

教师身为承担教育重任的人类灵魂的工程师,必须具备一定的环境保护意识。否则,同教师的身份即不相称。

自然环境是人类生存和发展的基础,教师应当自觉成为保护环境的卫士,敢于同破坏环境的行为进行斗争,阻止一切有意无意破坏环境的活动。自觉维护生物多样性,不允许滥捕、滥杀动物,尤其是不允许滥捕、滥杀珍稀动物;不允许虐待动物、残害动物,或是随意殴打动物。

第二节 职业道德

一般而言,职业道德指的就是从事某一具体职业的人,在其工作岗位之上所必须遵循的与其职业活动紧密联系的行为准则。由于各种职业所固有的社会性质和社会地位不尽相同,决定了每一种职业在道德上往往都会有着自己的特殊要求,各行各业都有与本行业的性质相一致的道德准则。例如,执教要有师德,经商要有商德,行医要有医德,从艺要有艺德,等等。因此,完全可以将职业道德称之为一种高度社会化的角色道德,一种软性的行为规范。

职业道德,是教师礼仪的主要理论基石之一。教师行业的职业道德,是指教师在其工作过程中,处理自己与学生、自己与所在单位和国家之间的相互关系时所必须自觉遵守的职业行为的准则。

教师行业的职业道德的核心思想,是要为社会服务,为人民服务,为学生服务,让对方对于我方的教育质量称心满意,并且通过全体教师的一言一行,传达出自己对学生的体贴、关心与善意,反映出自己积极进取、报效于国家与社会的精神风貌。

教师行业的职业道德的具体内容,主要包括对于教师在思想品德、服务态度、工作作风、职业修养等四个方面的规范化的要求。它们都是用以调节教师在其工作中的各种人际关系的行为准则。只有掌握了教师行业的职业道德的核心思想,才能够加深对其具体内容的理解;只有掌握了教师行业的职业道德的具体内容,才能够加深对其核心思想的理解。此二者之间,实际上是相辅相成的。

一　思想品质

教师要做好本职工作,在思想品质方面,就必须对自己有一定的、规范化的要求。在我国,对教师在思想品质方面的规范化要求,目前主要涉及下述三个方面。

(一)热爱祖国

作为国家的一名公民,教师必须首先热爱自己的祖国。也就是说,教师在其具体行动上,必须积极地贯彻爱国主义的思想。

爱国主义,是人类自古以来就存在的。爱国主义的基本要求,就是每一名公民都要自觉自愿地在思想上、行动上热爱祖国、热爱人民,热爱本民族的优秀文化遗产,热爱本民族的优良历史传统,坚决拥护祖国的统一、独立、主权和民族尊严。

在中国与外国的历史上,有许许多多的爱国志士,为了自己祖国的独立自由和繁荣富强,不屈不挠,英勇奋斗,甘愿奉献出自己的一切,甚至包括自己宝贵的生命。榜样的力量是无穷的。他们的实际行动,为教师树立了光辉的榜样。

在不同的社会阶段,在不同的历史时期内,爱国主义的具体要求往往会有所不同。当前,我国的爱国主义在祖国现代化进程中的具体要求主要是:拥护中国共产党的领导,积极投身于社会主义现代化建设事业,从自己身边的点滴小事做起,从我做起,努力奉献,为国效力,为国分忧,永远热爱自己的祖国,永远忠于自己的祖国。身为历来推崇爱国主义的中华民族的一分子,教师对于以上具体要求必须身体力行之。

(二)热爱社会主义

我国目前实行的是社会主义制度。因此,作为中华人民共和国公民,教师热爱祖国与热爱社会主义制度是完全一致的,维护民族利益与尊严和维护社会主义制度也是完全一致的。

社会主义制度,是人类历史上最先进的一种社会制度。走社会主义道路,就是要逐步实现共同富裕。历史经验证明:只有社会主义,才能救中国。只有社会主义,才能发展中国。中国不搞社会主义不行,不坚持社会主义更是不行。在这一点上,教师必须心明眼亮,绝对不能做任何有损于社会主义制度的事情。

在当前形势下,热爱社会主义,应当主要体现为积极参与有中国特色的社会主义建设,积极拥护并参与改革开放。必须认识到:中国不搞改革开放不行;进行改革开放,并非背弃社会主义,而是为了更好地坚持社会主义制度。

(三)热爱本职工作

教师要树立良好的职业道德,首先必须树立起热爱本职工作的思想。热爱本职工作,具体应当体现为爱岗敬业、忠于职守。这是职业道德有别于其他道德的主要特征。

教师要做到爱岗敬业，就要努力做到热爱自己所从事的具体职业，热爱自己所在的具体工作岗位；维护本职业的利益，担负本岗位的责任；在工作上认真负责，在学术上与专业上精益求精，力求掌握最好的职业技能；勤勤恳恳，踏踏实实，始终如一，不计名利，认真做好本职工作。此即所谓"独善其身"。必须时刻牢记：做好本职工作，就是自己对国家、对社会、对本单位所做的最大贡献。

教师要做到忠于职守，就要充分认识到自己所从事的具体职业对国家、对社会、对他人所应履行的义务，真正树立起高度的职业责任感，积极发扬职业献身精神。在文明社会里，最重要的道德基础就是责任感。它源于每个人都要对自己行为的一切后果负责的道德感。离开了建立于道德感之上的责任感，任何职业都将失去它的社会价值。

爱岗敬业与忠于职守，对于每一位教师而言，都是相互联系、相互制约、不可偏废的。只有爱岗敬业，才有可能真正做到忠于职守。也只有做到了忠于职守，才能真正谈得上是爱岗敬业。

二　服务态度

我国教育事业，向来是人民的事业。我国教师，一直是人民教师。因此，我国教育必须以学生为本，我国教师理当为学生服务。

教师要做好本职工作，在其服务于学生的具体态度上，必须对自己有一定的、规范化的要求。在我国，对教师在服务态度上的总的要求是：热情服务，礼待学生，以质见长。

所谓服务态度，在此主要是指教师对本职工作的看法以及在为服务对象进行服务时的具体表现。一名教师的服务态度端正与否，直接影响到他为服务对象所提供的服务的好坏。

广大教师必须认识到，在现代社会，教师从事的工作本质上是一种服务。自己所从事的教育工作，是整个社会分工的重要组成部分之一。认真而客观地说，教师的工作是重要的工作，教师的岗位是光荣的岗位，教师的职业是高尚的职业。

教师正确的服务态度，具体体现于为学生进行服务时的表现上面。

(一) 热情服务

在我国这样一个社会主义国家里，教师行业的根本宗旨，就是要全心全意地为学生服务。

全心全意地为学生服务，就是要求教师处处想学生之所想，急学生之所急，切切实实地为学生多办事、办实事、办好事。

全心全意地为学生服务，不但要求教师要为学生多办事、办实事、办好事，而且还要求教师在为学生进行服务时，要在自己的服务态度上有所改进、有所提高。

从严格的意义上来看，教师为学生所提供的服务，既包括了物质方面的内容，同时也应当令对方获得一定的精神方面的满足。当社会生产力愈加发达，全社会的文明程度愈加提高之时,服务对象对于自己在被服务过程中能否获得精神上的满足,就愈加重视。

要在服务过程中从精神上满足服务对象,就要求教师要对学生热情服务。所谓热情服务,就是要求教师在为学生进行服务时,要以"情"见长,以"情"动人。在为对方进行服务的具体过程中,要积极、主动、耐心、细致、周到,并且充满温馨。最重要的是,这一切都必须出自真心,而绝对不是虚情假意。

(二) 礼待学生

礼待学生,就是要求教师在面对学生时,要注意以礼待人,要对对方讲究礼貌。

礼貌,就其本意而论,乃是一种为人处世的道德规范。它的主要含义是:在待人接物方面,应当表现得谦虚恭谨,处处对交往对象不失尊重友善之意。因此,要求教师在自己的工作岗位上做到礼貌待人,实际上主要就是要求教师在自己的内心里真正认识到学生至上;并且在自己的工作过程中,运用规范得体的语言、动作、神态,"正仪容,齐颜色,修辞令",以之去表示对学生的尊重与友善。

教师要真正做到礼待学生,就必须努力做到尊重学生、关心学生、热爱学生并重。在自己的工作岗位上为学生进行服务时,要对所有的学生一视同仁,采取完全平等的态度,绝不可厚此而薄彼。要做到:对待熟人与生人一个样,对待成年人与未成年人一个样,对待异性与同性一个样,对待地位高的人与地位低的人一个样,对待本地人与外地人一个样,对待外国人与中国人一个样。

在礼貌待人的诸多要求之中,最关键的一点,就是要求教师要真正尊重学生,因为礼仪的本质就在于尊人、敬人。只要学生感受到了教师对其的尊重,礼貌待人的目的就达到了。反之,做不到对对方的尊重,就没有礼貌待人可言。一言以蔽之,礼貌待人,从本质上来讲,就是要求教师在为学生进行服务的具体过程中,认真地遵守并运用教师礼仪。

(三) 以质见长

以质见长,就是要求教师在为学生进行服务的过程中,不仅要重视数量问题,而且还要对质量问题倍加关注,要努力在自己的服务上以质取胜。

教育工作必须不断地提高质量,这既是其本身的一种内在要求,也是全体受教育者乃至整个社会的一种客观要求。要提高教育质量,通常需要从如下两个方面抓起。

一方面,教师要在自己的业务范围之内,确保具有特色,精益求精,符合需求,周到细致。所有这些,都是提高教育质量必不可少的物质基础。

另一方面,提高教育质量还须使教育内容现代化、系列化、规范化。教育内容的现代化、系列化、规范化,具体表现为教育应有正常教育、专项教育、多功能教育之分。正常教育,指的是在常规情况下所进行的教育。专项教育,指的是满足受教育对象特殊需求的教育。多功能教育,指的是在进行正常教育的同时,提供相关的连带教育,以满足教育对象的多种需要。

三 工作作风

教师要做好本职工作，在工作作风方面，必须对自己有一定的规范化的要求。从总的方面来讲，在其工作作风上，必须时时处处对自己高标准、严要求。

工作作风，一般是指人们在工作上所表现出来的态度与行为。顾名思义，教师的工作作风，指的就是教师在其工作岗位上所表现出来的态度与行为。它不仅体现着教师的思想品质，而且还影响到教师的工作质量与个人形象。

要求教师在工作作风上要对自己时时处处高标准、严要求，主要应当集中体现在其清正廉洁、一心奉公等两个具体方面。它们都是教师行业职业道德的本质性要求。

(一) 清正廉洁

所谓清正廉洁，对教师而言，就是要求其在工作岗位上恪守本分，严守一切规章制度，在财务方面为人清白，没有任何污点，绝不损公肥私，绝不贪污受贿。要力求"手过万金，一尘不染"。

清正廉洁，是教师行业职业道德的主要内容，也是其工作性质对教师所提出的要求。教师要做到清正廉洁，目前尤其需要注意以下三点。

1. 不贪污受贿

贪污受贿，指的是利用自己职务上、工作上的便利，非法地取得财物，或是接受他人用来买通自己的财物。显而易见，贪污受贿是一种违法乱纪的行为。

2. 不假公济私

假公济私，一般指的是利用自己的职务之便、工作之便，冒以办理公事的名义，从而取得自己的私人利益。有时，它表现为乱占国家、集体的小便宜；有时，它则表现为对国家、集体所拥有的财物的巧取豪夺。

3. 不乱开后门

教师不但自己不可以随意挪用国家、集体的财物，也不可以利用职务之便替自己拉关系、送人情、开后门。此种作为，亦无清廉可言。

(二) 一心奉公

所谓一心奉公，主要是要求教师在自己的工作岗位上，全心全意地维护国家、集体与本单位的整体利益。要做到一心奉公，当前重点要求教师做到以下四点。

1. 坚持整体利益至上

在思想上、行动上，教师始终都要将国家、集体与本单位的整体利益置于首位，而把个人利益永远放在第二位，并使个人利益从属于整体利益。

2. 保护公共财物安全

对于国家、集体、本单位的公共财产，要自觉地加以爱护和保护。在自己面前，永远不应使之受到人为的侵占、挪用，或是因自然原因而受到损害。

3. 认真杜绝非法经营

凡是国家法律、法规明文禁止的项目，学校与教师均不得以任何方式予以经营或者变相进行经营。

4. 积极反对损公肥私

对于一切贪污受贿、侵吞公有资产、损害本单位合法利益的行为，教师都要与其进行积极的、坚决的、不留任何情面的斗争。

四 职业修养

教师要做好本职工作，在其职业修养方面，就必须对自己有着一定的、规范化的要求。一般而言，教师在这方面要力争做到又红又专、德艺双馨。

职业修养，通常指的是某一行业的从业人员，在自己的工作岗位上通过经年累月的锻炼，从而在思想上、业务上所达到的一定水准，以及由此而养成的待人处事的基本态度。对于教师而言，自己的职业修养往往会直接影响到他的教学质量和工作态度。

有社会阅历的人都知道，一名教师的职业修养，可谓"冰冻三尺，非一日之寒"。没有平日的从严要求和岁月的千锤百炼，便难有良好的职业修养可言。要提高自己的职业修养，教师就必须"从我做起，从现在做起"，在思想上、业务上对自己从难、从严要求。

在日常生活里，一个人的修养往往体现于其所作所为的具体细节之上。而这些细节，通常则又真切地展示着其个人素质的高低。因此，教师必须与一切不拘小节的行为划清界限，通过个人修养的提高，来展现自己良好的个人素质。

具体来讲，要求教师在职业修养方面不断地有所提高，主要应当从下述两个方面入手。

（一）树立崇高理想

作为社会主义教师行业中的光荣一兵，我国的全体教师都应自觉地树立起崇高的理想和正确的人生观。

《中华人民共和国宪法》明文规定："我国将长期处于社会主义初级阶段。国家的根本任务是，沿着中国特色社会主义道路，集中力量进行社会主义现代化建设。中国各族人民将继续在中国共产党领导下，在马克思列宁主义、毛泽东思想、邓小平理论、'三个代表'重要思想、科学发展观、习近平新时代中国特色社会主义思想指引下，坚持人民民主专政，坚持社会主义道路，坚持改革开放，不断完善社会主义的各项制度，发展社会主义市场经济，发展社会主义民主，健全社会主义法治，贯彻新发展理念，自力更生，艰苦奋斗，逐步实现工业、农业、国防和科学技术的现代化，推动物质文明、政治文明、精神文明、社会文明、生态文明协调发展，把我国建设成为富强民主文明和谐美丽的社会主义现代化强国，实现中华民族伟大复兴。"

这是中国各族人民的共同理想。教师必须在自己日常的平凡工作中，为这一理想的最终实现而进行不懈的努力。

所谓人生观，通常指的是人们对于人生的看法。教师所应树立的正确的人生观是：既要充分认识到本质工作的重要意义，更要甘做社会的齿轮与螺丝钉。遇事要以大局为重，以国家、集体和人民的利益为重。要明确人生的真正目的，不在于索取，而在于奉献。

（二）努力钻研业务

教师要真正做好本职工作，光有为人民服务的思想还不够，还必须具有为人民服务的过硬本领。也就是说，教师必须又红又专。这就要求教师努力学习各项有关的业务知识，不断地调整、充实自己，不断地提高自己的教学水平。

就一般情况而言，教师要努力钻研业务，必须做到理论与实践并重。一方面，教师要积极学习各种与自己所从事的具体工作直接相关的专业理论，用科学的理论武装自己，开阔自己的视野；另一方面，教师还应当积极进行岗位练兵，不断提高自己的教学水准，从而真正做到理论联系实际，理论指导实践，理论服务于实践。

与此同时，面对时代的迅速发展与行业竞争的日趋激烈，教师在进行业务学习的过程中，要敢于发现新情况，研究新问题。也就是说，教师的业务学习，要注意与形势的需要相适应。尤其值得一提的是，教师在学习、提高自己的服务技能时，要注意增加其科技的含量与知识的含量。只有真正做到了这一点，教师的教学水准才能好上加好、永不落伍。

第三节　双向沟通

所谓沟通，一般指的是人与人之间的交流与理解。所谓双向沟通，通常则指的是人与人之间的相互理解。显而易见，双向沟通是人际交往的一种理想状态。

双向沟通，是教师礼仪的重要理论支柱之一。它的中心内容，是主张以相互交流、相互理解作为教师与其交往对象彼此之间进行相互合作的基本前提。双向沟通理论认定，离开了教师与其交往对象彼此之间的相互交流、相互理解，教师要向其交往对象提供令人满意称心的良好服务，通常都是没有多大可能的。

具体而言，双向沟通理论是由下述两个基本观点所组成的一个整体。要学习掌握好双向沟通理论，必须对以下基本之点了解得一清二楚。

一　角色定位

角色定位，是人际交往的基本要求之一。角色定位的基本含义，在此主要是要求教师在为其学生提供服务之前，必须准确地确定好在当时特定的情况之下，彼此双方各自扮演何种角色。只有准确地确定了双方各自所扮演的特定角色，教师为其学生所提供的服务才能够符合要求和比较到位。

(一) 确定角色

在现代社会中,每一个人在日常生活里都扮演着一定的角色。而在不同的场合,人们往往需要扮演不同的角色。

1. 社会角色

人们在日常生活中,受社会分工所制约,往往会处在某一特定的位置之上,为社会的正常运转发挥一定的作用,这就是人们所扮演的社会角色。例如,教师、学生、工人、农民、军人、歌星等,都属于不同的社会角色。由于工作环境、职业习惯、专业知识、社会地位等多方面的原因,不同的社会角色,在其性情、志趣方面经常会有不同的表现。

2. 生活角色

人们在生活之中,有时因为自己所处的具体地位不同,而被要求必须有适当的表现。例如,一个男人在父母面前时,应当是一名孝子。而在子女面前,他则要扮演一名称职的慈父。一个年轻的女孩,在友人面前,所作所为应当如同一名淑女。而在恋人面前,她则应当首先是一位令对方怦然心动的"亲密爱人"。凡此种种,实际上就是人们所必须扮演的生活角色。在实际生活里,同一个人往往需要扮演多种不同的生活角色。这一点,与相对而言较为稳定的社会角色是有所不同的。

3. 性格角色

人们的性格各不相同,因而使得人们又有不同的性格角色之分。不同性格类型的人,自然便属于不同的性格角色。暴躁型、活泼型、稳重型、敏感型等等不同性格类型的人,以性格角色来直接对其加以区分,有时更为直观形象。

如前所言,人们不仅在日常生活里扮演着一定的角色,而且在不同的场合里还往往扮演着不同的角色。所谓社会角色、生活角色或者性格角色,实际上只不过是在不同的场合,或者依据不同的标准,对人们所进行的一种定位。

定位,一般是指将人或者事物放在一定的位置之上,并据此做出相应的评价。定位相对来讲是比较稳定的。由此可见,角色定位,实际上就是社会舆论对处于某一特定位置之人的常规要求、限制和看法。

教师礼仪在此所讨论的,主要是教师的岗位规范问题。所以,教师在工作岗位上最需要为自己所进行的角色定位,主要是确定自己的社会角色,而不是自己的生活角色或性格角色。铭记这一点,对教师而言是十分重要的。

(二) 规范形象

所谓"君子独善其身",任何一个人要想在社会上取得成功,都有必要首先为自己进行正确的角色定位。然后,再按照社会秩序与社会舆论对自己所要扮演的既定角色的常规要求、限制和看法,来规范自我形象。对广大教师而言,对自己所进行的形象规范,实质上就是要本人的角色定位具体化、明确化、形象化。

俗话说："干什么,就要像什么。"它所指的,其实就是角色定位问题。毋庸置疑,一名教师在自己的工作岗位上服务于他人时,明白自己此时此地所扮演的具体角色,是非常之必要的。假如一名教师在上班时打扮得花里胡哨、油头粉面、珠光宝气、环珮叮当,不但自己不像是在工作,就连学生心里也会因此而产生反感。

教师在为自己进行工作时的自我形象规范时必须清楚地知道,自己应当被定位于服务于人的角色。即自己在工作岗位上所要扮演的角色,是要为学生服务,为社会服务,为社会主义现代化建设服务。与此同时,教师还应当将自己定位于"教育他人"的角色。教师的本职工作就是教书育人。因此,教师在其工作岗位上所扮演的角色,主要是要教导他人、培养他人、关心他人、帮助他人。

在现代社会里,社会的现代化程度愈高,教育就会愈发达,并且愈受重视。教师必须意识到:自己从事的工作,是既重要又光荣的。

强调教育工作既重要又光荣,绝非夸大其词,而是基于以下四个方面的原因。

一是教育事业的发达与否,直接制约着一个国家的现代化程度。离开了教育的发达与现代化,任何一个国家要想真正实现现代化,都是难以想象的。

二是教育水平的高低,通常直接显示着社会的文明程度。社会的文明程度提高了,在教师的水平上立即可以得到一定的体现。教师的水平提高了,反过来又会进一步促进全社会的文明程度的提高。

三是教育质量的好坏,往往影响到学生的质量。从实质上来讲,教师为学生所提供的各项服务,其实是一种物质与精神的高度统一。只有教师的教学质量确实提高了,才有可能提升学生的质量。

四是教师的活动,实际上是一种文化行为。教师自觉地做好了本职工作,不仅可以方便人、满足人,而且还可以陶冶人、感动人。

总而言之,教育是一门艺术,教育工作非常重要,教师角色十分光荣。在为自己进行角色定位时,教师有必要端正认识,充分认识到这一点。任何妄自菲薄、自轻自贱、歧视本职工作的想法与做法,都坚决要不得。

将自己正确地定位于"服务于人"与"教育他人"的角色之后,教师在为自己进行相应的形象规范时,就必须恪守本分,以朴素、大方、端庄、美观为第一要旨。在工作岗位之上,教师的一切所作所为,包括仪容、仪态、服饰、语言乃至待人接物等等,均不得与之背道而驰。

二 理解第一

双向沟通理论强调:人是需要理解的。在人际交往中,一个人既要理解别人,更需要被对方所理解。理解学生并被学生所理解,对教师而言至关重要。

(一) 理解学生

在工作岗位上,唯有正确地理解学生,教师才谈得上能够以自己的优质服务去充分地满足对方的实际需要。

所谓理解,通常指的是对于人的正确了解。对广大教师而言,理解学生,主要就是要对学生的实际情况与实际需要,尽可能地掌握得清清楚楚。

一般而论,教师应当了解:人们的实际需要是存在一定的规律性的。具体来说,人们的实际需要大体上可以分为以下两种基本类型。

一是人类的正常需要。它是人人皆有的、相对稳定不变的基本需要。进而言之,生存、安全、衣食、工作、社交、尊重、自我实现等,都属于人类正常需要的范畴。这些需要,完全可以说,是人人如此、为人皆然的。

二是人类的特殊需要。诸如像强调个性、展现实力、吸引异性、被人尊重等等便是。它是属于人类在某种特殊情况下所产生的需要。

对于人人皆有的正常需要,相对而言比较容易把握。而对于不尽相同的人类的特殊需要,了解起来则存在一定的难度。不过,要想真正做好本职工作,教师对此二者都必须给予重视,而切不可对其完全忽略,或者偏废其一。

(二) 相互理解

双向沟通理论明确强调,在人际交往之中,要实现对于交往对象的真正理解,就必须将这种理解完全建立于相互理解的基础之上。在一般情况下,交往双方之间的相互理解,往往是实现交往成功的基本前提。

在教学过程之中,教师有必要认识到,仅有自己对于学生的单方面的理解,通常是远远不够的。成功的任何形式的教育,都有赖于教师与学生在教学过程之中彼此之间的相互理解。

相互理解,亦即双向沟通。有时,人们也将其简称为沟通。在任何形式的人际交往中,包括教师与学生在教学过程之中的人际交往在内,假如没有交往双方之间的相互理解,就很难使双方的交往融洽而成功。有些时候,交往双方之间甚至还会由于缺乏沟通而导致误会,产生矛盾,导致麻烦。

(三) 沟通渠道

一般而言,要想在人际交往之中真正地使交往双方实现相互理解,主要有赖于建立一种约定俗成的、相对稳定的、有助于交往双方彼此相互理解的沟通渠道。这种沟通渠道,可被视为在人际交往中,交往双方实现相互理解的一种捷径。

人们都懂得,友人间之所以能够谈到一起去,乃是他们彼此之间拥有共同语言所致。在生意场上,一桩买卖所以能够成交、一项协议所以能够达成,主要在于有关各方在某种程度上达成了共识。其实,在人际交往中要使交往双方的相互理解能够真正实现,令交往双方彼此之间拥有"共同语言",并且在某种程度上"达成共识",乃是不可或缺的先决条件。前面所提到的沟通渠道,指的实际上就是交往双方所拥有的"共同语言"和在某种程度上所"达成的共识"。

沟通渠道,是真正实现沟通的前提。没有沟通渠道,在人际交往中实际上就难有沟通可言。因此,在双向沟通中,沟通渠道的建立乃是关键之所在。

既然沟通是双向的,那么沟通渠道也必须是双向的。换言之,单方向认可的渠道是不可谓之沟通渠道的,只有双向的沟通渠道,才能使人际交往之中的沟通真正做到畅通无阻。通常认为,沟通渠道的建立,实际上需要满足两个基本条件。

一是沟通渠道约定俗成。所谓沟通渠道的约定俗成,是指在人际交往中,某种沟通渠道往往是在一定的地域、行业之内,由人们经过长期的社会实践逐步认定、逐步习惯,并且相沿成习的。

应当说明的是,任何一种约定俗成的沟通渠道,都具有明显的地域性、行业性特征。在一定的范围内约定俗成的沟通渠道,到了另外一个范围内则完全可能会失效。这就是人们平常所言的"十里不同风,百里不同俗"。在人际交往中,尤其是教师在为学生提供服务之时,假如不了解此点,而处处以不变应万变,往往会难以实现沟通,甚至造成不良后果。

二是沟通渠道相对稳定。任何一种形式的沟通渠道,大多数都应当具有相对稳定的特性。唯其如此,才容易使人们对其予以认可、接受。假如它是朝秦暮楚,前后不一,不仅会成为沟通的一种障碍,而且也自然而然地会遭到人们的排斥。

当然,沟通渠道绝非一成不变。它的稳定性,只是相对而言。随着社会的进步、人际交往的进一步发展变化,沟通渠道实际上也在不断地充实、完善、更新。君不见,"古调虽自爱,今人多不弹",历史上的不少沟通渠道,今日看来早已"作古"了。

(四)重视沟通技巧

就本质而言,礼仪实际上就是人们在人际交往中确保双向沟通得以实现的、约定俗成的、相对稳定的基本沟通技巧。而就教师行业而言,教师礼仪其实完全可以被理解为一种教师与学生在教育过程之中实现双向沟通的常规技巧。简言之,教师礼仪就是一种沟通技巧。

将教师礼仪定位于教师与学生在教育过程之中实现双向沟通的一种最重要的沟通技巧,至少具有如下双重意义。

一是可以提高人们对教师礼仪重要性的认识。既然双向沟通在教育过程中至关重要,既然教师礼仪本身就是一种最重要的沟通技巧,那么如果在教育过程中不运用教师礼仪,就有可能使教师与学生彼此之间的双向沟通难以实现。

二是可以端正人们对于教师礼仪实用性的认识。礼仪这个名词,虽说在国内早已是家喻户晓、妇孺皆知,但确有不少人,其中也包括个别教师在内,对其缺乏正确认识。当前,教师行业内对于教师礼仪的实用性问题，主要存在两种错误认识。其一，认为它只是一种思想道德方面的要求，并无操作性可言。其二，认为它虽然具有可操作性，但仅仅只是一种形式，可以使用，也可以不使用。站在沟通技巧这一角度来看待教师礼仪的实用性问题，上述两种认识显然都是错误的。

第四节　阳光心态

有一位哲人说过：你要做多么大的事情，就要承受多么大的压力。在现代社会中，每一个人都承受着一定的压力，教师亦然。

在压力之下，每一名教师都存在着心态调整问题。孔子曰：君子坦荡荡，小人长戚戚。教师若能拥有阳光心态，于人于己皆有百益而无一害。

所谓心态，在此是指一个人的心理状态。人是有思想、有感情的动物。每个人不仅需要独立地工作与生活，在此过程中他还需要适应社会、与别人和睦相处，这就要求其心理状态的自我平衡。

法国文学家罗曼·罗兰说过：要光明，仅仅依靠太阳的光线是远远不够的，我们还必须拥有心灵的光明。所谓阳光心态，在此是指一种良好的、健康的个人心理状态。它的基本标志是：高高兴兴地生活，快快乐乐地工作，自我定位正确，人际关系融洽。如果一个人拥有阳光心态，他身边的人都会变成天使，他的工作与生活会变得无比美丽、无比可爱。如果一个人缺少阳光心态，他身边的人往往会成为魔鬼，他的工作与生活则会变得十分乏味、十分枯燥。

对教师而言，拥有阳光心态的基本前提是：摆正位置；端正态度。

一　摆正位置

在教育工作中，广大教师亟待解决的一个重要理念问题是：自己应该如何与学生摆正相互之间的位置，并如何端正自己对待对方的态度。

有道是：观念决定思路，思路决定出路。倘若这一理念问题不能解决，则教师在具体工作中心态必受影响，工作必受牵制，自己的积极性、主动性难以获得发挥，生活与工作的实际质量甚至也会为此而大打折扣。

在日常生活与工作中，每一个人都拥有自己所处的具体位置。了解自己所应占据的位置，不但可以令自己适得其所，而且还可以提高自己生活与工作的质量。反之，则往往会劳而无功，甚至还会因此为他人所诟病。

这一要点，对广大教师来说，实际上也是不言而喻的。教师假定忽略了这一点，非但干什么可能不像什么，而且其个人心态与工作质量均会因此而大受影响。

具体而言，在工作岗位上要求广大教师摆正位置，主要是要其必须明确下述两点。

(一) 服务于人

教师必须明确地意识到：不论自己从事何种具体的教学工作，其本质都是服务于学生的。即使自己所从事的是"教育他人"的具体工作，其本质依旧是服务于他人。进而言之，教师的工作性质，就是为学生服务，为社会服务，为改革与开放服务，为我国的社会主义现代化事业服务。这一点，绝对不容教师有所质疑。

所谓服务，其实质就是为别人工作。它的基本要求是：处处以服务对象为中心，时时有求必应、事事不厌其烦。认识不到这一点，教师要恪尽职守、做好本职工作，则根本无从谈起。

广大教师如欲做好服务工作，主要需要从以下两个具体方面着手。

1. 重视人际交往中的互动

过去，中国人生活于传统的农业社会之中。农业社会的一大特点是，生活自给自足，交往自我中心。受此束缚，不少中国人，包括广大教师在内，在其人际交往中大都推崇我行我素，往往喜欢自以为是，而不太在乎自身行为的实际效果，即不善于进行互动。实际上，人际交往的具体效果如果不佳，交往本身往往就会变得毫无意义。

2. 坚持以交往对象为中心

在实际工作中，教师必须坚持以交往对象为中心。换言之，就是不允许凡事我行我素、自我中心。在人际交往中，尤其是在具有鲜明的服务于学生性质的教学岗位上，如果不能够坚持做到凡事以交往对象为中心，根本就不能指望其做好其本职工作。

在教学岗位上，要求广大教师凡事以交往对象为中心，实际上就是进一步要求其明确自己的具体位置，就是要求其更好地、全心全意地做好自己的服务工作。

(二) 换位思考

在日常性的具体工作中，每一名教师都必须充分地认识到：自己所面对的广大学生不仅男女有别、长幼有别、性格有别、教养有别、民族有别、宗教有别、家庭有别，不单单内外有别、中外有别、外外有别，而且人人有别、事事有别、时时有别、处处有别。因此，教师要大力提高自己所从事的教学工作的质量，就一定要善于进行换位思考。

日常生活与工作的实践早已充分证明：一个人所处的时间、空间、地位不同时，其所作所为往往大相径庭。而具有不同性别、年龄、职业、教育、家庭、民族、宗教背景的人们处在同一时间、同一空间、同一位置时，其个人感受通常也难见"众口一词"。

既然人与人之间多有不同，既然做好教学工作的基本要求是交往以对方为中心，那么每一名教师在其具体工作中，都必须积极而主动地进行换位思考。换位思考的主要要求是：与学生打交道时，尤其是当服务于对方时，必须主动而热情地接触对方，必须善于观察对方、了解对方、体谅对方，必须令自己认真站在对方的位置上来观察思考问题，从而真正全面而深入地了解对方的所思所想、所作所为，以求更好地与之进行互动。

二 端正态度

广大教师在其实际工作与生活中,要想真正地摆正自己与交往对象之间的位置,首先必须认真加以解决的一个重要问题是,必须端正自己的态度。

在人际交往中,心态通常决定一切。只有调整好心态,才能够做好事情。每一个人,有什么样的态度,就会有什么样的生活与工作。教师的个人心态如果调整得不好,在其日常生活与工作中如果不能真正地端正自己的态度,前面所要求的教学工作"以交往对象为中心",也就根本无从谈起。

具体而言,要求广大教师端正态度,主要需要其关注如下三点:

(一) 接受他人

教师在其工作之中,尤其是在与学生进行接触时,首先必须在内心里真心实意地接纳对方。这一点要是不明确或者做不到,"以交往对象为中心"的理念就难以获得真正实施。

所谓接受他人,就心态而言,主要是要求教师在接触学生时,尤其是在服务于对方时,不要主动站在对方的对立面,不要有意无意地挑剔对方、捉弄对方、难为对方、排斥对方,不要不容忍对方,不要存心与对方过不去。简言之,就是要容纳对方,就是要善待对方,就是要包容对方,而不是排斥对方。实践证明:与其他人打交道时,接受对方是双方交往取得成功的重要前提。做不到此点,交往成功往往就是一种奢谈。

在教学工作中,要求教师接受对方必须明确以下三点:

1. 意在尊重

在教学岗位上,接受对方,意在表示教师对学生的高度尊重。教师礼仪强调"尊重为本"。在教学岗位上,尊重学生是教师礼仪对教师所提出的基本要求。就其操作层面进而言之,在教学岗位上,要求教师尊重学生,实际上就是要求其尊重对方的一切合乎情理的选择,而不允许对其越俎代庖,横加干涉。

由此可知,接受对方,本是教师礼仪自身的应有之义。

2. 宽以待人

在教学过程里,接受对方,并非表示教师需要完全认同自己的学生。在实际生活中,由于双方在个人阅历、社会地位、专业训练、文化素养、生活习惯、民族特征等方面多有差异,其世界观、人生观、价值观乃至思维方式、行事规则等等必然多有不同,因此二者的所作所为必然往往相去甚远。必须肯定的是,在教学岗位上,要求教师接受学生,并非要求我方对对方的一切来者不拒,百分之百地予以认同。

我方接受对方,主要出自正确而健康的心态。它的本意是要促进彼此之间的交往,做好自己的本职工作,而并非厚此薄彼、自我否定。

我方接受对方,主要是要求教师宽以待人,尊重学生、善待学生。

它并非要求教师对学生处处肯定、来者不拒。当对方的所作所为有违法律道德、有辱国格人格、有损公共利益、有害于学校形象时,教师仍需对其据理力争,针锋相对,毫不退让。

3."和而不同"

2002年10月24日,江泽民同志在他于美国所发表的演说里,正式提出了"和而不同"的交际理念。他明确指出:和而不同,是社会事物和社会关系发展的一条重要规律,也是人们处世行事应该遵循的准则,是人类各种文明协调发展的真谛。②

"和而不同"交际理念的基本之点是:必须维护世界的多样性,必须尊重世界上所客观存在的一切差别,必须承认世界上各种事物相互依存。与此同时,还应当坚持在交往中求同存异、共同发展。

在交往实践中所行之有效的"和而不同"科学理念,对广大教师做好其教学工作,实际上具有十分重要的参考价值。在教学工作中要具体贯彻"和而不同"的理念,主要需要教师做到以下两点:

一是尊重多样性。必须承认:世界是多样的。世界的多样性,本质上在于各国文明的多样性。只有尊重世界的多样性,各个国家、各个民族、各种文明才能和谐相处,相互学习,相互借鉴,相得益彰。真正承认了这一点,教师就容易理解别人、尊重别人。

二是承认相互依存。今日世界不仅是一个多样性的世界,而且还是一个相互依存的世界。世界是丰富多彩的,各种文明和社会制度应该而且可以长期共存,在竞争比较中取长补短、在求同存异中共同发展。所谓"教学相长",从本质上看,教师和学生自然也是相互依存的。如果教师不接受、不容忍学生,非但其本职工作难以做好,而且其本人的工作与生活也会失去意义。

2005年9月,在谈及有关"和谐世界"的新构想时,胡锦涛同志曾反复强调"有容乃大"。他的观点,实际上从另一个侧面强调了在人际交往中"接受别人"的重要价值。

(二)重视他人

每一位有良好教养的人,都会实心实意地重视交往对象。在对待学生时,教师则更是应当如此。

重视学生,是教师对学生表示善意的具体化,同时也是"有容乃大"的重要体现。它主要应当表现为认真对待学生,并且主动关心学生。总而言之,是要通过为学生所提供的服务,使对方真切地体验到自己备受关注、看重,在教师眼中自己永远都是非常重要的。

与此同时,教师对于下列三点重视学生的具体方法,亦应认真地学习和运用。

1.牢记学生的姓名

对于每一个人来说,姓名都是自己百听不厌、百看不烦的最美妙的词汇。教师牢记学

---

② 《江泽民文选》,第3卷,北京:人民出版社,2006年版,第522页。

生的姓名这件事情本身,就直接意味着对对方重视有加,另眼相看。反之,连一个常来常往的学生的姓名都记不住,恐怕是难言重视的。

教师要牢记学生的姓名,主要有以下三个问题必须注意:

一是不要记错学生的姓名。将学生的姓名张冠李戴,无疑使对方都会感到尴尬。

二是不要读错学生的姓名。汉字实在太多了,不认识的字和多种读音的字,少不了会在学生的姓名中出现。像"江(Gāng)""仉(Zhǎng)""幺(Yāo)""蹇(Jiǎn)""毋(Wú)""逄(Páng)""逯(Tí)""折(Shé)""綦(Qí)""万俟(Mòqí)""澹台(Tántái)""颛孙(Zhuānsūn)"一类较为少见的姓氏,或许不少教师就不一定都能读对。万一将学生的姓名读错了,不但会失敬于对方,而且还让自己十分难堪。所以,在有必要称呼学生,而又拿不准对方姓名的正确读音时,宁肯采用其他称呼方法变通一下,也绝不要冒冒失失去乱叫对方的姓名。

三是不要写错学生的姓名。假如写错了学生的姓名,不仅意味着教师粗心大意,而且也意味着教师失敬于对方。

2. 善用学生的尊称

对学生表示尊敬的一种常规做法,就是要对其采用尊称。教师在面对学生时对其采用尊称,早已约定俗成。

在应当采用尊称时而并未这样做,例如,直接把自己的学生唤作"哎""五号""七床""下一个",自然不会让被称呼者感受到尊重之意。

应当指出的是,教师在以尊称称呼自己的学生时,首先必须准确地对对方进行角色定位,力求使自己对对方所使用的尊称可以为其所接受。不然的话,即使采用了某种尊称去称呼对方,也不会令对方高兴起来。例如,以"兄弟"去称呼一名男生,以"小姐"去称呼一名女生,都有可能弄巧成拙。

3. 倾听学生的要求

当学生提出某些具体要求时,教师最得体的做法,是要对其认真倾听,并尽量予以满足。从某种意义上讲,耐心倾听学生的要求,本身就会使对方在一定程度上感到满足。

所谓倾听,大都是指在他人阐述见解时,专心致志地认真听取。由此可知,倾听的实质,就是对于被倾听者最大的重视。

"少说多听",不但是常人须知的处世之道,而且也是教师必须掌握的沟通技巧。当提出要求和意见时,教师耐心地加以倾听,除了可以表示对对方的重视之外,也是教师行业的工作性质对教师所提出的一种基本要求。因为唯有耐心地、不厌其烦地倾听了学生的要求或意见,才能充分理解对方的所思所想,才能更好地为学生服务。此时任何三心二意的表示,都会让学生不快。

教师在倾听学生的要求和意见时,切忌弄虚作假、敷衍了事。一般来讲,当学生阐明己见时,教师理当暂停其他工作,目视对方,并以眼神、笑容或点头来表示自己在洗耳恭听。

如有必要的话，教师还可以主动与对方交流。

（三）赞美他人

在师生交往中，教师有必要恰到好处地赞美其交往对象。

赞美学生，实质上就是对对方的接受和重视，也是对对方的肯定。从某种意义上说，赞美他人实质上就是在赞美自己，就是在赞美自己的虚心、开明、宽厚和容人。从心理上讲，所有的正常人都希望自己能够得到别人的欣赏与肯定，而且还希望别人对自己的欣赏与肯定最好是多多益善。获得他人的赞美，就是对自己最大的欣赏与肯定。一个人在获得他人中肯的赞美之时内心的愉悦程度，常常是任何物质享受均难以比拟的。

赞美学生，具体而言，主要是要求教师在提供具体服务的过程之中，要善于发现对方之所长，并且及时地、恰到好处地对其表示赞赏、肯定、称赞与钦佩。这种做法的最大好处，是可以争取学生的合作，使教师与学生彼此双方在整个教学过程中和睦而友善地相处。

有些时候，即使教师需要婉转地批评一下学生，或者是有必要否定对方的见解，适当地辅以一些对于对方的赞美之词，恐怕收效就要好得多。因此，有人早就明言："进行七分批评，也要加上三分赞美。"

教师在有必要赞美学生时，要注意以下三点，否则自己对对方的赞美往往便难以奏效。

1. 适可而止

虽说赞美可被视为交际过程中一种有效的人际关系润滑剂，但是教师在具体对其运用时，必须有所控制，并限量使用。若是教师对学生所讲的每句话都是赞美之词，使赞美充斥其整个交往过程之中，不但会令人觉得肉麻，而且也会使赞美本身贬值，令其毫无任何实际的意义。

所以说，教师对于学生的赞美，不可以一点儿没有，也不可以过度地泛滥。点到为止、适可而止，是教师赞美学生时必须认真加以把握的重要分寸。

2. 实事求是

教师必须明确：赞美与吹捧是有所分别的。真正的赞美，是建立在实事求是的基础之上的，是对他人长处一种实事求是的肯定与认同。所谓吹捧，则是指无中生有或夸大其词地对别人进行恭维和奉承，就是为了讨好他人而成心要给对方戴高帽子。

显而易见，教师对于学生的赞美假如背离了实事求是这一基础，就从根本上背离了教师行业"诚实无欺"的宗旨；如果任其发展到极端，就是哄人、骗人、蒙人，因此绝对不可取。

3. 恰如其分

教师要想使自己对学生的赞美被对方所接受，就一定要了解对方的情况，赞美对方确有所长之处。例如，赞美一位字写得甚佳的学生时，说他"擅长书法"，一定会让对方非常高兴。可要是用这句话去赞美一位字写得较差的学生，就有些匪夷所思了。

尤其要注意，切勿自以为是地用他人不爱听的话语去进行赞美。例如，赞美一位大学生口才好，可以说他"妙语连珠""十分幽默"。但要是说他"真能侃""讲话跟说相声一样"，没准在对方听起来就如同辱骂他、讽刺他一个样了。

本章小结

- 本章讲授的是教师所应遵守的基本道德规范。它是教师礼仪的基础之所在，是对教师运用礼仪时所提出的最基本的要求。
- 本章第一节讲授的是社会公德。它要求教师维持秩序、关心他人、讲究卫生、爱护环境。
- 本章第二节讲授的是职业道德。它要求教师提升思想品质、端正工作态度、改善工作作风、注重职业修养。
- 本章第三节讲授的是双向沟通。它要求教师认真确定角色、坚持理解第一、始终以学生为本。
- 本章第四节讲授的是阳光心态。它要求教师端正位置、调整心态，更好地为国家、为社会、为学生服务。

练习题

一　名词解释

1. 师德
2. 社会公德
3. 职业道德
4. 双向沟通
5. 阳光心态

二　要点简答

1. 什么是道德？
2. 道德与礼仪有何关系？
3. 怎样遵守社会公德？
4. 如何讲究职业道德？
5. 双向沟通因何至关重要？
6. 教师为什么有必要保持阳光心态？

第二章 师 表

内容简要

师表，此处所使用的是其狭义，即教师在其工作与生活之中的仪表修饰。在外人面前，一名教师的穿着打扮，不但事关对方对自己的个人形象的印象好坏，而且也是其个人教养与素质的最形象的展示。本章所讲授的内容，包括形象规范、着装规范、仪容规范、表情规范、举止规范等。

学习目标

1. 认识教师穿着打扮的重要性。
2. 有意识地维护自身形象。
3. 掌握有关教师仪表修饰的基本原则。
4. 熟练地运用教师仪表修饰的常规技巧。
5. 避免在穿着打扮上弄巧成拙。

自古以来,中国传统文化就推崇尊重师长,并有所谓"天、地、君、亲、师"之说。

教师之所以历来受人尊重,是因为他传承知识、培育后人、为人师表。在任何时候,为人师表都是社会舆论对教师所提出的基本要求。

就内涵而言,师表通常是指品德或学问上值得学习的榜样。在外延上,师表则往往是指一名教师的公众形象。在本章里,主要是从外延上对教师维护其公众形象有所要求。

第一节 形象规范

阅历丰富的教师都十分清楚,在人际活动中,尤其是其工作岗位上,教师的个人形象自始至终都会受到其交往对象的高度关注。因此,要求教师在其工作与生活中务必要重视个人形象、规范个人形象、维护个人形象。

在日常生活里,形象的内涵与外延极其广泛。就其类别而论,除个人形象之外,还有集体形象、单位形象、产品形象、品牌形象、服务形象等等。从宏观上看,形象可分为人的形象与物的形象等两大类别。在人的形象中,个人形象则无疑是最为重要的。

所谓个人形象,一般是指一个人在社会上所形成的公众印象,以及社会公众由此而对其产生的基本看法和做出的总体评价。要求教师维护形象,首先就要求其在工作中认真维护个人形象。

就具体要求而论,教师维护个人形象主要包括两个方面:一是要重视个人形象;二是要规范个人形象。

一 重视个人形象

重视个人形象,是教师维护个人形象的第一步。没有对个人形象的高度重视,不仅谈不上对个人形象的规范,而且也不可能维护好个人形象。

要求教师重视个人形象,实质上就是要求其认真对待个人形象。而要真正做到这一点,需要教师在思想上对个人形象问题端正态度,并提高认识。

从理论上讲,教师必须重视其个人形象主要基于以下五个方面的原因。

(一)体现着个人教养与素质

在现代社会中,教养与素质的高低,既是一个人能否立足于社会的一项基本条件,又是一个人是否具有品位、能否获得尊重的一项重要内容。正因为如此,每一个现代人都希望自己具有良好的教养与素质。

所谓素质,通常是指一个人在文化、品德方面的修养。所谓教养,则是指人们在为人处世、待人接物等方面的个人修养及其所达到的一定水准。显而易见,一个人的教养与素质不仅与其个人经历、生活环境、受教育程度直接相关,同时也受到自我要求、社会风尚的影响。

在人际交往的过程中，特别是当人与人初次相见时，人们都会对其交往对象的个人教养与素质倍加关注，甚至往往还会对此留下难以磨灭的印象。所谓教养体现于细节，细节展现个人素质，细节决定事业的成败。因此，可以说一个人的素质与教养是其个人形象的核心部分之一。换句话说，一个人的个人形象真实地体现着其自身的素质与教养。

例如，一名合格的教师在穿西装时是不可能不知道忌穿运动鞋与白袜子的。若是不谙此道或者明知故犯、将错就错，其个人教养与素质在外人眼里就会大打折扣，其个人形象就会严重受损。

（二）表现着个人心态与风貌

在大千世界之中，人们的生活态度与精神风貌既有其个性，又存在其共性。在这方面，教师也不例外。由于每一名教师的个性不一样，心理素质不一样，生活条件不一样，工作岗位不一样，因此，教师的生活态度与精神风貌显然也存在着一定的差异。对于这一点，完全没有必要大惊小怪，也不值得小题大做。

但是，作为从业的基本条件之一，每一名合格的教师，在其生活态度与精神风貌方面，也必然存在许多的共同之处。具体而言，作为一名合格的教师，对其生活的基本态度，应当是认真、负责，充满自尊、自信，对生活充满了热爱；其精神风貌，则应当是热情开朗、豁达大度、朝气蓬勃、奋发进取的。

唯其如此，教师才会在正式场合里真正为人所信赖，受人尊重。也只有这样，教师的公众形象才会具有一定的魅力，并能持续地保持这种魅力，这是对教师的生活态度与精神风貌的基本要求。

（三）展示对交往对象的态度

按照中国人的传统习惯，一个人的穿着打扮等涉及个人形象的问题，纯粹属于个人私事，任何人都完全有权力"我行我素"，而根本不必介意别人对自己的感受。这就是所谓"穿衣戴帽，各有所好"。而人们在交往应酬中，也往往被告诫："不可以衣帽取人"，即不得过分地关注其交往对象的外在形象。可是，这一习惯在正式场合里却不能被引申沿用。在当代社会里，通行的看法恰恰与中国人的传统习惯相反。人们普遍认为，在正式场合，特别是在大庭广众之前，每一名参与者的个人形象不仅体现了个人的教养和素质，而且与其对交往对象的重视程度直接相关。

也就是说，教师在正式场合里需要谨记：一个人在对外交往中如果形象甚佳，就会被视为对其交往对象极度重视；一个人在对外交往中如果形象欠佳，则会被视为对其交往对象缺乏应有的重视。

（四）反映出所在单位的形象

在人际交往中，当人们不能确定某个人的具体归属时，即使其在交往中存在着一些明显的缺陷，顶多只会被视为其个人的问题。然而人们如果确知其归属于某一个具体单位，甚至拥有某单位代表的实际身份时,则往往会将其个人形象与其所属单位的形象直接划上等号。也就是说,在人际交往中,当一个人的具体身份可以明确时,其个人形象实际上就是其所属单位形象的有机组成部分。

每一名教师均须牢记,在正式活动中,自己的个人形象绝不是单纯的,而是多重身份的集中展示:在本单位内部,每一名教师的个人形象代表着他所在的具体部门的形象;在与外单位打交道时,每一名教师的个人形象代表着他所在单位或行业的形象;在为学生、为社会服务时,每一名教师的个人形象代表着他所属的整个教师群体的形象;而同他人相处时,每一名教师的个人形象则代表着他所在国家、所属民族的国家形象与民族形象。

作为部门形象、单位形象、行业形象、民族形象乃至国家形象的具体代表,每一名教师当然毫无任何理由对个人形象掉以轻心。

(五)被视为宝贵的无形资产

一般而言,教师通常都是社会上的"精英"。作为"精英",教师的个人形象实际上也是其所在单位一种极其宝贵的无形资产。

良好的教师个人形象对自己所在学校的价值,可以概括为以下三个方面:

第一,形象是一种宣传。教师形象上乘,实际上就是一种最为直观可信、最具有说服力的宣传。其功效往往要比"纸上谈兵"强过百倍。

第二,形象是一种效益。如果每一名教师都拥有良好的个人形象,不仅可以宣传其所在学校的形象,而且还可以直接为之带来一定的经济效益与社会效益。

第三,形象是一种服务。如果教师个人形象好,他所提供的服务往往就易于为其服务对象所接受,反之则不然。从这个意义上可以说,教师的个人形象实际上也影响着其服务效果。

二 规范个人形象

重视个人形象,是对教师提出的一项总体要求。教师必须将此项要求切实落到实处,以自己的实际行动规范个人形象。

一般而言,在人际交往中,一个人令他人印象与感触最深的地方,往往包括其个人仪容、表情、举止、着装、谈吐、交往等六个具体方面。它们通常被称为构成个人形象的六大要素。

与其他工作相比,教育工作显然具有其特殊性。教育工作的这种特殊性,自然也会体现在教师的个人形象上。要求教师规范个人形象,实际上就是指教师的个人形象应符合其职业要求。具体而言,要求教师规范个人形象的内容包括以下五个方面:

(一)规范表情

在人际交往中,人们往往会对自己具体的交往对象察言观色,即关注其表情。所谓表情,通常是指一个人在面部所表露出来的其内在的思想、感觉与情绪。从本质上看,它是个人情感最真实、最自然、最直观的流露,往往最能够反映出一个人的内在感受。

在大庭广众之前,教师的基本表情应当是和蔼、亲切、友善。教师对自身表情的关注重点,应当是其眼神与笑容。

教师表情和蔼,是指其在与人交往中态度应当温和,不粗暴、不严厉,使人感觉易于接近。

教师表情亲切,是指其待人要热情,令人感到一见如故,没有距离,容易与之亲近。若其态度冷漠、沉重、呆板、做作,甚至充满怀疑、敌视之感,是绝对不会令人感到亲切的。

教师表情友善,通常则是指其要对人友好、和善,要善于关心、体谅、照顾或帮助别人,同别人和睦相处。

(二)规范仪容

当一个人与外界交往时,其个人仪容通常都会备受关注。所谓仪容,一般指的是一个人的仪表与容貌的统称。简单地讲,每一个人的仪容,实际上就是指其个人形体的基本外观,即其外表与外貌。

在大庭广众之前,对教师个人仪容的基本要求是干净整洁、略加修饰。其中要求修饰的重点是教师的头部与手部。

所谓干净整洁,是指教师要注意个人卫生,其日常仪容必须做到无异味、无异物。若是浑身汗味、烟味,眼角、口角、耳孔之中的分泌物没有清理干净,其个人卫生状况岂能令人恭维?

所谓略加修饰,则是指教师应依照常规对个人仪容进行必要的修整、装饰,使之美观而得体。例如,教师不仅要经常理发,而且还应及时修剪胡须、鼻毛、耳毛、指甲、趾甲等。

(三)规范举止

与他人相处时,一个人的肢体动作往往会给别人留下深刻印象。一个人的肢体动作,通常被称为举止。在公共场合,特别是在正式场合里,一个人的举止,经常会被其交往对象视为一种充满寓意、传递一定信息的"肢体语言"。当人们在初次交往中,"肢体语言"的重要性就显得尤为重要。

就一般状况而言,教师个人举止的基本规范是适度与从俗。教师要着重注意自己手臂的动作,除此之外,还要对自己在站立、行走、就座、工作时的肢体综合动作予以重视。

所谓举止适度,主要是要求教师在正式场合里有意识地控制肢体动作的幅度,并适度减少肢体动作,从而使自己的举止不至于让人感到夸张或者被别人曲解,给人以教养良好、稳重成熟之感。

所谓举止从俗,对教师而言,主要有三项基本要求:一是要求其举止动作合乎自身的习惯;二是要求其举止动作合乎交往对象的习惯;三是要求其举止动作合乎社会的习惯。至于究竟要合乎其中的哪一种习惯,则应视具体场合而定。

(四)规范着装

着装,亦称穿戴。它指的是人们在日常生活与工作中所穿的服装与所佩戴的饰物。规范着装,是现代社会文明进步的表现。

一般而言,着装的基本功能有以下三方面:

一是实用的功能。着装可以遮蔽身体、抵御寒冷,劳作时又可护身。

二是分工的功能。在现代社会里,男女老幼、不同职业、不同级别者,其正式着装是不同的。

三是审美的功能。由于每个人的品位不同、眼光各异,其着装偏好自然差异甚大。了解以上着装的基本功能,有助于教师加深对着装的认识。

在大庭广众之前,对教师个人着装的基本规范是应己、应人、应时、应景,此谓"四应规则"。其重点规范的是教师在正式场合所穿着的正装。

所谓应己,主要是要求教师在选择个人着装时,首先要从自身的特点出发,兼顾自己的性别、年龄、高矮、胖瘦、肤色等等,要善于扬长避短,并注意重在避短。

所谓应人,主要是要求教师在选择个人着装时,必须兼顾自己与他人之间的具体关系。在正式场合,上下级之间、宾主之间、主角与配角之间,着装理应有所区别。所以教师的个人着装不宜一厢情愿,而需要与自己的交往对象相适应。

所谓应时,主要是要求教师在选择个人着装时,必须具有明确的时间观念。着装要具有时代感,并根据季节和一天之中不同的时段而有所变化。

所谓应景,主要是要求教师在选择个人着装时,务必要具体考虑所处场合的具体地点和具体环境。务必要根据具体地点、具体环境的不同来选择不同着装,以求与周围的环境、气氛相协调。

(五)规范交际

一个人为人处世的基本表现,直接体现着其做人的基本原则。

所谓交际,通常指人们的为人处世与人际交往。其具体要求包括两方面:一是待人的态度;二是律己的态度。任何一位有教养的人士都懂得为人处世之道:待人宜宽,律己从严。

在大庭广众之前,对教师交际的基本规范是宽厚、正直、谦恭,应重点规范的是教师对待学生的具体的态度。

第一,应当为人宽厚。为人宽厚,是指待人宽容而厚道。对待别人,教师理当胸怀宽大、有气量、态度诚恳,不能小肚鸡肠、心胸狭窄、一味苛求。

第二,应当为人正直。为人正直,是指一个人公正而坦率。处理问题时,教师应当一视同仁,不偏不倚;表明立场时,教师则应当诚实直率,坦坦荡荡。

第三,应当为人谦恭。为人谦恭,通常是指一个人在与任何人打交道时,都应当态度谦虚,处处不失敬人之意。在大庭广众之前,教师为人谦恭,一要坚持一如既往;二要力戒形式主义。

第二节　着装规范

着装，又称穿戴。它指的是人们在日常生活与工作中所穿着的服装和所佩戴的饰物。在当今社会，着装早已不仅是遮羞御寒的手段，而且也被视为传递着装者思想、情感的"非语言信息"。讲究着装礼仪，是现代社会文明与进步的表现。

作为教师，其着装体现着所在学校的形象与个人尊严。因此，每一位教师都必须对着装的礼仪规范有一定程度的了解和掌握。否则，若是不分场合而胡乱穿衣，轻则贻笑大方，有损于所在学校的尊严，重则甚至会给所做工作带来不可小估的损失。应该说，教师在学习着装礼仪时，要把着装问题提高到维护个人形象、维护学校形象、维护教师队伍整体形象和维护国家形象的高度上来认识。具体说来，教师在掌握着装礼仪时重点要注意以下四个方面。

一　遵守常规

作为教师，其着装应循规蹈矩，切不可盲目追求时尚或者新潮；并且应当遵守常规，使自己的衣着得法。所谓遵守常规，在此主要是指要严格遵守穿衣之道，并在具体的方法、技巧上恪守规范。

(一)区分场合

区分场合，在此指的是在不同场合，教师所选择、穿着的服装，在其款式、色彩、面料等方面，都应该有所区别。

1. 公务场合

公务场合，即教师上班处理公务时所处的场合。在公务场合里，教师的着装应该重点突出"庄重保守"的特点。其最为标准的着装，主要是制服或深色的西装、套裙，即正装。这样做，才可以显得自己的打扮郑重其事。

2. 社交场合

社交场合，一般指的是人们在公务活动之外，在公共场所与他人进行交际应酬活动的场合，如举办联欢会、舞会、参加婚礼、生日、节日或纪念日的庆祝活动等等。在这类场合中，教师的着装应重点定位在"时尚个性"的特点上。具体款式要新颖、风格要洒脱，既不必过于保守从众，也不宜过分地随意。礼服、时装与民族性服装等，均为适当之选。

3. 休闲场合

休闲场合，通常多指人们在公务活动之外用于个人休息的场合，以及在公共场所里与不相识者共处的场合。除去公务场合、社交场合之外的一切场合，都应该包括在休闲场合之内，如居家生活、健身运动、游览观光、商场购物等。在休闲场合中，教师宜着休闲装，并体现出"舒适自然"的特点。就休闲场合的具体着装而言，教师最为规范的，是选择牛仔装、运动装、夹克衫、T恤衫等等。

(二)"五应原则"

"五应原则",在此指的是在着装时,教师宜应时、应事、应景、应己、应制。它主要用以规范教师在正式场合的着装。

1. 应时

所谓应时,在此是指教师的着装要考虑所处的具体节气和时间,并应具有明确的时间观念,不应为美丽而不分季节地胡乱穿衣。

2. 应事

所谓应事,具体而言即着装一定要与所处理的业务或所做的事情相适应。例如,不能在升挂国旗的庄严仪式上穿着休闲装。

3. 应景

所谓应景,在此是要求教师在着装时,必须考虑到自己即将出现或主要活动的具体地点,使服装尽量与工作或生活的环境保持和谐一致。

4. 应己

所谓应己,是要求教师在选择着装时要因人而异,使所穿服装与自己的具体身份、条件相适应,并注意性别、脸型、肤色、形体和年龄等各方面的因素制约。

5. 应制

所谓应制,此处指的是教师要遵守本单位着装的有关规定。切不可我行我素、自以为是,使自己的着装给工作或交往带来不便。

在"五应原则"中,最主要的是应时、应景和应事等三项。它们又被称为"TPO原则"。所谓"TPO",即"time"(时间)、"place"(地点)、"occasion"(场合)。"TPO原则"指的是,任何人的着装都要注意与时间、地点及场合相符合。

例如,无论参加何种活动,在进入室内场所时均应摘帽、脱大衣,男士在任何时候都不得在室内戴手套和帽子。此外,在室内原则上不要戴墨镜。在室外遇到有隆重仪式或迎送等礼节性场合时,也不应戴墨镜。有眼疾者必须戴有色眼镜时,应向主人或客人说明情况,或在握手、说明情况时将眼镜摘下,然后再戴上。

(三)配色原则

任何一种颜色,都由三原色调配而来。不同颜色代表着不同的意义,不同颜色的服装穿在不同的人身上会产生出不同的效果。

1. 三色原则

对教师而言,在正式场合的着装,必须遵守"三色原则"。所谓"三色原则",在此是指一个人全身上下的衣着,在其具体色彩上应当保持在三种之内。如果忽视了"三色原则",一个人的着装就会给人以杂乱无章、华而不实的感觉。

2. 三一定律

在必要的场合与可能的情况下,男教师还应当遵守"三一定律"。所谓"三一定律",强调的是着装的色彩搭配问题。它具体要求男教师在正式场合露面时,应当使自己的公文包和鞋子、腰带色彩相同或相近。作为一名教师,在正式场合中,如果要显得专业或者成熟稳重,就一定要遵守"三一定律"。如果一味追求新潮而不顾鞋子、腰带和公文包的整体色彩搭配,那么就只能是贻笑大方。

二 规范着装

具体而言,教师在日常生活中所穿着的服装,主要有制服、西装、套裙和便装等等。某些时候在一些非常正式的场合,教师还需要身着礼服。下面,对这五种常见的教师服装的着装规范分别进行介绍。

(一) 制服

制服,指的是上班族在其工作岗位上按照规定所必须穿着的,由其所在单位统一制作下发的服装。工商、税务、公安、海关、司法等部门,都有指定的制服。在条件允许时,要求教师在工作中身着统一式样的制服,可以反映职业、体现权威、整齐划一和突显职级。

1. 身着制服

如果单位有统一的规定,那么全体教师就必须在规定穿制服时按照规定穿制服,不准随意穿便装。否则,不仅有损整体形象,而且还因此破坏了本单位的制度与秩序,让外人觉得本单位管理不严。同时,在着装时,还应身着与制服相配套使用的衣饰,在整体风格上与制服相互一致。

2. 遵守规范

制服是否能够真正地体现教师的教养,很大程度上取决于教师有没有认真地按照制服礼仪规范行事。穿制服时不守规矩,是制服礼仪的大忌。例如,敞胸露怀、不系领扣、高卷袖筒、挽起裤腿、乱配鞋袜、不打领带、衬衫下摆不束起来,等等。客观地讲,如此种种做法的危害性并不亚于不穿制服。因此,在穿制服时特别强调:制服必须合身;一定要注意四长(袖至手腕、衣至虎口、裤至脚面、裙至膝盖)、四围(领围以插入一指大小为宜,上衣的胸围、腰围及裤裙的臀围以穿一套棉毛衣裤的松紧为宜)。

3. 保持清洁

穿着制服,一定要做到制服无异味、无异物、无异色、无异迹。与之配套穿着的内衣、衬衫、鞋袜,也应定期进行换洗。同时,制服在穿着时必须整整齐齐、外观完好,要做到衣裤不起折皱,上衣平整,裤线笔挺。

4. 保持完好

在一般情况之下,制服一旦在外观上发生明显的破损,例如,开线、磨毛、磨破、纽扣丢失等等,就不宜在工作岗位上继续穿着。对破残的制服,应及时予以更换。不应对其破残之处敷衍了事,在其上贴胶布或别别针,都是不规范的。

5. 佩戴标志

身着制服,有时教师按规定必须佩戴标志。佩戴标志,可以反映出教师的职业特征,并体现其权威。在标志佩戴方面,教师要遵守下列礼仪要求。

其一,按要求佩戴标志。这里有两个含义:一是身穿制服时要佩戴相应的标志;二是要按规定将标志佩戴到指定的部位。

其二,保持清洁与完整。标志是一种严肃的身份象征,代表着职业的尊严或行业的形象,因此在佩戴时一定要谨慎认真,而不能嘻嘻哈哈、掉以轻心。要保证标志的清洁和完整,不许有污损、有残破。

(二)礼服

所谓礼服,就是在隆重的场合所穿的表示郑重其事的服装。在国外,对礼服有很多具体要求。例如在西方,男性午前或白天不能穿小礼服,夜晚不能穿晨礼服。

在我国,教师在学习礼服礼仪时要注意,凡正式活动规定要穿礼服的,一定要按规定穿着。通常,男教师可以穿着黑色或深蓝色的中山装,内穿白衬衣,穿黑皮鞋,扣好风纪扣。有时,亦可穿深色西装套装、白衬衣、黑皮鞋。至于女教师,则以穿着到脚背的长旗袍为佳,有时亦可身着长袖的长裙。下面,具体介绍中山装和旗袍的穿法。

穿中山装和旗袍时,要注意以下三个方面。中山装因孙中山先生率先穿用而得名。它的样式是立翻领,对襟,前襟五粒扣,四个贴袋,袖口三粒扣,后片不破缝。至于旗袍,则源自满族妇女的传统服装。它的腰身从宽大平直发展到紧身贴体,适合体现女性的曲线美。其开襟形式花样多变,袖子可长可短,袖口可宽可窄,既能最大限度地展现东方女性特有的体态和风韵,又能使女性显得端庄典雅。

1. 保持整洁

穿着者必须保持中山装和旗袍的绝对干净,不允许在其上发现任何污点和脏迹,并注意保持光洁挺括。

2. 注意穿法

穿中山装时,一定要把上衣领口之处的风纪扣扣上,上衣的其他纽扣,在正式场合也要一律扣严。身着旗袍时,则一定要合身。具体说来,对脖子粗短的女教师来说,应选择无领型的旗袍。对圆而胖的脸型的女教师来说,要选择领型开得略为深一些、微微袒胸的旗袍。对脖子细长的女教师来说,应该以立领为美。对于身材较矮的女教师来说,则可以选用中间一道竖的线条的旗袍。

3. 讲究鞋袜

一般说来,穿中山装要配皮鞋,穿旗袍则要配高跟皮鞋。鞋子的颜色宜为黑色。至于袜子，穿中山装宜选黑色棉袜，穿旗袍则一般选择肉色丝袜。尤其要注意的是，由于很多旗袍在下摆都有或长或短的开衩，因此袜口不能外露。

（三）西装

西装，又称西服、洋服。它造型优美，做工讲究，目前是世界上最为流行的一种国际性服装。因此，西装也成了教师在正式场合着装的优先选择。教师要想使自己所穿着的西装真正称心如意，就必须在西装的选择、西装的穿法、西装的搭配等三个主要方面循规蹈矩，并严守相关的礼仪规范。

1. 西装的选择

由于西装对做工十分讲究，因此要想使穿在自己身上的西装替自己增色，就首先要进行精心的选择。通常情况下，教师要注意色彩、款式、面料、图案、尺寸、造型和做工等各个方面的细节。一般说来，三件套西装（一衣、一裤和一件背心）比两件套西装（一衣一裤）要显得更加正规一些。西装以无图案为好，也可以选择以"牙签呢"缝制的竖条纹西装。颜色应选藏蓝色、灰色或棕色，至于黑色的西装，则更适于庄严而肃静的礼仪性活动。

此外，在挑选西装时，必须检查其做工的精度如何。这主要从下述六点着手：一是要看衬里是否外露，二是要看衣袋是否对称，三是要看表面是否起泡，四是要看针脚是否匀称，五是要看纽扣是否缝牢，六是要看外观是否平整。

2. 西装的穿法

教师在身着西装时，必须对其具体的穿法倍加重视。若不遵守西装的规范穿法，或者在穿西装时肆意妄为，都是有违礼仪的无知表现。

第一，拆除商标。在正式穿西装前，务必将商标先行拆除。因为这就等于是对外宣告该套西装已被启用。否则，就会贻笑大方。

第二，系好纽扣。穿西装时，上衣的纽扣，都有一定的系法。一般而言，站立时西装上衣的纽扣应当系上；就座之后，则大都要解开。唯独在内穿背心或羊毛衫、外穿单排扣上衣时，才允许站立之际不系上衣的纽扣。根据着装惯例，单排扣式西装的最下面那粒纽扣应当不系，而双排式西装的纽扣则应全部系上。

第三，保持平整。欲使一套穿在自己身上的西装看上去美观又大方，首先就要使其显得平整挺括、线条笔直。因此，除了要定期对西装进行护理外，还不能把西装当做披风一样地披在肩上，也不可以将西装上衣的衣袖挽上去，或者卷起西裤裤管。此外，把两手随意插在口袋里，也是极不礼貌的。

同时，为保证西装在外观上不走样，应当在西装的口袋里少装东西，或者不装东西。在西装上衣上，左侧的外胸袋除可以插入一块用以装饰的真丝手帕外，不准再放其他任何东西。内侧的胸袋，只能用来别钢笔、放钱夹或名片夹。外侧下方的两只口袋，原则上以不放任何东西为佳。在西装背心上，口袋多具装饰之功能。在西装的裤子上，两只侧面的口袋只能够放纸巾或钥匙包。其后侧的两只口袋,则不宜放任何东西。

第四,慎穿毛衫。教师要打算将一套西装穿得有"型"、有"味",那么除了衬衫与西装背心之外,上身只能穿上一件薄型"V"领的单色羊毛衫或羊绒衫,而不能再穿其他任何衣物。

3. 西装的搭配

穿西装时,十分讲究相关的搭配,所以教师应该对其有所了解。

第一,衬衫的搭配。与西装搭配的衬衫,应当是正装衬衫。一般而言,正装衬衫必须为单一色彩,以无任何图案为佳,其衣领多为方领、短领和长领,衣袖必须为长袖。穿着正装衬衫与西装相配套,还有下述四点注意事项。

一是大小要合身。其衣领与胸围要松紧适度,下摆不宜过短。

二是袖长要适度。穿西装时,最美观的做法,是令衬衫的袖口恰好露出来1厘米左右。

三是下摆要掖好。穿长袖衬衫时,不论是否穿外衣,均须将其下摆均匀而认真地掖进裤腰之内。

四是衣扣要系上。穿西装的时候衬衫的衣扣、领扣或者袖扣都要一一系好。只有在穿西装而不打领带时,才必须解开衬衫的领扣。

第二,领带的搭配。在公务场合需要打上领带,在休闲场合则不必。穿西装上衣与衬衫时,应将领带置于二者之间。在西装上衣与衬衫之间加穿西装背心或羊毛衫、羊绒衫时,应将领带置于其与衬衫之间。领带结要令其挺括、端正,并且在外观上呈倒三角形。此外,领带夹可用,亦可不用。使用领带夹时,应使之不宜被外人所见。

第三,腰带的搭配。腰带的宽度应在2.5厘米到3厘米之间,颜色要与鞋的颜色配合。在腰带上,应尽量不别挂手机、钥匙等物品。

第四,鞋袜的搭配。穿西装时,一定要穿皮鞋,黑色皮鞋和深褐色的系带皮鞋是最佳之选,袜子则应与裤子、鞋同类颜色或较深颜色,勿选白色或者其他浅色。

(四) 套裙

套裙,是西装套裙的简称。在许多正式场合,它是女教师的选择。其上身为一件女式西装,下身则是一条半截式的裙子。它不仅会使着装者看起来干练而成熟,而且还能烘托出其所独具的韵味,使之显得优雅和妩媚,可以很好地体现出女教师的职业特点和女性的魅力,并且与具体的场景相协调。

1. 套裙的选择

正宗的套裙,大多都是由一件女式西装上衣和一条半截裙所组成的两件套女装,并可以分为"H"型、"X"型、"A"型和"Y"型四种具体造型。根据礼仪规范,选择套裙时要注意在面料、色彩、图案、点缀、尺寸等方面进行斟酌。一般说来,套裙所选用的面料,讲究的是匀称、平整、柔软、悬垂、挺括。不仅手感和弹性要好,而且应当不起皱、不起毛、不起球。在色彩方面,套裙的基本要求应当以冷色调为主,其全部色彩至多不要超过两种。至于套裙的图案和点缀，则宜少不宜多、宜简不宜繁、宜精不宜糙。就尺寸而言，裙子的下摆恰好抵达着装者的小腿肚子上最为丰满之处，乃是最为标准、最为理想的裙长。

2. 套裙的穿法

穿套裙时，务必要注意其一系列具体的穿着方法。

第一，大小适度。套裙中的上衣最短可以齐腰，而其裙长应不短于膝盖以上15厘米。

第二，穿着到位。在正式场合穿套裙时，女教师必须把上衣的衣扣一律全部系上，绝不能当着别人的面把上衣随便脱下来，或者搭在身上。

第三，协调装饰。在穿套裙时，女教师应该把着装、化妆与佩饰的风格统一起来，从全局上加以考虑。

第四，兼顾举止。穿上套裙之后，女教师要站得又稳又好。不可以双腿叉开，站得东倒西歪，或是随时倚墙靠壁而立。就座以后，务必注意姿态：切勿双腿分开过大，或是翘起一条腿来，更不可以脚尖挑鞋直晃，甚至当众脱下鞋来。

3. 套裙的搭配

套裙的搭配，亦有其一定之规。

第一，衬衫。作为与套裙配套的衬衫，在面料上要求轻薄而柔软，例如，真丝、麻沙、罗布、府绸、涤棉、花瑶等等，都是可供选择的面料。在色彩上以单色为最佳之选，同时，还要有意识地使衬衫的色彩与同时所穿的套裙的色彩互相般配，要么外深内浅，要么外浅内深，形成两者之间的深浅对比。

在具体的穿法上，女教师则要注意三点。

一是衬衫在公共场合不宜直接外穿。按照礼貌，不允许在外人面前直接脱下外衣，而直接以衬衫面对对方。身穿紧身透明的衬衫时，尤其要注意这一点。

二是衬衫的下摆必须掖入裙腰肢内，不得任其垂悬于外，或是将其在腰间打结。

三是衬衫的纽扣要一一系好。除最上端一粒纽扣按惯例允许不系外，其他纽扣均不得随意解开。

第二，衬裙。衬裙特指穿在裙子之内的裙子。一般而言，穿套裙时，是非穿衬裙不可的。衬裙的色彩，最好单色，但必须使之与外面套裙的色彩相互协调。二者要么彼此一致，要么外深内浅。不允许出现二者之间外浅内深的情况。

在一般情况之下，衬裙上不宜出现任何图案。衬裙的裙腰不可高于套裙的裙腰，同时应将衬衫下摆掖入衬裙与套裙的裙腰二者之间。

第三，内衣。一套完整的内衣，一般由胸罩、内裤以及腹带、吊袜带、连体衣等构成。它应当柔软贴身，并且起着支撑和烘托女性线条的作用。有鉴于此，选择内衣时，最关键的是要使之大小适当，既不能过于宽大晃悠，也不能过于窄小夹人。

同时，还要注意一定要穿内衣、内衣不准外露、内衣不准外透等三点。

第四，鞋袜。女教师穿套裙时，宜穿皮鞋与尼龙丝袜或是羊毛袜与之配套，并且要特别注意鞋袜的穿法和讲究。鞋子如果开线、裂缝、掉漆、破残或者是袜子如果有洞、跳丝,均应立即更换,尤其不要打了补丁再穿。

鞋袜不可当众脱下,也不能处于半脱状态。最重要的是,袜口不可暴露于外。袜口,即袜子的上端,将其暴露在外,是一种公认的既缺乏服饰品位又失礼的表现。女教师不仅穿套裙时应自觉避免此种情形的发生,而且还应当在穿开衩裙时注意,即使在走动之时,也不应当让袜口偶尔一现于裙衩之处。

(五)便装

便装,又称便服,通常都是指相对于正装而言、适于在各类非正式场合所穿的服装。一般说来,便装在穿着时没有多少严格的限制或规定,但同样需要遵守相关礼仪。

1. 兼顾环境

教师在非正式场合里才可以身着便装,即只有在休闲场合才可以身着便装。在休闲场合中,教师着装应重点突出"舒适、随意、自然"的风格。最为规范的,是选择牛仔装、运动装、夹克衫、T恤衫、短袖衬衫、短裤等等。

2. 适合自身

在选择便装时,应围绕着自身形体的特点来选择服装,同时要注意协调、风格统一。着装时既要注意防止出现多中心、多重点的装扮,还要注意到诸多因素之间的协调一致性,即:所穿便装的款式、颜色,一定要与自己的性格、年龄、形体、脸型、肤色以及所处场合、季节等诸因素协调一致。

3. 遵守常规

便装在穿着时有不少的自由度,可以任人发挥。但教师仍然要注意下列问题。

第一,风格协调。牛仔装的奔放,运动装的矫健,家居装的舒适,往往令人耳目一新,但是,教师在身着便装的时候,应力求使其在风格上完美一致。

第二,色彩和谐。教师在选择便装时,除了要注意本人对色彩的偏爱和色彩的流行之外,还要使其在色彩上统一或呼应。

第三,面料般配。教师在选择便装时,不仅要对其舒适与否、外观美感给予重视,而且还要令同时所穿的数件便装在面料上大致趋同。

三 善于搭配

着装作为一个整体,在讲究服装穿法的同时,还必须兼顾服装辅件的选择与搭配。下面,介绍几种教师着装时主要的搭配之物。

(一)帽子

一顶合适的帽子,不仅具有实用功能,可以御寒遮阳;而且还具有装饰作用,往往能使人锦上添花,显得精神百倍。不论在男性还是女性的衣着之中,帽子往往都占据着举足轻

1. 选择帽子

选帽子时，要注意其式样、颜色与自己的装束、年龄、工作相协调，并要按自己的脸型来选择。对教师来说，帽子一定要适应自己的身份、服饰以及出入场合，否则，就宁可不戴帽子。

2. 佩戴帽子

帽子的戴法，一定要合乎规范。该戴正的不能戴歪，该偏后的不要偏前，否则就会给人留下"衣冠不整"的坏印象。男教师在社交场合，可以脱帽向对方表示尊敬，与人握手、向人致意时也应当把帽子脱下来。但对女教师就没有这一要求。在庄重场合，如参加重要聚会，奏国歌、升国旗时，除军人外，其他人必须脱帽。在悲伤场合，如参加追悼会、向死者遗体告别时，在场者也应该一律脱帽。此外，在观看戏剧或电影时，为了不挡住后排观众的视线，无论男女，均应自觉脱帽。

（二）手套

手套又称"手的时装"。它不仅起着保暖御寒的作用，还发挥着重要的装饰作用。对于教师而言，选用手套时主要应注意以下四个方面。

1. 符合气质

戴手套必须考虑到每一个人的年龄、性格和气质的差异。例如，年轻活泼的教师适合戴浅色或彩色的手套，年老稳重的教师则适合戴深色的手套。身矮臂短的教师，选择短手套，会显得精明强干；身高臂长的教师，选择长手套，则会显得英武豪放。

2. 协调整体

戴手套时，应使之与整体服装的风格保持一致。例如，穿浅褐色或灰色大衣，可以戴褐色手套；穿深色大衣，适合戴黑色手套；穿裘皮服装或西装，则应选择与之色彩一致的手套或黑色手套。同时要注意，不论戴什么款式和色彩的手套，都要保持它的清洁。

3. 重视场合

要使手套与所处的场合相匹配。例如，在正式场合或一般场合都可以选用皮手套，以体现档次。而在运动场合中则应戴白手套，以凸显其魅力。

4. 熟知礼节

手套作为"手的时装"，同样有其特有的讲究和禁忌，因此教师应该熟练掌握有关的手套的礼节。例如，当人们握手寒暄或进入室内时，男性必须脱下手套，而女性则不必如此。但是不论男女，在需要饮茶、吃东西或者吸烟时，都应该提前脱去手套。

（三）领带

在我国，领带通常是男教师必不可少的服饰之一。关于领带的礼仪，主要涉及以下几点。

1. 选择领带

领带的选配，应和服装的颜色相互协调，并且还要与衬衣相搭配，这是使用领带时最重要的一点。在较正式的场合，领带不宜过于鲜艳，以暗色为宜。在吊唁、慰问的场合，则必须配黑色领带。

2. 领带打法

在领带的打法上，应注意以下几点。

第一，注意场合。在公务场合必须打上领带；在参加宴会、舞会、音乐会时，为表示尊重主人，亦可打领带；在休闲场合，通常则是不必打领带的。

第二，注意服装。穿西装套装时非打领带不可；穿单件西装时，领带则可打可不打；在非正式活动中穿西装背心时，可以打领带。不穿西装的时候，通常是不宜打领带的。

第三，注意结法。打领带结的基本要求是令其挺括、端正，并在外观上呈倒三角形。领带结的具体大小，最好与衬衫衣领大小形成正比。

第四，注意长度。打好之后的领带最标准的长度，是上面宽的一片须略长于底下的一片，其下端的大箭头正好抵达皮带扣的上端。

（四）鞋袜

在正式场合，教师必须注意鞋子和袜子这两种"脚部时装"与"腿部时装"的穿法。

1. 男性的鞋袜

在一切正式场合，男教师只宜穿黑色或深咖啡色皮鞋，而不宜穿鞋跟过高或钉掌的皮鞋。穿皮鞋时，不论其新旧，保持鞋面清洁永远都是第一位的。如果是穿布鞋，则需要经常清洗。裤管不宜太长，一般而言，站立起来，裤脚前面能碰到鞋面，后面能垂直遮住1厘米的鞋帮就行了。男教师所穿的袜子，颜色以单一色调为佳，但无论如何不能在正式场合中穿一双白色或者是肉色的袜子。袜子要高及小腿上部，质地不要太薄或太厚，以棉线袜为最佳，尼龙袜最不宜穿。

2. 女性的鞋袜

高跟鞋是很多女教师的首选，但不宜穿鞋跟太高太细的高跟鞋。在正式场合中，女教师不宜穿凉鞋和拖鞋，尤其不能赤脚穿凉鞋。此外，女教师穿皮靴时，应使裙摆盖住皮鞋的筒顶。但在办公室里不能穿皮靴，休闲时间则听任其便。女教师穿裙子时，应当配长筒袜或连裤袜，颜色以肉色、黑色最为常用。袜子一定要大小相宜，不能穿着挑丝、破洞或用线补过的袜子外出，所以应当在办公室或工作场所预备一两双袜子，以备袜子被钩破时换用。此外特别要注意的是，女教师在穿袜子时，袜口是绝对不能够露在裙摆或裤脚外边的。

（五）公文包

公文包，是教师外出之际须臾不可离身之物。选择一个合适的公文包，往往会令教师的形象增色不少。在选择公文包的时候，要重点注意其色彩。一般说来，公文包的色彩同样要符合"三一律",即与腰带、皮鞋的颜色保持一致,否则就会显得十分突兀。

在公文包选购上,通常首先要考虑的是使用目的。适应正式场合用的公文包,一般应质地较好,做工精细。适合日常外出或上班用的公文包,应较注意实用性。专为郊游、旅行或类似的场合用的公文包,由于遭受磨损的机会较多,因此选购时应选质地耐用、体积较大的为宜。此外还要注意,在用包的时候不宜张扬,数量不能太多,东西不要乱装。在室内活动时,公文包也不宜乱放。

四 选用饰物

随着人们生活水平的提高,人们普遍认为,饰物不仅仅是财富的象征,它更应该是一个人文化素养、气质风度以及审美格调的综合表现。饰物的佩戴,既要考虑人与环境,又要考虑整体的效果。要注意到诸多因素间的关系,才能起到佩戴饰物的效果。在社会生活中,具体的工作岗位及身份、年龄、外貌、体型、经济状况和活动范围等因素,决定了教师这一特殊群体对于饰物的选择与佩戴要求。在考虑饰物的佩戴时,教师应注意下列四个具体方面。

(一)区分场合

佩戴饰物,应与所处的环境、场合相适应。一般说来,只有在社交场合或休闲场合,教师才能佩戴饰物,而课堂教学、执行公务、进行运动或旅游时则不宜戴首饰。

(二)考虑性别

一般说来,女教师可戴多种首饰,而男教师所适宜佩戴的只有结婚戒指一种。具体而言,女教师在佩戴首饰方面要遵守的一项重要规则,就是在公共场合中首饰至多不能超过三件,而且场合越正规,适宜其佩戴的首饰就应当越少。

(三)宁缺毋滥

教师在正式场合中不戴首饰是可以的,戴就要戴质地、做工俱佳的,而千万不能佩戴粗制滥造的制品。同时也要注意,如果佩戴者只着眼于炫耀首饰的经济价值,以为项链选的越粗越好,戒指戴的越大越好,结果反而会弄巧成拙,显得自己俗不可耐。

(四)谨防犯忌

佩戴首饰时,切勿犯忌。例如,女教师参加丧礼时,只允许佩戴结婚戒指和珍珠项链。又如,猫眼石、钻石不要与珍珠首饰同时佩戴,不要显得过分夸耀。同时要注意,如果已经佩戴了胸花,就不宜再佩戴耳环等突出女性魅力的饰品。

第三节 仪容规范

当一个人与外界交往时,其个人仪容通常会备受关注。所谓仪容,一般是指人的外观与外貌。简单地讲,一个人的仪容,实际上就是指其个人形体的基本外观。其中的重点,则是指人的容貌。在人际交往中,每个人的仪容都会引起交往对象的关注。

对广大教师来说,仪容礼仪的首要要求是仪容美。具体而言,教师的仪容美主要有三层含义。

首先,要求教师的仪容自然美。它是指仪容的先天条件好,天生丽质。尽管以相貌取人不合情理,但先天美好的仪容相貌,无疑会令人赏心悦目、感觉愉快。

其次,要求教师的仪容修饰美。它是指依照规范与个人条件,对仪容进行必要的修饰,扬其长、避其短,设计、塑造出美好的个人形象,在人际交往中尽量令自己显得有备而来,自尊自爱。

最后,要求教师的仪容内在美。它是指通过努力学习,不断提高个人的文化、艺术素养和思想、道德水准,培养出自己高雅的气质与美观的心灵,使自己秀外慧中、表里如一。

真正意义上的仪容美,应当是上述三个方面的高度统一。忽略其中任何一个方面,都会使仪容美失之于偏颇。在这三者之间,仪容的内在美是最高的境界,仪容的自然美是人们的心愿,而仪容的修饰美则是仪容礼仪所关注的重点。

当教师进行个人仪容修饰时,应当引起注意的,通常有头发、面容、手臂、腿部、化妆等五个具体方面。

一 发型

按照一般习惯,人们注意、打量其他人,往往是从头部开始的,正所谓"上看头,下看脚"。而头发生长于头顶,位于人体的"制高点",所以就更容易先入为主,引起大家的重视。有鉴于此,修饰仪容通常应当"从头做起"。修饰头发,应注意的问题有以下四个方面。

(一) 长短适中

从礼仪和审美的角度看,头发的长短受到若干因素的制约,不可以一味地只讲自由与弘扬个性。一般而言,制约教师头发长短的主要因素有性别、身高、年龄、职业等。

1. 性别因素

人分男女,男女有别,在头发的长度上便有所体现。一般认为,女教师可以留短发,但不宜理寸头或剃光头。男教师头发可以稍长,但不宜长发披肩、梳辫挽髻。在头发的长度上可以中性化一点,但不应超过极限,不女不男。

2. 身高因素

头发的长度,在一定程度上与个人身高有关。以女教师留长发为例,其头发的长度就应与身高成正比。一个矮个子的女教师若长发过腰,会使自己显得个头更矮,显然是很不明智的选择。

3. 年龄因素

人有长幼之分,头发的长度亦受此影响。例如,一头飘逸披肩的秀发,出现在少女头上相得益彰,有如青春的护照;但它若是出现在一位年逾七旬的老奶奶头上,则会令人哗然。

4. 职业因素

本人的职业,对头发的长度影响很大。例如,野战军战士为了负伤后抢救方便,通常理光头,而教师就不宜如此。对于教师而言,女性披发不宜过肩部,必要时应以盘发、束发作为变通;男士则不宜留鬓角、发帘,并最好不要长于7厘米,即前不覆耳,侧不掩耳,后不及领。

(二) 造型适宜

发型,即头发的整体造型。在理发与修饰头发时,对此都不容回避。选择发型时,不仅要求美观大方,而且要自然而然。在这一方面,除了个人偏好可适当兼顾外,最重要的是要考虑个人条件和所处的场合。

1. 个人条件

个人条件,包括发质、脸型、身高、胖瘦、年纪、着装、佩饰、性格等等,都会影响到发型的选择,对此切不可掉以轻心、不闻不问。

在上述个人条件里,脸型对发型的选择影响最大。选择发型时,一定要遵守应己原则,使二者相互适应。例如,国字脸的男士最好别理板寸,否则看上去好像一张扑克牌。Ω发型,则主要适合鹅蛋脸的女士。它的下端向外翻翘,可展示此种脸型之美。若倒三角脸型的女士选择了它,则可谓不自量力了。

2. 身份差异

在社会生活里,人们的职业不同、身份不同、工作环境不同,发型自然应有所不同。一般说来,在工作场合抛头露面的人,发型应当传统、庄重、保守一些;在社交场合频频亮相的人,发型则应当个性、时尚、艺术一些。至于前卫、怪异的发型,对教师而言则是万万不许可的。

(三) 干净整洁

头发是人们脸面之中的脸面,对其自觉地作好日常护理,既有助于保养头发,又能够清除异味和异物。所以不论有无交际应酬活动,教师平日都要对自己的头发勤于梳洗,不能忽略此点,不可疏于对自己头发的"管理"。

对头发勤于梳洗,具体作用有三:一是有助于消除异味;二是有助于清除异物;三是有助于保养头发。若是对头发懒于梳洗,弄得自己蓬头垢面,满头汗馊或是油味,发屑随处可见,都是很败坏个人形象的。

通常理发,男教师应为半个月左右一次,女教师可根据个人情况而定,但最长不应超过1个月。洗发,应当至少3天左右进行一次。至于梳理头发,更应当时时不忘,见机行事。如有重要的交际应酬,应于事前再进行一次洗发、理发、梳发,不必拘泥于以上时限。不过务必切记,此类活动应在"幕后"操作,不可当众"演出"。总之,头发一定要洗净、理好、梳整齐。

(四) 美观自然

人们在修饰头发时,往往会有意识地运用某些技术手段对其进行美化,这就是所谓美发。美发不仅要美观大方,而且要自自然然,不宜雕琢痕迹过重,或是不合时宜。所以,人们在采取美发方式时,同样要根据自身条件进行选择,决不能盲目追求潮流。

在通常情况下,美发的基本方法有以下四种:

1. 烫发

烫发,即运用物理手段或化学手段,将头发做成适当形状的方法。决定烫发之前,首先要考虑一下本人的发质、年龄、职业是否合适。

2. 染发

发色不理想,或是头发变白,即可使用染发剂令其变色。关于染发,对教师而言必须三思而行,将头发染黑不必非议,但若想将其染成其他色彩,甚至染成多色彩发,通常则是不大合适的。

3. 作发

作发,即运用发油、发露、发乳、摩丝等美发用品,将头发塑造成一定形状,或对其进行护理。作发的要求,与烫发的要求大体相似。

4. 假发

头发有先天缺陷或后天缺陷者,均可选戴假发。选择假发,一是要使用方便;二是要天衣无缝。无论如何,都不可因此而显得怪异或俗气。

二　面容

仪容,在很大程度上指的就是人的面容。修饰面容,首先要做到清洁。即要勤于洗脸,使之干净清爽,无汗渍、无油污、无泪痕、无其他任何不洁之物。修饰面容的要求,具体到各个不同的部位,还有一些不尽相同之处。

(一) 眼部

眼睛是人际交往中被他人注视最多的地方,亦是修饰面容时的优先之处。

1. 保洁

保洁,在此指的是眼部分泌物的及时清除问题。眼睛的保洁最重要,教师尤其应注意眼部分泌物的及时清除。对于这一点,应铭记于心,随时检查。此外,若眼睛患有传染病,应自觉回避社交活动,省得让他人近之不宜、避之不恭。

2. 修眉

若感到自己的眉形刻板或不雅观,可进行必要的修饰,但是不提倡进行"一成不变"的文眉,更不允许剃光所有眉毛,刻意标新立异。此外,文面、文身对于教师而言通常也是不允许的。

(二) 耳鼻

对耳朵和鼻子的护理,每一名教师都不该予以忽略。

1. 卫生

在洗澡、洗头、洗脸时，不要忘记清洗一下耳朵。必要之时，还需清除耳孔之中不洁的分泌物。平时，应注意保持鼻腔清洁，不要让异物堵塞鼻孔。但一定要注意，对耳、鼻进行保洁的具体操作不能当众进行。尤其不能随处吸鼻子、擤鼻涕，也不要在人前人后时时挖鼻孔或掏耳朵。

2. 美化

对于鼻子上的"黑鼻头"，要及时清除。此外，在参加交际应酬之前，不要忘了检查一下耳毛或鼻毛是否长出耳朵或鼻孔之外。一旦出现这种情况，一定要及时进行修剪。不要置之不理，或是当众下手去拔。

（三）嘴部

对嘴部的修饰，功夫一定要到家。嘴巴是发声之所，也是进食之处，理应对其多作修饰、细心照顾。

1. 护理

牙齿洁白，口腔无味，是护理上的基本要求。要做好这一点，一是要每天定时刷三次牙，以去除异物、异味。二是要注意忌食烟、酒、葱、蒜、韭菜、腐乳之类气味刺鼻的东西，免得让交往对象掩鼻受罪。

2. 异响

在正规场合，教师要自觉地克制异响。按常规，人体之内发出的所有声音，例如，咳嗽、哈欠、喷嚏、吐痰、清嗓、吸鼻、打嗝、放屁的声响，都是不雅之声，统称为异响，在交际场合应当禁止出现。需要指出的是，禁止异响，重在自律，而不必强求于人。若本人不慎弄出了异响，则最好当场及时承认，并向身边之人说声抱歉。

3. 胡须

唇间长有胡须，是男子的生理特点，但是在交际场合，即使胡子茬为他人所见，也是十分失礼的。因此，男教师若无特殊宗教信仰和民族习惯，最好不要蓄须，并应经常及时地剃去胡须。青年男教师尤其不要蓄须，否则其稀疏难看，令人显得邋遢。若女教师因内分泌失调而长出类似胡须的汗毛，则应及时治疗或修饰，并予以清除。

三 手臂

在正常情况下，手臂是人际交往中人的身体上使用最多、动作最多的一个部分，因此，往往被人们视为社交之中每个人都有的"第二枚名片"。从某种程度上讲，它甚至比人们常规使用的印在纸片上的名片更受重视。修饰手臂，可以从手掌、肩臂与汗毛等三个方面来进行。

(一) 手掌

手掌,是手臂的中心部位,也是人们在日常交际中"制作"形形色色的手语的关键媒介。

1. 经常洗手

在日常生活里,手是接触其他人和其他物体最多的地方,出于清洁、卫生、健康的角度考虑,手应当勤于洗涤。用餐前、便后、接触过肮脏物体时洗手,更是起码的要求。

2. 修剪指甲

手上的指甲应定期修剪,大体上应每周修剪一次。不可长时间不剪指甲,也不要留长指甲。修剪手指甲,应令其不超过手指的指尖。若是指甲的外形不美观,也可以进行适当的修饰。

3. 去除死皮

手部若接触过肮脏之物,在手指甲周围即会产生死皮。若发现死皮之后,应立即将其修饰剪掉,但不宜当众操作,更不应用手去撕,或用牙去咬。

4. 防止伤残

对于手部要悉心照料,不要让它常带伤残。若皮肤粗糙、红肿或是皲裂,应及时进行护理、治疗。如果长癣、生疮、发炎、破损、变形,则不仅要治疗,而且还应避免使之接触他人。这是因为,不论直接的还是间接的接触,都会令他人不快,甚至产生反感。

(二) 肩臂

教师礼仪规定,在非常正式的教学或其他公务活动中,人们不宜穿着半袖装或无袖装,手臂和肩部都不应当裸露在衣服之外,而在其他非正式场合,则无此限制。修饰肩臂,最重要的就是这一条。与此同时,还要特别注意汗毛和腋毛的处理。

1. 汗毛

因个人生理条件的问题,某些人手臂上汗毛生长得过浓、过重或过长。这件事一般无关大局,没有必要非去进行"干涉"不可。不过,若是情况反常,特别是有碍观瞻的话,最好还是要采用适当的方法进行脱毛。

2. 腋毛

应该注意,在他人面前,尤其是在外人或异性面前,腋毛是不应为对方所见的。它属于"个人隐私",不甚雅观,被人见到是很失礼的。对女教师来说,特别需要注意这一点。在正式场合,一定要牢记,不要穿着会令腋毛外现"露怯"的无袖装。而在非正式场合,若打算穿着暴露腋窝的服装,则务必先行脱去或者剃去腋毛。

四 腿部

俗语说,"远看头,近看脚,不远不近看中腰。"腿部在近距离之内常为他人所注视,在修饰仪容时自然不能偏废。

(一) 腿部

在正式场合，不允许男教师的着装暴露腿部，女教师可以穿长裤、裙子，但不得穿短裤，或穿暴露大部分大腿的超短裙。一般说来，越是正式的场合，女教师的裙子应当越长。在庄严、肃穆的场合，女教师的裙长应长过膝部以下。同时不允许不穿袜子，尤其不允许光着的大腿暴露于裙子之外。但在非正式的场合，特别是在休闲活动中，则无此规定。

(二) 脚部

在正式场合，是不允许光着脚穿鞋子的。它既不美观，又有可能被人误会。因为在社会上，女性光脚穿鞋，或穿一些可能使脚部过于暴露的鞋子，都被视为卖弄"性感"的做法。

1. 保持清洁

在正常情况下，应注意保持脚部的卫生。鞋子、袜子要勤洗勤换，脚要每天洗上一次，袜子则应每日一换，以防其臭气熏人。不要穿残破、有异味的袜子。如有可能，应在办公室或随身所带的公文包里装上备用的袜子，以应不时之需。在非正式场合光脚穿鞋子时，要确保其干净、清洁。不要在他人面前脱下鞋子、趿拉着鞋子，更不要脱下袜子抠脚丫子。此类不良习惯，往往令人作呕，极其有损教师的个人形象。

2. 勤剪趾甲

脚指甲要勤于修剪，至少要做到每周修剪一次。要去除死趾甲。不应任其藏污纳垢，或是长于脚趾趾尖。在正式场合活动时，教师的脚趾与脚跟通常不应露出鞋外。

(三) 汗毛

男性成年以后，腿部汗毛大都过重。所以在正式场合不允许男教师穿短裤，或是卷起裤管。女教师若因内分泌失调而腿部汗毛变得浓黑茂密，则最好将之脱去或者剃除。此外，可以选择深色的丝袜，加以遮掩。

五 化妆

所谓化妆，即通过对美容用品的使用，来修饰自己的仪容、美化自我形象的行为。简单而言，化妆就是有意识、有步骤地给自己美容。在许多情况下，女教师都有必要化妆。

对教师来讲，进行化妆的重要意义不仅是为了突出、表现个人，更重要的是为了塑造本单位、本部门的鲜明的形象，同时也是为了向自己的交往对象表示尊重和敬意。通过化妆，教师可以对自己的容貌进行修饰，扬长避短，以便自己光彩照人、精神焕发，从而在人际交往中更为自尊、自信、自爱。

有鉴于此，教师必须遵守有关的化妆规范和礼仪。大致而言，教师应从如下四个方面掌握基本的化妆礼仪。

(一)扬长避短

教师应该在正确认识自己身体条件的基础上,进行化妆技巧与方法的合理选择与搭配。其重点是弥补缺陷,即扬长避短。

1. 考虑自身条件

每个人都有互不相同的身体条件,如年龄、身材、肤色、容貌等。对此,必须有正确、客观、实事求是的认识和评价,要明确自己的优势与不足。常言道:"人贵有自知之明",教师一定要实事求是地认识自我。要对自己的身体条件,尤其是不足之处心知肚明,不可偏听偏信,不可有"阿Q精神",当然也不必自惭形秽、对自己全盘否定。

2. 兼顾自身特点

化妆,一定要具有针对性。同样的部位,在不同人身上往往需要选择不同的化妆方法,才能真正达到美化的效果。如果不考虑身体条件的不同,而采用千篇一律的化妆方法,或者盲目仿效时下流行的化妆技巧,则往往会贻笑大方。例如,画眉时稍许上挑一些是颇能增加女人味的。但如果自己的眼睛有些下斜,则不宜在画眉时画得太上挑了,否则自己的下斜眼和上挑眉一对比,就更显得眼睛斜得厉害了。

3. 弥补自身缺陷

化妆应当兼顾扬长与避短,但重点应是避短,即弥补自己的"美中不足"。强调避短,意在使不足减至最低限度,这往往意味着美的增加,故而避短是相当重要的。例如,有的人手形不好,手指短粗,就不必涂抹指甲彩油,以免他人过多注意自己粗短的手指。当然,无论扬长还是避短,都应当适度,否则往往会弄巧成拙。例如,一个人若有轻微体臭,可洒上一些香水以遮蔽之。但切不可喷洒过多过浓的香水,否则就会是"此地无银三百两",让人怀疑自己有严重的体臭。

(二)整体协调

化妆的目的不在于追求局部的亮丽,而在于表现个人的整体美。因此,身体各部分的化妆需要协调统一、整体考虑。教师要体现出健康的形体、优美的仪容以及充满活力的精神面貌,就必须在化妆时遵循协调性与整体性的原则。

1. 协调服饰

在化妆时,应充分考虑自己所化妆的颜色、浓淡是否与所着服饰相匹配。不同色调系列的服装往往需要不同色调的化妆品。不同款式搭配的服饰,则往往需要不同的化妆手法。只有当服饰与化妆适当地组合在一起时,才会显现出整体美。例如,身着一套牛仔装时,通常宜选用厚实一点的装扮;而如果身着一套素雅的连衣裙,要给人以轻松之感时,则应选择清淡的装扮。

2. 协调部位

一个人化妆的效果,是其各部位化妆后的整体显现。各个局部的化妆即使再成功,如果其相互之间难以协调在一起，那么化妆也是失败的。例如，单纯的眼部化妆是没有的，只有同腮红、口红配合起来，才能有美的效果。如果要突出口部的魅力或口红的色彩，则应节制对眼部的化妆，浓重的眼影显然不利于口部优势的发挥。又如，在面部化妆时，腮红与眼影应当选择同一色系的颜色，而唇膏的色彩则应与彩色指甲油的颜色属于同一色系。只有这样，才能使各部位的化妆协调一致。

3. 协调环境

不同的环境或者不同的场合，往往有不同的自然条件、交际气氛，这就需要所化之妆与其相协调、相适应。只有这样，个人的良好形象才能最充分地体现出来。例如，教师在严肃或悲伤的场合，宜选用淡妆而不可浓妆艳抹、光彩照人。而在比较欢快的场合，则可在允许的范围内化稍浓一些的妆。

(三) 浓淡相宜

女教师在必要时必须进行适当的化妆，从而维护个人和所在单位的形象，以表达对交往对象的尊重。但化妆有浓淡之分，正所谓"过犹不及"，需要化妆并不意味着所化之妆越深越好。在工作岗位上，女教师必须遵循"淡妆上岗"的原则，即化妆应以淡妆为主，切勿浓妆艳抹。

1. 符合身份

教师是向学生传授知识的使者，因此必须使自己平易近人、有亲和力。体现在化妆方面，就是要求朴实无华，宁淡而勿浓。否则就会给人以不稳重之感，让人怀疑其工作能力与工作态度。

平时在工作岗位上，女教师除了必要的修饰，使自己以干净整洁的形象出现外，完全不必进行进一步的化妆，宜给人以清新、自然的感觉和踏实、稳重的印象。但在参加某些重要的庆典、仪式和社交活动，尤其是参加外事活动时，为了表达对交往对象的尊重和对活动的重视，可进行进一步的化妆、修饰。例如，可以轻抹口红、淡描眉毛等，但总体是仍以淡雅为宜。

2. 遵循规则

按照化妆自身的规则来看，化妆的最高境界是着妆者化妆后若有若无，浑然天成。人人都会浓妆艳抹，但并不是人人都懂得简单上妆、素雅上妆。妆贵自然。恰如其分地将所化之妆融于自己身体各部，而没有粘贴、描绘、雕刻上去的感觉，才是女教师最佳的职业妆。

3. 维护形象

在公务场合里，是不允许过分突出性别特征的。因此，在这种场合，女教师切不可浓妆艳抹而过分引人注目。如若不然，便会使人觉得其过分招摇和粗俗。为维护自身形象，并不致招人非议，提倡女教师化妆上岗、淡妆上岗。

(四) 遵守成规

在化妆时，女教师必须遵守通行的模式、规则、方法。可以说，化妆的成规较为繁多，但最重要的莫过于以下两项。

1. 修饰避人

在公众场合，女教师应当表现得庄重、勤勉、朴实、干练，专心致志于本职工作。化妆实际上属于个人隐私，原则上只能在家中进行。因此，女教师应该严格遵守修饰避人的规定。如果在工作时当众化妆补妆，不仅不庄重，而且会使人觉得自己对待工作用心不专。事实上，在许多国家里，如果单身女子在饭店、街头等公共场合当众化妆、补妆，往往是"风尘女子"的"开张营业"暗示。而如果事出有因，在其他场合女教师需要临时化妆补妆时，则应选择隐蔽之处，例如去洗手间。

2. 运用技巧

不同的化妆品有不同的使用技巧和方法，女教师必须对此加以熟练掌握，从而使化妆成为有效的美化手段。例如香水，人们除了要选择适合自己的香型外，还应当掌握其具体、正确的使用方法。一般而言，使用香水应以少为宜。涂抹香水的适当部位仅限于手腕、耳垂等易于使之挥发的几处。通常认为，与他人相处时，自己身上的香水味在 1 米以内被对方闻到，不算过量。但如果在 3 米开外，他人仍然能闻到自己的香水味，则肯定是过量使用香水了。

第四节　表情规范

在人际交往中，人们往往会对自己的交往对象察言观色，即关注其表情。表情，是人的面部表情一词的简称。它所指的是，人们在神经系统的控制之下，面部肌肉及其各种器官所进行的运动、变化和调整，以及面部在外观上所呈现出的某种特定的形态。它是一个人内在思想、感觉和情绪的表露。人体的其他部分也有表情，但表情主要体现于人类的面部。在一般情况下，人们所说的表情，往往就是指的面部表情。

现代传播学认为，人的表情属于人际交往之中的"非语言信息传播系统"，并且是其核心组成部分。在人际交往中，表情可信地反映着人们的思想、情感、反应，以及其他一切方面的心理活动与变化。尽管人类的表情变化多端、不可胜数，但是它们却大都具有共性。它超越了地域文化的界限，成为一种人类的世界性"语言"，其民族性、地域性差异相对来说较少。

表情礼仪，在此主要是指有关眼神、笑容、面容等三个方面的具体规范。其总体要求是，要理解表情、把握表情，并在交际场合努力使自己的表情和蔼、亲切、友善。

要求教师表情和蔼，是指其在与人交往中态度应当温和，不粗暴、不严厉，使人感觉易于接近。

要求教师表情亲切，是指其待人要热情，令人感到一见如故，没有距离，容易与之亲近。若态度冷漠、沉重、呆板、做作，甚至充满怀疑或敌视之感，是绝对不会令人感到亲切的。

要求教师表情友善,通常则是指其对人友好、和善,要善于关心、体谅、照顾或帮助别人,同别人和睦相处。

一 眼神

对待交往对象,教师的眼神始终都应当是友善的。

眼神,是对眼睛的总体活动的一种统称。眼睛是人类的心灵之窗,它能够最明显、最自然、最准确地展示出自身的心理活动。人们在日常生活之中借助于眼神所传递出的信息,可被称为眼语。眼语的构成,一般涉及角度、部位、时间、方式、变化等五个具体方面。

(一)注视的角度

在注视他人时,目光的角度,在某种意义上意味着与交往对象的亲疏远近。注视他人的常规角度,通常有以下三种。

1. 平视

平视,即视线呈水平状态。它也叫正视,一般适用于在普通场合与身份、地位平等之人进行交往。平视的一种特殊情况是侧视,即位居交往对象一侧,面向对方,平视着对方。它的关键在于必须面向对方,否则即为斜视对方,那种做法是很失礼的。

2. 仰视

仰视,即主动居于低处,抬眼向上注视他人。它表示尊重、敬畏之意,适用于面对尊长之时。

3. 俯视

俯视,即抬眼向下注视他人,一般用于身居高处之时。它可以对晚辈表示宽容、怜爱,也可对他人表示轻慢或者歧视。

(二)注视的部位

在人际交往中目光所及之处,就是注视的部位。注视他人的部位不同,不仅说明自己的态度不同,也反映着双方关系有所不同。

在一般情况下,与他人相处时,不宜"目中无人",不宜过多地注视其头顶、大腿、脚部与手部。对异性而言,通常不应注视其肩部以下,尤其是不应注视其胸部、裆部、腿部或脚部。通常允许注视他人的常规部位有以下几处。

1. 额头

注视交往对象的额头,表示严肃、认真、公事公办。它叫作公务型注视,适用于极为正规的公务活动。

2. 双眼

注视交往对象的双眼,表示自己聚精会神、一心一意,非常重视对方,但时间不宜过久。它也叫关注型注视。

3. 眼部至唇部

注视这一区域，是社交场合面对交往对象时所用的常规方法，它因此也叫社交型注视。

4. 眼部至胸部

注视这一区域，表示亲近、友善，多用于关系密切的男女之间，故称近亲密型注视。

5. 眼部至裆部

它适用于注视相距较远的熟人，亦表示亲近、友善，故称远亲密型注视，但不适用于关系普通的异性。

6. 任意的部位

对他人身上的某一部位随意一瞥，可表示注意，也可表示敌意。它叫作随意型注视，多用于公共场合注视陌生之人，但最好慎用。通常，它也叫瞥视。

（三）注视的时间

在人际交往中，尤其是与熟人相处时，注视对方时间的长短，往往十分重要。在交谈中，听的一方通常应当多注视说的一方，以表示友好、重视，以及对其所谈话题感兴趣。

1. 表示友好

若对对方表示友好，则注视对方的时间应占全部相处时间的约 1/3 左右。

2. 表示重视

若对对方表示关注，或者是表示兴趣时，则注视对方的时间应占全部相处时间的 2/3 左右。

3. 表示轻视

若注视对方的时间不到相处全部时间的 1/3，往往意味着对其瞧不起，或没有兴趣。

4. 表示敌意

若注视对方的时间超过了全部相处时间的 2/3 以上，往往表示可能对对方抱有敌意，或是为了寻衅滋事。

（四）注视的方式

注视他人，在交际场合可以有多种方式的选择。教师在注视方式上应当有所把握，切不可因为注视方式的不妥而影响工作或交流。

1. 直视

直视，即直接地注视交往对象，它表示认真、尊重，适用于各种情况。若直视他人双眼，即称为对视。与人对视，表明自己大方、坦诚，或是关注对方。

2. 凝视

凝视，是直视的一种特殊情况，即全神贯注地进行注视。它多用于表示专注、恭敬。

3. 环视

环视，即有节奏地注视身边不同的人员或事物。它表示认真、重视，适用于同时与多人打交道，表示自己"一视同仁"。

4. 虚视

所谓虚视，是相对于凝视而言的一种直视。其特点是目光不聚焦于某处，眼神不集中。它多表示胆怯、走神、疲乏，或是失意和无聊。

5. 扫视

扫视，即视线移来移去，注视他人时上下左右对对方反复打量。它表示好奇、吃惊，不可多用，对异性尤其应该禁止使用。

6. 睨视

睨视，又叫睥视，即斜着眼睛注视。它多表示怀疑、轻视，一般要忌用。与初识之人交往时，尤其应当对其忌用。

7. 眯视

眯视，即眯着眼睛注视。它表示惊奇、看不清楚，模样不大好看，故也不宜用。

8. 盯视

盯视，即目不转睛，长时间地凝视某人的某一部位。它表示出神或挑衅，故不宜多用。

9. 他视

他视，即与某人交往时不注视对方，反而望着别处。它表示胆怯、害羞、心虚、反感、心不在焉，是教师平时所不宜采用的一种眼神。

10. 无视

无视，即在人际交往中闭上双眼不看对方。它又叫闭视，表示疲惫、反感、生气、无聊或没有兴趣。它给人的感觉往往是不大友好，甚至会被理解为厌烦、拒绝。

(五) 注视的变化

在人际交往中，目光、视线、眼神都是时刻变化的。这些变化，主要表现在以下几个方面。

1. 眼皮的开合

人的内心情感变化，会使其眼睛周围的肌肉进行运动，从而使其眼皮的开合也产生改变。例如，瞪大双眼，表示愤怒、惊愕；睁圆双眼，则表示疑惑、不满。在正常情况下，眼皮眨动一般每分钟5～8次，若次数过快表示活跃、思索，过慢则表示轻蔑、厌恶。有时，眨眼还可表示调皮或不解。

2. 眼球的转动

眼球的转动，不应表现得反常。若其反复转动，表示在动心思。若其悄然挤动，则表示向人有所暗示。

3. 瞳孔的变化

瞳孔的变化往往显而易见,但它却不由自主地反映着人们的内心世界。平时,它变化无多。若突然变大,发出光芒,目光炯炯时,表示惊奇、喜悦、感兴趣。若突然缩小,双目默然无光,即所谓双目无神时,则表示伤感、厌恶、毫无兴趣。

4. 视线的交流

在人际交往中,与他人交流视线,通常可表示特殊含义。首先,可表示爱憎。其次,可表示地位。再次,可表示补偿。最后,可表示威吓。它的具体做法,往往因人、因事而异。与他人交往,不交流视线不行,交流视线不当也不行。

二 笑容

笑容,即人们在笑的时候所呈现出来的面部表情,它通常呈现为脸上所流露出的喜悦的表情,有时还会伴以口中所发出的欢喜的声音。它是人际交往中一种轻松剂和润滑剂,可以缩短彼此之间的心理距离,打破交际障碍,为深入的沟通与交往创造和谐、温馨的良好氛围。在正常情况下,教师应当笑得自然,笑得真诚。

(一) 笑的本质

真诚友善的笑容,为世界各民族所认同,它的本质正是在于自信、热情和友好。在工作岗位上,微笑是礼貌待人的基本要求。在交际场合里,笑容可以使人自然放松,如沐春风。总的来说,笑容可以发挥以下四个方面的作用。

1. 表现乐业敬业

在工作岗位上微笑,说明热爱本职工作,并乐于恪尽职守、认真工作。

2. 表现心境良好

只有心态平和、心情愉快、心理正常、善待人生、乐观面世的人,才会有真诚的微笑。

3. 表现充满自信

只有不卑不亢、充满信心的人,才会在人际交往中为他人所真正接受。而面带微笑者,往往说明对本人的能力和魅力确信无疑。

4. 表现真诚友善

以微笑示人,反映自己心地善良、坦坦荡荡、待人友善,而非虚情假意、敷衍了事。

(二) 笑的种类

在日常生活中,笑的种类很多。它们绝大多数都富于善意,但也有极少数的笑容失礼、失仪。出于教师实际需要方面的考虑,在此重点所讨论的是合乎礼仪的笑容的种类。这一类笑容,基本可分作以下六种。

1. 含笑

含笑，是一种程度最浅的笑。它不出声，不露齿，仅是面含笑意，意在表示接受对方，待人友善。其适用范围较为广泛。

2. 微笑

微笑，是一种程度较含笑为深的笑。它的特点，是面部已有明显变化：唇部向上移动，略呈弧形，但牙齿不会外露。它是一种典型的自得其乐、充实满足、知心会意、表示友好的笑。在人际交往中，其适用范围最广。

3. 轻笑

轻笑，在笑的程度上较微笑为深。它的主要特点，是面容进一步有所变化：嘴巴微微张开一些，上齿显露在外，大致会露出六颗牙齿。只是它仍然不发出声响。它表示欣喜、愉快，多用于会见亲友、向熟人打招呼，或是遇上喜庆之事的时候。

4. 浅笑

浅笑，是轻笑的一种特殊情况。与轻笑稍有不同的是，浅笑表现为笑时抿嘴，下唇大多被含于牙齿之中。它多见于年轻女性表示害羞之时，通常俗称为抿嘴而笑。

5. 大笑

大笑，是一种在笑的程度上又较轻笑为深的笑。其特点是：面容变化十分明显；嘴巴大张，呈现为弧形；上齿与下齿暴露在外，并且张开；口中发出"哈哈哈哈"的笑声，但肢体动作不多。它多见于欣逢开心时刻，尽情欢乐，或是高兴万分。

6. 狂笑

狂笑，是一种在程度上最高、最深的笑。它的特点是：面容变化甚大，嘴巴张开，牙齿全部露出，上下齿分开，笑声连续不断，肢体动作很大，往往笑得前仰后合，手舞足蹈，泪水直流，上气不接下气。它出现在极度快乐、纵情大笑之时，一般不大多见。

(三) 笑的要求

不同的笑容，来自不同的方法。笑的共性在于：面露喜悦之色，表情轻松愉快。笑的个性则在于：具体的眉部、唇部、牙部、声音彼此之间的动作、配合，往往不尽相同。

以微笑为例，它的具体做法大致上可分为四个步骤：首先，额部肌肉进行收缩，使眉位提高，眉毛略为弯曲成弯月形。其次，两侧面颊上的笑肌进行收缩，并稍为向下拉伸，使面部肌肤看上去出现笑意。再次，唇部肌肉进行配合，唇形稍为弯曲，嘴角稍稍上提，双唇关闭，露出牙齿。最后，自觉地控制发声系统，一般不应发出笑声。

总的讲来，每一名教师在笑的时候应注意下列三个方面。

1. 声情并茂

笑的时候，应当做到表里如一，令笑容与自己的举止、谈吐相辅相成，锦上添花。切勿脸上挂笑，出言不逊，举止粗鲁；或是语言高雅，却面无笑意。

2. 气质优雅

真正的笑,应当发自内心,并出自善意。不仅要讲究笑得适时、尽兴,而且更要讲究笑时精神饱满、气质典雅,因为它非常自然地反映着人们的文化修养和精神追求。

3. 表现和谐

在笑的时候,要使人们的眉、眼鼻、口、齿以及面部肌肉和声音协调行动,让各个部位运用到位、不温不火,不至于顾此失彼,笑得勉强与做作。在正式场合笑的时候,尤其不能假笑、冷笑、怪笑、媚笑、怯笑或者窃笑,当然更不能狞笑。

三 面容

面容,在此指的是人们面部所显示出的综合性表情。它既可对眼神、笑容发挥辅助作用,也可以自成一体,表现自己的独特含义。通过面容所显示的表情,具有两重性特征:其一,变化迅速,很少凝同不变。其二,彼此配合,时常合作。

根据一般规律,通过面容所显示的表情,既有面部各部分予以局部显示的,也有它们彼此合作,综合表示的。

(一) 局部显示

在人际交往中,人的眉毛、嘴巴、下巴、鼻子、耳朵都可以独立地显示其表情。

1. 眉毛

眉毛形状变化所显示的表情,一般叫作眉语。除配合眼神外,眉语往往独自表示含意。常见的有以下五种:其一,皱眉型。它多表示困窘,或不赞成、不愉快。其二,耸眉型。即努力使眉峰上耸,多表示恐惧、惊讶或欣喜。其三,竖眉型。即将眉角下拉,多表示气恼、愤怒。其四,挑眉型。即将单眉上挑,常用于表示询问。其五,动眉型。即令眉毛上下迅速动作,一般用来表示愉快、同意或亲切。

2. 嘴巴

除显示笑容外,嘴巴也可用以表示心理状态,它主要以嘴唇的闭合、嘴角的动向来体现。常见的有以下七种:其一,张嘴。即嘴巴大开,它表示惊讶、恐惧。其二,咬嘴。即咬紧嘴唇,它表示自省或自嘲。其三,抿嘴。即含住嘴唇,它表示努力或坚持。其四,噘嘴。即撅起嘴巴,它表示生气或不满。其五,撇嘴。即嘴角一撇,它表示鄙夷或轻视。其六,努嘴。即嘴巴努向某方,它表示怂恿或支持。其七,拉嘴。即拉着嘴角。上拉表示倾听,下拉则表示不满或固执。

3. 下巴

常见的以下巴显示的表情有如下六种:其一,收起下巴,它多表示隐忍。其二,缩紧下巴,它多表示驯服。其三,耷拉下巴,它多表示困乏。其四,突出下巴,它多表示攻击。其五,前伸下巴,它多表示自大。其六,下巴指人,它多表示骄横。

4. 鼻子

以鼻子显示的表情常见的有以下五种：其一，挺鼻。它多表示倔强或自大。其二，缩鼻。它多表示拒绝或厌弃。其三，皱鼻。它多表示好奇或吃惊。其四，抬鼻。它多表示轻视或歧视。其五，摸鼻。它多表示亲切或重视。

5. 耳朵

与鼻子一样，耳朵不可能有较大的动作变化。常见的以耳朵所显示表情的有以下四种：其一，侧耳。它多表示关注。其二，耸耳。它多表示吃惊。其三，捂耳。它多表示拒绝。其四，摸耳。它多表示亲密。

(二) 综合显示

在上述各个局部环节中，眉毛的表现力最强，嘴巴次之，下巴又次之。鼻子与耳朵的表现力则较弱。有些时候，它们多组合在一起显示特定的表情。常见的有如下几种：

1. 表示快乐

表示快乐时，眼会睁大，嘴巴会张开，眉毛常向上扬。

2. 表示兴奋

表示兴奋时，眼会睁大，眉毛上扬，嘴角微微上翘。

3. 表示兴趣

表示兴趣时，嘴角会向上，鼻孔正常开合，眉毛上扬，眼睛轻轻一瞥。

4. 表示爱慕

表示爱慕时，嘴角会上扬，眉毛轻扬，瞳孔放大，瞥视对方时间较长。

5. 表示敌意

表示敌意时，嘴角会拉平或向下，皱眉皱鼻，稍稍一瞥。

6. 表示发怒

表示发怒时，嘴角会两侧拉平，眉毛倒竖，眼睛大睁。

7. 表示观察

表示观察时，会微笑，眉毛拉平，平视或视角向下。

8. 表示严肃

表示严肃时，会嘴角抿紧，或微笑向下拉，眉毛拉平，注视额头。

9. 表示无所谓

表示无所谓时，会微笑，平视，眉毛展平，整体面容平和。

10. 表示冷静

表示冷静时，嘴角、眉毛、鼻子皆平位，平视。此即所谓"喜怒不形于色"。

第五节 举止规范

在人际交往中，人们的举止往往备受其交往对象的关注。举止，通常指的是人们在日常生活中的活动、动作，以及身体各部分在其过程中所呈现的姿态。人们的举止，可以展现人类所独有的形体之美。平日人们所推崇的风度和气质，其实指的就是训练有素的、优雅的、具有无比魅力的举止。

在实际工作里，一名教师总有其一系列的举止行为呈现在他人的面前。人们的举止，由于在日常生活里时刻都在自觉地或不自觉地表露人的思想、情感以及对外界的反应。因此，它被视作一种无声的语言，又称第二语言或副语言。在人际交往中，尤其是在正式场合，教师一定要力求举止有度。

一　遵守常规

教师在公共场合的举止，往往反映出他的综合素质和内在修养。特别是在进行对外活动的时候，教师在这方面给人所留下的印象，往往会成为相互间进一步了解和交往的重要依据。因此，教师在公务场合应当遵守举止礼仪，努力使自己的举止符合规范。

总体说来，在公务场合里，教师应当尊重他人，不卑不亢、落落大方、稳重自持，给人以良好的精神风貌。狂妄自大、举止轻浮，或者卑躬屈膝、唯唯诺诺，都会被人讥笑为浅薄无知、缺乏教养，甚至招人鄙视。

对教师说来，遵守举止礼仪规范，即要求其举止合乎约定俗成的行为规范。其关键是要举止文明、优雅、敬人、有度。

所谓举止文明，是要求教师举止自然、大方、高雅而不粗俗，以表现出良好的个人文化素养。

所谓举止优雅，是要求教师举止规范美观，得体适度，不卑不亢，风度翩翩。

所谓举止敬人，是要求教师举止尊敬他人，以体现出对对方的尊重、友好与善意。

所谓举止有度，是要求教师举止适当、适时、适宜，能够配合相关的场合，符合常规。

（一）举止文明

作为一名现代人，尤其是为人师表的教师，举止文明是对其举止行为的最基本的要求。举止文明，具体而言，就是要求其举止行为不仅可以显示出自己的良好教养，而且还应当显示出自己的稳重与成熟。

在任何情况下，一位有教养的教师都应对自己的举止多加检点，并对一些具体细节倍加重视。这已不仅是个人生活中的"琐事"，而是一个人文化素质的表现。因为"内在美"有赖于"外在美"的表现，一名教师的个人教养和基本素质往往体现在其举止的具体细节之中。

例如，在公共场合，乱扔果皮纸屑、随地吐痰，或者用手指去抠鼻孔、掏耳朵、剔牙，在外人面前整理个人服饰，都是极不礼貌的。个人应养成良好的卫生习惯，注意自备餐巾纸或手绢，上班前不要吃葱、蒜、韭菜。尤其要特别强调的是，不能在公共场合吸烟。

又如，见面要打招呼，是一项起码的礼节。握手是世界上通行的一种礼节，也是一种常用的"见面礼"。如不愿握手，微微欠身鞠一个躬，或者抱拳作揖也是很有礼貌的，容易被他人所接受。对一面之交或不相识者，可点头致意。对一天多次见面或经常见面的熟人，也可点头微笑致意。可以说，见面打招呼，形式多种多样，但既不应冷淡失礼，也不宜过分热情，而要恰如其分、恰到好处。

此外，教师的举止还应该显示出自己的稳重与成熟。此举不仅可以说明自己的阅历丰富，而且也可以显示自己处事有方。因此，教师应努力做到稳健沉着、不温不火、有条不紊、泰然自若。例如，不要大声喧哗。尽管中国人习惯爽直大方，但注意不要放开嗓门大声喧哗，也不要旁若无人地高声谈笑。在相互交谈时，声音的大小，以能使谈话对方听得清楚为适宜。说话时，手势不要过多，也不能用手指或刀叉筷子指着对方说话，那样做显得既不礼貌又太过霸气。在图书馆、博物馆、医院等公共场所，应保持安静。在举行隆重的仪式时，或是在听演讲、听音乐时，都要保持肃静。同时要知道，在外人面前打哈欠，不论用什么方式都是失礼的。

教师还要努力使自己的举止不急不躁，切忌风风火火。在室外走动时，一般应保持正常速度，不宜快步疾走，或者狂奔而去。前去拜访他人时，应首先敲门或者按响门铃，获得许可后方可入内。千万不能直接推门而入，也不能用拳擂门或是用脚踢门。与尊长通电话时，一般应由对方首先终止通话。在对方终止通话前就抢先挂上电话，则是十分没有礼貌的。

(二) 举止优雅

作为一种较高层次上的要求，教师的举止应该力求优雅，既要高雅脱俗，又能给人以美感。所谓举止优雅，就是要求一个人的举止动作漂亮好看，美观、自然、大方，能够给人以赏心悦目的感觉。其具体表现有三：

1. 举止美观

举止美观，在此是要求教师举止雅致耐看，人以美感。例如，要站有站相，坐有坐相。坐时，腿不能摇晃，更不要跷二郎腿；女士要双腿并拢。站立时，身子不要歪靠一旁，也不能半坐在桌子上或椅背上。走路时，脚步要轻。不要在别人正在交谈或照相时，从中间穿越而过。在剧场、电影院，如必须从别人的座位之前穿越时，则必须说声"对不起"，侧身而过。

2. 举止大方

举止大方，此处指的是教师在举止上要显得洒脱、大方、不卑不亢。例如，在面对交往对象时，不论对方是熟人还是生人，是同性还是异性，都要敢于正视对方，以示对对方的尊重。否则就会给人以过于害羞、小家子气的感觉,甚至会让人产生目中无人或心怀不轨的误会。

3. 举止自然

举止自然,即教师的举止不能给人以勉强、局促、呆板、虚假、做作之感。因此,举止自然的关键,就是要求教师在举止上力求美观大方的同时,要做到顺理成章或水到渠成,防止过分程式化、过分脸谱化和过分戏剧化。否则,就会使举止显得勉强、做作、敷衍了事,或者矫揉造作、华而不实。

(三) 举止敬人

每个人的举止,都十分明显地展现出对待他人的基本态度和看法。在一般情况下,教师应该诚心诚意地通过自己的举止来向交往对象表达敬重之意,这就是举止敬人的基本含义。举止敬人有以下两方面的要求。

1. 表达重视

举止动作,往往可以向别人表达重视。例如,行进时为贵宾开道,落座时请客人先坐,即表示重视对方。

2. 表达敬意

举止动作,通常还可向他人表示敬意。例如,在尊长面前正襟危坐、不苟言笑即是。

(四) 举止有度

举止有度,即要求教师在正式场合使自己的一切举止都合乎常规,符合身份,适应对象,并且注意其具体场合。只有举止合"度",才称得上是举止得体。

1. 热情有度

在人际交往中,待人热情的人通常最受欢迎,但作为教师则一定要遵循"热情有度"的基本守则。具体而言,即在工作和生活中,教师既要注意为人热情,又要把握好为人热情的具体分寸。例如,自己的所作所为,应不影响对方、不妨碍对方、不给对方平添麻烦、不令对方感到不快或不便、不干涉对方的私人生活、不损害对方的个人尊严。千万不能过度热情而热情越位,最后导致好心办坏事。

2. 动作适度

动作适度,在此主要是要求教师在正式场合里必须有意识地控制肢体动作的幅度,适度减少肢体动作,从而使自己的举止不至于让人感到夸张或者被人误解,并给人以教养良好、稳重而成熟的感觉。

二　具体要求

在了解了上述四项原则后,教师还应掌握举止礼仪的手势、坐姿、行姿、卧姿等方面的具体要求。

(一) 手势

手势，即手的动作与姿势。人的手势，可表达一定的信息、思想甚至感情。对教师来讲，手势的应用主要应当注意以下三点。

1. 规范手势

规范手势，在此是指手势在正式场合的运用应合乎标准与惯例。

当教师站立或行走时，通常可以选择两手垂放或者背手，这是基本的手势。垂放的手势则有两种，一是双手自然下垂，掌心向内，叠放或相握于腹前。二是双手下垂，掌心向内，分别贴放于大腿两侧。背手，则是两臂伸到身后，双手相握，同时昂首挺胸。但要注意，背手有时容易给他人留下盛气凌人的感觉，所以在正式场合或者有领导和长辈在场的情况下需要慎用。

若要持物时，则做法多样，既可用一只手，又可用双手。但最关键的是，拿东西时应动作自然，五指并拢，用力均匀。一定要注意不应翘起无名指与小指，不可显得成心作态。

当教师需要为他人引导或指示方向时，标准的手势应当是：伸直并拢的手指，掌心向上，腕关节伸直，指尖与手臂形成一条直线，首先指向被引导者的身躯中段，随后再指向其应去之处。若是掌心向下地如此运用，将是极其不礼貌的。

表扬他人时，可以伸出右手，跷起拇指，指尖向上，指腹面向被称道者。但在交谈时，不应将右手拇指竖起来反向去指其他人，因为此举意味着自大或藐视。以之自指鼻尖，也有自高自大、不可一世之意。

表示欢迎、祝贺或支持时，可以鼓掌致意。其正确的手势是：以右掌有节奏地拍击左掌。若有必要，可站立起来并高兴地双手鼓掌。不过，社会上也流行以鼓掌来表示讽刺、反对、拒绝、驱赶之意。它被称作是"鼓倒掌"。对教师来说，此种手势则是严禁使用的。

2. 少用手势

教师在课堂教学或其他公务活动中，应当表现得精明强干、含蓄稳重、处变不惊。虽然适当地使用一些得体的手势，可以辅助语言来增强表达能力，但总的来说，最好还是少用手势为妙。

3. 避免犯忌

对教师而言，要避免使用不卫生、不稳重或失敬于人的手势。例如，在他人面前搔头皮、掏耳朵、剜眼屎、抠鼻孔、剔牙齿、抓痒痒、摸脚丫等一类手势，均极不卫生、令人恶心，自然是不当之举。在大庭广众之前，双手乱动乱摸或是咬指尖、端胳膊、抱大腿、拢脑袋等等，也都是应当禁止的手势。在熟人面前，无论站还是坐，都不宜将双手插入衣兜，或是手端双臂。此外，掌心向下挥动手臂，勾动食指或以除拇指外的其他四指招呼别人，用手指指点他人，都是失敬于人的手势。其中指点他人，即伸出一只手臂，食指指向他人，其余四指握拢这一手姿，因有指责、教训之意，尤为失礼。

(二) 坐姿

坐姿，即人在就座之后所呈现的姿势。在日常工作与生活中，坐姿往往是教师采用最多的姿势。

正确的坐姿，一般要兼顾深浅、角度、舒展等三个具体方面。坐有深坐、浅坐之别，所谓深浅，即坐下时臀部与座位所接触面积的多少。角度，此处指的是坐定后上身与大腿、大腿与小腿所形成的角度，坐姿因为角度的大小而有所不同。舒展，即入座前后手、腿、脚的舒张、活动程度。其舒展与否，往往与交往对象相关，故可间接反映双方关系。坐姿的重点，当然是指坐定后的姿势。但对就座时的姿势，教师也要略知一二，不应露怯。

1. 就座姿势

就座，即走向座位直到坐下这一系列的过程。它是坐姿的前奏，也是其重要组成部分。教师礼仪对其中的各个重要环节均有规范。

第一，注意顺序。在和他人一起入座落座时，一定要讲究先后顺序，礼让尊长，不能抢在来宾、长辈、上司或者女性前就座。通常说来，就座时合乎礼仪的顺序有两种：一是优先尊长，即请位尊之人首先入座。二是同时就座，它适用于在平辈人或者亲友同事之间。对教师而言，一定要切记，无论如何，抢先就座都是失态的表现。

第二，讲究方位。就座者不论从什么地方走向座位，通常都讲究从左侧一方走向自己的座位，或从左侧一方离开自己的座位。这种方式简称为"左进左出"，是在正式场合一定要遵守的礼仪规范。此外，在就座时，应转身背对座位。如距其较远，可以右脚后移半步，等到腿部接触座位边缘后，再轻轻坐下。穿着裙装的女性入座，通常应用双手先拢平裙摆，再随后坐下。

第三，落座无声。在就座的整个过程中，不但不能争抢，而且还应注意，不论移动座位还是放下身体，都不能发出嘈杂的声音。改变坐姿，同样也不宜出声。这是因为，不慌不忙、悄无声息，本身就体现着一种尊重他人的教养。

2. 坐定姿势

坐定后的姿势，是坐姿中最重要的姿势，也是最能体现教师职业素养的一种姿势。在坐定后，需要注意以下五个方面的问题。

第一，不宜满座。在较为正式的场合，或有尊长在座时，通常坐下之后不宜坐满整个座位，而要根据座位的高低，选择坐姿的具体形式。一般说来，只占据其 2/3 的位置即可。

第二，上身挺直。就座后，要挺直上身，头部端正，目视前方，或面对交谈对象。在一般情况下，不可身靠座位的背部，也不允许仰头靠在座位背上，或是低头注视地面。至于左顾右盼、闭目养神、摇头晃脑，则是绝对不允许的。

第三，双手安稳。坐下之后，双手应尽量减少不必要的动作。不应以双手端臂，双手抱于脑后，双手抱住膝盖，或者以手抚脚、摸脚。双手夹在大腿中间亦应避免。通常说来，坐定之后，双手应掌心向下，叠放于大腿之上，或是放在身前的桌面之上。侧坐之时，双手以叠放或相握的姿势放置于身体侧向的那条大腿上，则最为适宜。

第四，双腿并拢。当自己面对尊长或贵客而又无屏障时，就座之后双腿应当并拢。具体来讲，男教师就座后双腿可张开一些，但不应宽于其肩宽。女教师就座后，特别是身着超短裙时，务必要并拢大腿。在非正式场合，允许女教师坐定之后双腿叠放或斜放。但在双腿交叉叠放时，应力求做到膝部之上的并拢。双腿斜放，以与地面构成45度夹角为最佳。不要在尊长面前高翘"二郎腿"，两腿不要直伸开去，也不要反复抖动不止。不要骑在座位之上，或把腿架在其他高处。

第五，双脚垂地。就座后，脚应该自然下垂，置于地面之上。脚尖应面对正前方，或朝向侧前方。切勿在坐定后将脚抬得过高，以脚尖指向他人，或是使对方看到自己的鞋底。不要在坐下后脱鞋子、脱袜子。不要以脚踩其他物体，双脚不要勾住桌脚。更不要两脚脚跟着地，脚尖朝上，摇荡抖动不止。

3. 离座谨慎

离座时应注意礼仪序列，请交往对象优先，或与之同时起立。不要突然跳起，惊吓他人。也不要因不注意而弄出声响，或把身边东西弄到地上去。在离开座位时，应从左处起身退出，并且一定要记得随手把椅子摆放到原来的位置，显示出自己良好的教养。

（三）立姿

立姿，又叫站姿、站相，指的是人在站立时所呈现出来的具体姿态。立姿是人的最基本的姿势，同时也是其他一切姿势的基础。通常，它是一种静态姿势。教师在站立之时，应当显得挺拔而庄重，即身体站直，挺胸收腹，双腿并拢，双脚微分，双肩平直，双目平视，头部保持端正。此乃所谓"站如松"。此外，还需要特别强调以下几点。

1. 站得端正

具体来讲，人们的立姿通常呈现为三种基本形态，即立正、稍息与跨立。无论哪一种立姿，其基本要求都是：头端，肩平，胸挺，腹收，身立，腿直，手垂。站立时，双手应自然而大方地置于身前，并垂手而立。届时，男士的左手可以搭在右手之上，女士的右手则可搭在左手之上。双手不能平端或抱在胸前，也不能在别人面前将双手背在背后，更不能将一只手插入口袋或手夹香烟。站得端正，就会使教师显得棱角分明，线条优雅，精神焕发。

2. 男女有别

由于性别方面的差异，男女的基本立姿又各有一些不尽相同的要求。站立时，对男教师的要求是稳健，对女教师的要求则是优美。

当男教师在站立时，一般应双脚平行，并要注意其分开的幅度。这种幅度一般应当以不超过肩部为宜，最好间距一脚之宽。要全身正直，双肩展开，头部抬起，双臂自然下垂伸直，双手贴放于大腿两侧，双脚不能动来动去。如果站立时间过久，可以将左脚或右脚交替后撤一步，使得身体的重心分别落在另一只脚上。但是上身仍须直挺，伸出的脚不可伸得太远，双腿不可叉开过大，变换不可过于频繁。需要蹲的时候，应尽可能双腿并拢，或采用两腿一高一低紧贴在一起的姿势。

当女教师在站立时，则应当挺胸，收颌，目视前方，双手自然下垂，叠放或相握于腹前。双腿基本并拢，不宜叉开。站立之时，女士可以将重心置于某一脚上，双腿一直一斜。还有一种方法，即双脚脚跟并拢，脚尖分开，张开的脚尖大致相距10厘米，其张角约为45度，呈现"V"形。女教师还要切记，千万不能正面面对他人双腿叉开而立。

3. 避免散漫

人站得久了之后，往往会感到疲劳。这时若实在无法坚持便可以调整一下姿势，但必须避免那些不文明、不礼貌的举止，它们主要是指趴、拉、倚、靠等散漫的动作。同时，教师在站立之时，还应当努力禁止一些不雅或失礼的姿势。例如，全身一定要端正，在站立时不能肩斜、臂曲、含胸、背弓等等。又如，双脚不要随意乱动。不应用脚尖乱点乱划，不宜双脚踢来踢去，甚至用脚去够东西、蹭痒痒，不得脱下鞋子把脚"解放"出来，或是半脱不脱，脚后跟踩在鞋帮上。

（四）行姿

行姿，一般指的是人们在行走的过程中所形成的姿势，又称走姿或步态。它自始至终都处于动态之中，属于人的全身性的综合活动。其重点则在行进中的脚步之上，体现出人类的运动风采和精神面貌。举止礼仪对行姿的总体要求是：矫健、轻松、匀速、优美。虽不一定非要做到古人所要求的"行似风"，但至少也要做到不慌不忙、稳重大方。

1. 基本的行姿

在行走之时，应该以正确的立姿作为基础，并且要全面、充分地兼顾以下四个具体方面：

第一，昂首挺胸。在行走时，一定要面朝前方，双眼平视，头部端正，胸部挺起，背部、腰部、膝部尤其要避免弯曲，使全身看上去形成一条直线。

第二，直线前进。在行进时，应保证步幅大小适中。双脚两侧行走的轨迹，大体上应当呈现为一条直线。与此同时，要克服身体在行进中的左右摇摆，并使腰部至脚部始终都保持以直线的形状进行移动。

第三，两臂摆动。行进时，双肩、双臂都不可过于僵硬呆板。双肩应当平稳，力戒摇晃。两臂则应自然地、一前一后地、有节奏地摆动。在摆动时，手腕要进行配合，掌心要向内，手掌要向下伸直。摆动的幅度，以30度左右为佳。不要双手横摆，也不宜双手同向摆动。

第四，匀速前进。在行进时，向前伸出的那只脚应始终脚尖向前，不要向内或向外。大体上在某一阶段中速度要均匀，要有节奏感。此外，全身各个部分的举止要相互协调、配合，表现得轻松、自然。

2. 主要的禁忌

一般而言，教师在行走时应该尽量避免下列举止，以防失礼。

第一，方向不定。在行走时忽左忽右，变化多端，就好像犹豫不决，心神不定。

第二，左顾右盼。行走时东张西望，尤其是反复回头来注视身后，均是十分不礼貌的。

第三，制造噪音。在行走时不要用力过猛，搞得声响大作，因此而妨碍其他人，或惊吓了其他人。

第四，变速行进。要保持匀速前进，行走之时，切勿忽快忽慢，显得十分毛躁。

第五，走八字步。在行走时，若两脚脚尖向内侧伸构成内八字步，或两脚脚尖向外侧伸构成外八字步，样子都很难看。

（五）卧姿

教师除了要讲究坐姿、立姿和行姿外，同样还要讲究卧姿。这里所讲的卧姿，主要指在公共场合里的卧姿。具体而言，在火车或轮船上，卧铺的卧姿最宜重视。在乘坐火车或轮船时，无论使用硬座还是卧铺，教师都要遵守社会公德。尤其是在使用卧铺车厢时，教师更应讲究文明礼貌。

1. 文明休息

除了下铺以外，中铺和上铺的旅客必须采取头朝过道，脚朝窗户的姿势躺下，同时双手不能乱伸，双脚更不能乱翘，也不能两腿叉开，只顾自己舒服而不顾他人感受。

2. 摆放整齐

在躺下之前，应将脱下的鞋子整齐地摆在铺位下，但不要将别人的鞋子弄乱或踢开。身上盖的被子要尽量铺成大小合适的形状，而不能令其垂在半空中，或是挡住下铺旅客的光线。在从铺位上起身后，一定要将被子叠好，与枕头一起摆放整齐。

3. 注意着装

为了上下卧铺方便，建议女教师届时不要穿裙子，男教师届时则不要身着宽松肥大的沙滩短裤。

本章小结

- 本章讲授的是教师的仪表规范。它是教师为人师表时所必须遵守的常规礼仪。它的基本要求是：教师必须维护其个人形象，并且规范其个人形象。
- 本章第一节讲授的是形象规范。它要求教师重视个人形象、修饰个人形象。
- 本章第二节讲授的是着装规范。它要求教师遵守常规、规范着装、善于搭配、兼顾饰物。
- 本章第三节讲授的是仪容规范。它要求教师对头发、面容、手臂、腿部的修饰均应加以关注,并认真地对待个人化妆。
- 本章第四节讲授的是表情规范。它要求教师对眼神、笑容、面容均予以规范。
- 本章第五节讲授的是举止规范。它要求教师举止得体、行为到位。

练习题

一　名词解释

1. 为人师表
2. 职业形象
3. 仪容
4. 表情
5. 举止

二　要点简答

1. 教师为什么有必要维护自我形象?
2. 怎样维护教师的职业形象?
3. 教师在工作岗位上应如何着装?
4. 如何修饰个人仪表?
5. 在日常工作中是否有必要化妆?
6. 在学生面前何以必须举止得体?

第三章 师 言

内容简要

师言,此处是指教师在其工作与生活之中语言与文字的规范化使用。教师的一言一语、一字一句,往往都会对学生或他人影响甚大。本章所讲授的内容,包括礼貌用语、文明用语、书面用语、电话用语、网络用语等。

学习目标

1. 重视语言文字的规范化使用。
2. 掌握语言文字使用的基本技巧。
3. 提升自己在语言文字方面的表达能力。
4. 礼貌地使用语言文字。
5. 文明地使用语言文字。

语言文字，是人类所独有的用来传递信息、交流情感、表达思想的基本工具。所谓"言为心声""字如其人"，每个人对语言文字的使用，往往真实地体现着其个人教养与待人接物的态度。

师言，在此是指教师对语言文字的使用。在人际交往中，师言通常是教师最重要的交际工具。就基本规范而言，对师言的具体要求有三：其一，完美性。即师言理当力求"真、善、美"。其二，规范性。即师言必须标准而正规。其三，技巧性。即师言的具体表达方式应当有所讲究。

第一节 礼貌用语

语言礼貌，是现代文明社会的首要标志之一。在人际交往的过程中，恰到好处地使用礼貌用语，可以表现出本人的亲切、友好、和蔼与善意，并能够传递出对交往对象尊重、敬佩的信息，因此将有助于双方之间互相产生好感，相互达成谅解。在工作岗位上，准确而适当地运用礼貌用语，是对广大教师的一项基本要求，同时也是其做好本职工作的基本前提之一。

礼貌用语，对于教师行业而言，是有其特殊界定的。要求教师在其工作岗位上所使用的礼貌用语，主要是指在教学过程之中表示教师自谦恭敬之意的一些约定俗成的语言及其特定的表达形式。在一般情况下，教师在与交往对象进行交谈时，礼貌用语的运用通常极为普遍。

一 主要的特点

教师在其工作岗位之上所使用的礼貌用语，大致上具有以下三个主要特点。

（一）主动性

在工作中使用礼貌用语，应当成为广大教师主动而自觉的行动。唯其如此，礼貌用语的使用方能口到、心到、意到。正是出于这一原因，教师在与交往对象进行语言交际时，应率先主动地采用礼貌用语。

（二）约定性

在工作岗位上，教师常用的礼貌用语，在其内容形式上，往往都是约定俗成、沿用已久、人人皆知的。所以，对其只能完全遵从，而绝对不宜"另辟蹊径"。不然，就难以得到认同，而且也难以发挥其功效。

（三）亲密性

教师在运用礼貌用语时，必须力求做到亲切而自然。应当让交往对象听在耳中，暖在心里，心领神会。运用礼貌用语时，讲究亲密性。必须是诚心所致、不落俗套，而非甜言蜜语、巧言令色、阿谀奉承。

二 常见的类型

按照教师礼仪的规范，教师在其工作岗位上使用的礼貌用语，往往有其特定的适用场合。而不同场合里所使用的礼貌用语，在具体内容上通常又各有其特殊的要求。

假如依据特定的使用场合来进行区别，教师常用的礼貌用语一般可以划分为问候用语、迎送用语、请托用语、致谢用语、征询用语、应答用语、赞赏用语、祝贺用语、推托用语、道歉用语等十种类型。以下，将分别对其主要内容与其运用之际的基本要求进行介绍。

（一）问候用语

问候，又叫问好或打招呼。它主要适用于人们在公共场所里相见之初时，彼此向对方询问安好、致以敬意，或者表达关切之意。

在工作岗位上，通常要求教师对问候用语勤用不怠。具体来讲，适宜使用问候用语的主要时机有五：一是主动服务于他人时，二是他人有求于自己时，三是他人进入本人的工作区域时，四是他人与自己相距过近或是四目相对时，五是自己主动与他人进行联络时。

进行问候，一般应当是相互的，即问候应当有来有往，有问有答。在正常情况下，应当由身份较低之人首先向身份较高之人进行问候。在工作之中，自然应当由教师首先向交往对象进行问候。如果被问候者不止一人时，则教师对其进行问候时，有三种具体方法可循。一是统一对其进行问候，而不再一一具体到每个人。例如，可问候对方："大家好""各位午安"。二是采用"由尊而卑"的礼仪惯例，率先问候身份高者，然后问候身份低者。三是以"由近而远"为先后顺序，首先问候与本人距离近者，然后依次问候其他人。当被问候者身份相近时，一般应采用此种方法。

当交往对象首先向教师进行问候时，教师一定要采用适当的内容和形式，及时地回敬对方一句问候。不要忘记，在这种情况下，"来而不往，非礼也"。

问候他人时，具体内容应当既简练又规范。通常，适用于教师采用的问候用语，主要分为下列两种。

1. 标准式

所谓标准式问候，即直截了当地向对方进行问候。其常规做法，主要是在问好之前，加上适当的人称代词，或者其他尊称。例如，"你好""您好""各位好""大家好""靳大宝好""谭小文好""包老师好""祁校长好"。

2. 时效式

时效式问候，即在一定的时间范围之内发挥作用的问候。它的常见做法，是在问好、问安之前加上具体的时间，或是在二者之前再加以尊称，例如，"早安""中午好""下午好""晚上好""周末好""小汪早安""同学们下午好""徐老师春节好"。

一些非正式的问候用语，例如，"吃饭了吗""来了""忙什么呢""收成好吗""日子过得怎么样"等,均不宜在工作岗位上采用。它们亦称作问答式问候用语。

(二) 迎送用语

迎送用语,主要适用于教师在自己的工作岗位之上欢迎或送别交往对象。具体而言,它们又可划分为欢迎用语与送别用语,二者分别适用于迎客之时或送客之际。需要强调的是,在工作过程之中,教师不但要自觉地采用迎送用语,而且必须对于欢迎用语、送别用语一并配套予以使用。做到这一点,才能使自己的礼貌待客有始有终,自始至终。

1. 欢迎用语

欢迎用语,亦称迎客用语。顾名思义,它自然适用于客人光临之时。在客人光临之初,教师的欢迎用语是不能不用的。一般而言,教师在使用欢迎用语时,有三点应予注意。

一是欢迎用语往往离不开"欢迎"一词的使用。在平时,最常用的欢迎用语有:"欢迎""欢迎光临""欢迎各位""欢迎您的到来""莅临本校,不胜荣幸""见到您很高兴""恭候光临"。

二是在客人再次到来时,应以欢迎用语表明自己记得对方,以使对方产生被重视之感。具体做法,是在欢迎用语之前加上对方的尊称,或加上其他专用词。例如,"王经理,欢迎光临""陈老师,我们又见面了""欢迎再次光临""欢迎您又一次光临本校"。

2. 送别用语

送别用语,又称告别用语。它仅只适用于送别他人之际。在适用于送别用语时,经常需要同时相机采用一些适当的告别礼节。

最为常用的送别用语,主要有"再见""慢走""走好""欢迎再来""一路平安""一路顺风""多多保重"等等。

使用送别用语时,通常有两条应当注意。一是不要忘记使用。不论此次交往成果如何,教师都应当一如既往地保持风度,千万不要在交往对象离去之时默不作声。二是不要加以滥用。在一些特殊的领域里,有些送别用语假如使用不当,便会令人感到不甚吉利。例如,在医院,对于病愈而去者,就不宜说什么"欢迎再来"。

(三) 请托用语

请托用语,通常指主要是在请求他人帮忙或是托付他人代劳时,照例所应当使用的专项用语。在工作岗位之上,任何教师都免不了可能会有求于人。不论需要理解,还是寻求帮助,诚恳地使用请托用语,对于广大教师而言都是非常必要的。

在一般情况下,教师经常使用的请托用语主要可以分为以下三种。

1. 标准式

它的内容,主要就是一个"请"字。例如,恰到好处地使用"请稍候""请让一下"等,往往便更容易为交往对象所接受。

2. 求助式

此种形式的请托用语,最为常见的有:"劳驾""拜托""打扰""借光""请关照",等等。它们往往在向他人提出某一具体的要求时,例如,请人让路、请人帮忙、打断对方的交谈,或者要求对方照顾一下自己时,才予以使用。

3. 组合式

有些时候,教师在请求或托付他人时,往往会将标准式请托用语与求助式请托用语混合在一起使用,这便是所谓组合式请托用语。"请您帮我一个忙""劳驾您替我扶一下这件东西""拜托您为这位大爷让一个座位"等,都是较为典型的组合式请托用语。

(四) 致谢用语

致谢用语,有时又称道谢用语、感谢用语。在人际交往中,使用致谢用语,意在表达自己的感恩之意。适当地运用致谢用语,可以使自己的心意为他人所领受,而且也可以展示本人的修养。所谓"礼多人不怪",若是应当道谢之时却不说一句致谢用语,则会使人极为不快,甚而产生反感。

对于教师来讲,在下列六种情况下,理应及时地使用致谢用语,向他人表白本人的感激之意。一是获得他人帮助时;二是得到他人支持时;三是赢得他人理解时;四是感到他人善意时;五是婉言谢绝他人时;六是受到他人的赞美时。

致谢用语在实际运用时,内容或有变化。不过从总体上讲,基本上可以被归纳为三种基本形式。

1. 标准式

它的主要内容,通常只包括一个词语——"谢谢!"在任何需要致谢之时,均可采用此种致谢形式。在许多情况之下,如有必要,在采用标准式致谢用语向人道谢时,还可以在其前后加上尊称或人称代词,例如,"金先生,谢谢""谢谢郑老师""感谢您"等等,这样做可使其对象性更为明确。

2. 加强式

有时,为了强化感谢之意,可在标准式致谢用语之前,加上某些副词。此即所谓加强式的致谢用语。对其若运用得当,往往会令人感动。最常见的加强式致谢用语有:"十分感谢""万分感谢""非常感谢""多多感谢""多谢"等。

3. 具体式

具体式的致谢用语,一般是因为某一具体事宜而专门向人致谢。在致谢时,致谢的原因通常会被一并提及,例如,"这项工作有劳您了""让您替我们费心了""上次给您添了不少麻烦""那件事情您太为我操心了"等等。

(五) 征询用语

工作之中,教师往往需要以礼貌的语言主动向其交往对象进行征询,此时唯有使用必要的礼貌语言,才会取得良好的反馈。征询用语,就是教师此时所应当采用的标准礼貌用语。有时,它也叫作询问用语。

教师在自己的工作岗位上服务于人时,遇到下述五种情况,一般均应采用征询用语:一是主动提供帮助时;二是了解对方需求时;三是给予对方选择时;四是启发对方思路时;五是征求对方意见时。必须注意的是:教师在具体使用征询用语时,务必要把握好时机,同时还需要兼顾交往对象态度的变化,切勿随意对其滥用,从而令人产生我方人员强加于人之感。

在正常情况下,教师应用最广泛的征询用语主要有三种。

1. 主动式

它多适用于主动向交往对象提供帮助之时。例如,"需要帮助吗""我能为您做点儿什么""您需要问什么问题""您想要什么"。它的优点是节省时间,直截了当。其缺点则是稍微把握不好时机的话,便会令人感到有些唐突、生硬。

2. 封闭式

它多用于向交往对象征求意见或建议之时。它往往只给对方一个选择方案,以供对方及时决定是否采纳。例如,"您觉得这个答案怎么样""您不来上一杯咖啡吗""您是不是很喜欢这种颜色""您要不要先来试一试""您不介意我来帮助您吧"等等。

3. 开放式

它的具体做法,是提出两种或两种以上的方案,以供对方有所选择。这样做,往往意味着尊重对方。例如,"您需要这一种,还是那一种""您想要大号的,还是小号的""这里有红色、黑色、白色三种,您更喜欢哪一种颜色的"等等。

(六)应答用语

应答用语,在此特指教师在工作岗位上用来回应他人的召唤,或是在答复其询问之时所使用的专用语。在此过程之中,教师所使用的应答用语是否规范,往往直接地反映着他的工作态度、沟通技巧和教学质量。

在工作过程之中,教师随时都有可能使用应答用语,由此可见其使用范围之广。教师在使用应答用语时,基本的要求是:随听随答,有问必答,灵活应变,热情周到,尽力相助,不失恭敬。

就应答用语的具体内容而论,它主要可以分为三种基本形式。在某些情况下,它们往往相互之间可以交叉使用。

1. 肯定式

它主要用来明确而肯定地答复交往对象的请求。重要的是,一般不允许教师对其交往对象说"不",更不允许对其置之不理。这一类的应答用语主要有:"是的""好""随时为您效劳""听候您的吩咐""很高兴能够帮助你""我知道了""好的,我明白您的意思""我会尽量按照您的要求去做""一定照办"等等。

2. 谦恭式

当交往对象对教师所提供的帮助表示满意,或是直接对帮助自己的教师进行口头表扬、感谢时，一般宜用此类应答用语进行应答。它们主要有："这是我的荣幸""请不必客气""这是我们应该做的""请多多指教""您太客气""过奖了"等等。

3. 谅解式

在交往对象因故向自己致以歉意时，应及时予以接受，并表示必要的谅解。常用的谅解式应答用语主要有："不要紧""没有关系""不必""我不会介意"等等。

(七) 赞赏用语

赞赏用语，主要适用于人际交往中称道或者肯定他人之时。及时而恰当的赞赏，等于是接受自己的交往对象，或是对其所作所为做出正面的认可。从实际效果来看，它既可以激励别人，促使其好自为之，正视自己，好上加好，也可以促进或改善双方之间的人际关系。

应当指出的是，教师在工作岗位之上对交往对象使用赞赏用语时，讲究的主要是少而精和恰到好处。切不可视之为讨好交往对象的一剂灵丹妙药，以为多多益善。实际上，在运用它时讲究的是宁缺毋滥。

在实际运用中，常用的赞赏用语大致上分为下列三种具体形式。有时，它们也可以混合使用。

1. 评价式

它主要适用于教师肯定交往对象的所作所为，或在适当之时对其予以正面评价之用。经常被采用的评价式赞赏用语主要有："太好了""真不错""对极了""相当棒"等等。

2. 认可式

当交往对象发表某些见解之后，往往需要由教师对其是非直接做出评判。在对方的见解的确正确时，一般应对其及时地进行认可。例如，"您的观点非常正确""的确是您说的那么一回事""没错，没错""确实如此"等等。

3. 回应式

回应式的赞赏用语，主要适用于交往对象夸奖教师之后，由后者回应对方之用。例如，"哪里，哪里，我做得还不够""我做得不像您说得那么好""承蒙夸奖，真是不敢当""得到您的肯定，的确让我开心"等等。

(八) 祝贺用语

在工作过程之中，教师往往有必要向交往对象适时地使用一些祝贺用语。在不少场合这么做不但是一种礼貌，而且也是一种人之常情。在工作过程之中，向交往对象道上一句真诚的祝贺，通常能为"人逢喜事精神爽"的对方锦上添花。

祝贺用语非常之多，适合教师在其工作之中所使用的主要有以下两种具体形式。

1. 应酬式

在各种一般性的场合，它们往往被用来祝贺交往对象顺心如愿。其具体内容往往各异，因此在使用它们的时候，通常要求对对方的具体情况多少有所了解。常见的应酬式祝贺用语主要有:"祝您成功""祝您好运""一帆风顺""心想事成""身体健康""龙马精神""事业成功""生意兴隆""向您道喜""生活如意"等等。

2.节庆式

它主要在节日、庆典以及对方喜庆之日时使用。它的时效性极强,但却通常缺少不得。例如,"节日愉快""活动顺利""仪式成功""新年好""周末好""假期愉快""春节快乐""生日快乐""新婚快乐""白头偕老""福如东海""寿比南山""旗开得胜""马到成功"等等。

(九)推托用语

在工作之中,教师经常会遇上难以满足交往对象某些要求的情况。有时,可能是对方的要求过高;有时,则可能是因为我方条件较差。遇到此种情况,教师一定要牢记"未必尽如人意,但求无愧我心"这句话。在解释原因或是回绝对方时,则一定要讲究方式方法。

拒绝别人时所惯用的语言,称为推托用语。它的使用,其实也是一门艺术。推托的本意,是借故拒绝。在拒绝他人时,如果语言得体、态度友好、理由充分,拒绝往往便可以"逢凶化吉",使被拒绝者的失望心理迅速淡化。反之,如果拒绝得过于冰冷、生硬、直言"不知道""做不到""不归我管""问别人去""爱找谁找谁去"等等,则很有可能令交往对象不快、不满、甚而怒发冲冠,酿成口角。

在工作岗位上,教师所适宜采用的推托用语,主要有以下三种具体的形式。在不少时候,它们亦可交叉使用。

1.道歉式

当对方的要求难以被立即满足时,不妨直接向对方表示自己的歉疚之意,以真诚求得到对方的谅解。

2.转移式

所谓转移式的推托用语,就是不具体地纠缠于对方所提及的某一问题,而是主动提及另一件事情,借以转移对方的注意力。例如,"您不再问点别的吗""这种选择其实跟您刚才的想法差不多""您可以去对面再考虑一下其他方案"等。

3.解释式

解释式推托用语,即在推托对方时,说明具体的缘由,尽可能地让对方觉得自己的推托合情合理。例如,"校方有规定,不能乱说""我下班后需要休息,不能接受您的邀请"等等。

(十)道歉用语

在工作之中,因种种原因而带给他人不便,或妨碍、打扰对方时,教师必须及时向对方表达自己的歉意,其常规做法,便是需要使用规范的道歉用语,直接向对方赔礼。

道歉用语多种多样。在需要使用时,教师切忌过犹不及,并应根据不同对象、不同事件、不同场合有所选择。

最为常用的道歉用语主要有："抱歉""对不起""请原谅""失礼了""失言了""失陪了""失敬了""失迎了""恕罪了""不好意思""多多包涵""十分失礼""很是惭愧""太不应该了""真过意不去"等等。

绝大多数的道歉用语，都可以单独使用。如果需要，它们亦可与其他礼貌用语或其他语句组合在一起使用。

第二节 文明用语

在正式场合，人们通常都讲究使用文明用语。在教学过程中，这一点也不能够有所例外。不然的话，就很可能影响到教师乃至其所在学校的声誉。

所谓文明用语，具体是指，在语言的选择、使用之中，应当既表现出其使用者良好的文化素养、待人处世的友善态度，又能够令人产生高雅、温和、脱俗之感。简言之，文明用语，就是要求人们使用语言时必须讲究文明。

文明当先，是教师在工作岗位之上使用语言时应当遵守的基本规范之一。想要在使用文明用语方面真正有所提高，除了要不断地努力学习，对自己严格加以要求之外，最为重要之点，是要认认真真地在称呼恰当、口齿清晰、用词文雅、主题正确、方式恰当等五个具体方面狠下一番功夫。只有在这几个主要方面表现得完全合乎礼仪规范，才可以说是真正做到用语文明、文明用语。

以下，分别介绍一下教师在称呼恰当、口齿清晰、用词文雅、主题正确、方式恰当等五个具体方面所必须遵循的基本礼仪规范。

一 称呼恰当

对教师而言，所谓称呼，主要是指自己在交际过程之中，对于交往对象所采用的称谓语。在人际交往中，特别是在与陌生人打交道时，人们对于他人对自己的称呼都非常重视。教师对交往对象的称呼是否恰当，不但真实地反映了其个人教养与实际心态，而且还客观地体现着对后者的尊重与否。

教师礼仪规定，在任何情况下，教师都必须对交往对象采用恰当的称呼。要做好这一点，主要应当从下列四个方面来具体着手。

(一) 区分对象

根据惯例，称呼的使用有着正式场合与非正式场合之分。

1. 正式场合的称呼

使用于正式场合的称呼，主要分为下述三种类型：一是泛尊称。例如，"同志""同学""先生""小姐""夫人""女士"等。二是职业加以泛尊称。例如，"警察同志""司机先生"

"秘书小姐"等。三是姓氏、姓名加以行业、职务或职称。例如,"茅经理""卫科长""叶教授""陈梦瑶老师""章程同学"等。

2. 非正式场合的称呼

它主要分为六种类型:一是直接以姓名相称。例如,"包永""李青""刘爱静""张亚红"等。二是直接称呼名字。例如,"爱军""润吉""莲枝""玉民"等。三是称呼爱称或小名。例如,"乐乐""媛媛""毛毛"等。四是称辈分。例如,"大爷""阿姨"等。五是姓氏加辈分。例如,"曾大妈""钱叔叔""赵伯伯"等。六是在姓氏之前加上"老"字或"小"字。例如,"老章""小冯"等。

就一般情况而言,在工作岗位上称呼他人时,教师最好是使用各种适用于正式场合的称呼,其中尤以使用各种泛尊称为宜。例如,"同志"这一称呼,对于国内的任何人几乎都可以使用。

(二)兼顾习惯

在实际生活中称呼他人时,必须对交往对象的语言习惯、文化层次、地方风俗等各种因素加以考虑,并分别给予不同的对待。切不可自行其是,不加任何区分。

例如,"先生""小姐""夫人"一类的称呼,在国际交往之中最为适用。在称呼海外华人或内地的白领时,亦可酌情采用。但若以之去称呼农民,则往往未必会让对方感到舒服和顺耳。

称呼熟人或老年人时,往往可相机采用一些非正式的称呼,诸如"大哥""大姐""王哥""李姐""周大伯""田奶奶"等,这样会使对方倍感亲切。但若以此类称呼去称呼城市白领或知识分子,则没准会被理解为"庸俗"或"套近乎"。

"老大""爱人"这两种称呼,在内地分别表示在兄弟姐妹之中排行第一、合法的配偶。但到了海外,它们却往往会被理解为黑社会的头目与第三者。

(三)有主有次

教师需要称呼多人时,一般的讲究,是要分清主次,由主至次,依次进行。需要区分主次地称呼他人时,标准的做法有以下两种。

1. 由尊而卑

所谓由尊而卑,即在进行称呼时,先长后幼,先女后男,先上后下,先疏后亲。

2. 由近而远

所谓由近而远,即首先对接近自己者进行称呼,然后依次向下称呼他人。

此外,假如几位被称呼者一起前来,可对对方一起加以称呼,而不必一一具体到每个人。例如,"各位同学""诸位来宾""小姐们""先生们"等等。

(四)谨防犯忌

在需要称呼他人时,教师还必须了解一些主要禁忌,以防犯忌,否则很有可能会失礼于人。

在称呼方面,教师有可能触犯的禁忌主要有下列两类。

1. 不规范的称呼

有些教师有时懒于使用称呼,直接代之以"喂""嘿""六号""八床""下一个""那边的",甚至连这类本已非礼的称谓语索性也不用。这一做法,显然是失敬于人的。

2. 不文雅的称呼

一些不文雅的称呼,尤其是含有人身侮辱或歧视之意的称呼,例如,"眼镜""拐子""大头""胖哥""瘦猴""恐龙"等等,是教师绝对忌用的。

二 口齿清晰

在工作岗位上,教师在更多的情况下,是要与学生进行口头交谈。因此,教师在使用口语时,不论遇到何种交往对象,均应做到文明待人。

就教师的口语的具体运用而言,可以将其划分为正式口语与非正式口语。二者之间既有共性,同时也各自存在着一定的个性。

在其个性方面,正式口语显然主要适用于正式的口头交际之中,它通常是指有关各方经过协商、议定主题、明确目的、约好时间与地点的正式口头交谈。在此之前,双方会为此进行多方面的准备。在交谈之中,讲究郑重其事,语言规范,直奔主题。

非正式口语,则属于有关各方事先未经任何准备而进行的一种十分自由的随机性交谈。它可长可短,可深可浅,可雅可俗,可谈可不谈。其形式随和、轻松,几乎可以无话不谈。它比较容易表达人们各自的观点,有利于人们的相互了解与接近。

在共性方面,教师在其实际工作之中,往往有可能在面对交往对象时需要正式口语与非正式口语并用。要想使自己所运用的口语发挥其应有的功效,一般来讲,教师有必要在具体运用口语之时,掌握它的三个主要特点。

一是通俗活泼。浅显易懂,生动形象,犹如家常话语一般,是口语最重要的特点。一般来讲,口语之中极少出现术语、典故,更忌讳故弄玄虚、高深叵测。口语多为现想现说,临时组合而成。因而,讲口语,自然不必字字推敲、句句斟酌,只要善于运用生活之中的平常话语,恰当地表明个人见解即可。

二是机动灵活。人们在运用口语与他人进行交际时,往往既要适当地表达自己的本意,又要注意随机应变,在交谈过程中随时对自己所运用的口语的具体内容与形式进行适度的调整。从表面上来看,口语大都显得语句简短、结构松散,并多有省略之处。有时,它甚至会出现话题转变、内容脱节、词序颠倒、啰唆重复等现象。然而由于口头交际具有一定的双向性、互动性,上述问题往往瑕不掩瑜,反而更能显示出口语生动、活泼的特性。

三是简明扼要。简要明快,突出重点,应当被视为成功地运用口语的一项主要条件。在正常情况下,人们在运用口语时,主要考虑自己本意的表述,而对于具体的表述形式则往往不甚介意。加上口头交际的有关各方通常是相对而视,对于其中某方口头正在表达的内容及其本来的含义,有关各方往往可以通过当时特定的环境心领神会。这样一来,讲口语时,自然不必过分地讲究逻辑严密、修饰得体,不宜长句、复句不断。实际上,口语大多句短、意明、一句一意,但求词能达意即可。

应当强调的是,教师在工作岗位上运用口语时,不仅要了解口语的上述基本特点,更重要的是要努力使自己在运用口语中,真正做到口齿清晰。唯有做到了这一点,自己之所言才能被交往对象听清楚、搞明白,才能真正实现双向沟通,否则就极有可能劳而无功。

口齿清晰,不但是文明用语的基本要求之一,而且也是做好工作的先决条件之一。对此,广大教师均应予以高度的重视。

教师要做到口齿清晰,主要有待于在语言标准、语调柔和、语气谦恭等三个具体方面合乎礼仪的基本规范。

(一) 语言标准

语言标准,是语言交际的前提。语言不标准,就有可能让交往对象听不懂自己的话语,甚至会因此而产生一些不必要的误会,从而影响到服务质量。

语言标准,礼仪上的主要要求具体有二:

1. 讲普通话

普通话,是我国法定的现代汉语的标准语言,《中华人民共和国宪法》明文规定:"国家推广全国通用的普通话。"它以北京语音为标准音,以北方话为基础方言,以典范的现代白话文为语法规范。推广普通话,既是我国的一项基本国策,也是提高教育质量的一项重要举措。我国地大物博,人口众多,方言土语极多。不同地方的人到了一起,时常会因为双方之间存在语言障碍而苦恼。此刻,双方如果都采用普通话进行口头交际,语言障碍往往便会迎刃而解。在交际过程之中,除面对外国友人、少数民族人士、个别听不懂普通话的人士之外,教师一定要在与对方交谈时使用普通话。面对不懂本地方言土语的外地人而又执意不讲普通话,只能表明自己保守排外而已。

2. 发音正确

此项要求,本身包含以下双重含义:一方面,它要求教师在运用口语时,不能够念白字;另一方面,它则要求教师在讲普通话时,要注意其阴平、阳平、上声、去声四种基本声调的区别。只有发音完全正确,才能算是讲好了普通话。例如,"妈"这个词的正确发音应为阴平声,如果把它念成了去声,便变成了"骂"字。那样一来,意思可就差远了。

(二) 语调柔和

语调柔和,也是口齿清晰的基本要求之一。语调,一般指的是人们说话时的具体腔调。

通常，一个人的语调，主要体现于他在讲话时的语音高低、轻重和快慢的具体配置。要求教师语调柔和，主要是提请其在语音的高低、轻重、快慢方面多多加以注意。

1. 音量适中

所谓音量适中，实际上指的是一个人讲话音量的高低轻重。教师礼仪要求，教师在与交往对象进行口头交际时，在音量方面，应当使对方既可以听得清楚，又感觉舒适悦耳为宜。

对交往对象讲话时，教师的音量如果过高、过强，就会使自己显得生硬、粗暴，而且还有可能会让对方震耳欲聋，感觉不适。相反，如果教师的音量过低、过弱，则又会使自己显得有气无力、敷衍了事，因而会令对方感到憋闷不堪，甚至还会产生一种被怠慢的感觉。

教师在交谈时，要真正做到音量适中，不高不低，不强不弱，一般并不困难。重要的是，在实际工作中，还必须注意因人而异、因时而异。与常人在正常条件下交谈，固然音量适中即可。而与耳背之人交谈 或在人声嘈杂之处与人交谈，则在音量上显然应当适度地有所提高。

2. 快慢有度

讲话时的快慢，通常指的是语速方面的问题。教师在与人交谈时，必须注意保持适当而自然的语速。运用普通话与人交谈时，通常每分钟所讲的字数，以在 60 个字至 80 个字之间为宜。在交谈之间，还应注意适时地进行必要的停顿。语速过慢或过快，都有可能被理解为自己感到厌烦，而且也会破坏交谈对象的情绪。

（三）语气谦恭

语气，即人们说话之时的口气。在教师用语里，语气一般具体表现为陈述、疑问、祈使、感叹、否定等不同的语句组织形式。

在人际交往中，语气往往被人们视为具有某种言外之意，因为它往往会真实地流露出交谈者的一定的感情色彩。教师在工作岗位之上与交往对象口头交谈时，一定要在自己的语气上表现出热情、亲切、和蔼和耐心。特别重要的是，不要有意无意之间使自己的语气显得急躁、生硬和轻慢。

1. 忌语气急躁

它是指教师在与交往对象交谈时，语气上显得焦急、暴躁、激动，或者很不耐烦。例如，说什么"抓紧时间""快点，我还有别的事""快下班了"等。

2. 忌语气生硬

它是指教师在与交往对象交谈时，语气上显得勉强、生冷、僵硬，或者不够柔和。例如，不可以说"着什么急""喊什么""等着""费话""别乱动"等。

3. 忌语气轻慢

它是指教师在与交往对象交谈时，语气上显得轻狂、歧视、怠慢，或者失敬于人。例如，"知道吗，你""听说过没有""你见过吗""瞧一瞧自己"等，都是教师不宜采用的轻慢他人的语气。

三　用词文雅

在任何情况下进行交谈时，都必须借助于一定的语句与词汇。没有语句与词汇的选择与使用，不仅难于表白自己的思想，而且交谈也难于进行下去。

教师要做到文明用语，非常重要的一点，是要努力做到用词文雅。离开了用词文雅，文明用语便会成为无源之水，无从谈起。

用语文雅，对于广大教师而言，主要包括以下两个方面的基本要求，即尽量选用文雅词语，努力回避不雅之语。前者属于对教师的高标准要求，后者则是任何教师在其工作岗位上都必须做到的。

尽量选用文雅词语，即多用雅语，主要是要求教师在与其交往对象交谈时，尤其是在与之进行正式的交谈时，用词或用语要力求谦恭、敬人、高雅、脱俗。在注意切实致用，避免咬文嚼字、词不达意的同时，应当有意识地尽量采用一些文雅的词语。这样做，自可展示自己的良好教养。

例如，在正式场合欢迎交往对象到来时，使用雅语说"欢迎光临"，显然比说"您来了"要郑重其事得多。而对一位上了年纪并看上去很有文化的老人使用雅语说"敬请赐教"，自然也比对对方直言"有什么意见快提"更为中听。

努力回避不雅之语，主要是指教师在与人交谈之时，不应当采用任何不文雅的语词。其中粗话、脏话、黑话、怪话与废话，则更是在任何情况之下，都绝对不可出现于教师之口。

（一）不讲粗话

粗话，一般是指那些意在侮辱他人人格的粗野或带有恶意的话语，也就是所谓骂人的话。教师在工作岗位之上服务于人时，不论遇到何种情景，都不允许骂骂咧咧，不可以在口语中夹杂骂人的话。就算是别人首先辱骂了自己，也不允许与对方相互对骂。无意之中说话带上一句"国骂"，则更是有失自己的脸面。

（二）不讲脏话

脏话，在此主要是指庸俗、低级、下流的话语，其中尤以涉及男女关系者为其代表，并以色情、黄色内容为主。在与别人进行交往时，教师不论对方是同性还是异性，都不应使用任何脏字。有些话具有双关性质或暗示作用，极易引起误会，亦不可使用。

（三）不讲黑话

黑话，通常泛指那些为帮会、地痞、流氓、盗匪以及其他黑社会人士所专门使用的暗语，或者含义隐晦的一些话语。从角色定位的角度上来讲，只有涉"黑"之人才会讲黑话，而讲黑话的人则多与黑社会不无关系。教师若在其人际交往中有意对对方讲黑话，不仅会使自己显得匪里匪气、身份叵测，而且也会惊扰对方，令其心生疑惑或戒心。

（四）不讲怪话

怪话，在这里实际上指的主要是那些牢骚话。在日常生活之中，教师一定要做到不因为个人的委屈、不满,而当着交往对象的面阴阳怪气、乱讲怪话,以泄私愤。至于因故对交往对象产生意见,进而指桑骂槐、旁敲侧击,则更是有悖教师的行业宗旨,应予禁止。

(五) 不讲废话

废话,一般是指无用之言、多余之语,或者是在没话找话时所讲的话。教师务必牢记,在自己的工作岗位之上,不宜主动去找交往对象攀谈与教学、科研等内容无关的题外话,尤其是不宜主动询问对方的个人隐私问题。如果在工作之中没话找话、大说废话,只能说明自己对于本职工作心不在焉。

除此之外,教师还应当牢记:在运用文明用语时语言内容要文明,语言形式要文明,语言行为要文明。只有三者并重、三位一体,才能够真正地使自己做到用语文明、文明用语。三者之中假定缺少任何一点,都是不可以的。

四 主题正确

交谈的主题,又叫交谈的话题,它所指的是交谈的中心内容。一般而论,教师交谈时的具体主题多少可以不做确定,但通常在某一特定时刻宜少不宜多,并最好只有一个。唯有话题少而集中,才有助于交谈的顺利进行。话题过多、过散,将会使交谈者无所适从。

(一) 宜选的主题

在交谈之中,以下五类具体的话题都是教师适宜选择的:

1. 既定的主题

既定的主题,即交谈双方业已约定,或者其中某一方先期准备好的主题。例如,求人帮助、征求意见、传递信息、讨论问题、研究工作、指导论文一类的交谈,往往都属于主题既定的交谈。选择这类主题,最好双方商定,至少也要得到对方的认可。它适用于正式交谈。

2. 高雅的主题

高雅的主题,即内容文明、优雅,格调高尚、脱俗的话题。例如,文学、艺术、哲学、历史、考古、地理、建筑等等,都属于高雅的主题。它适用于各类交谈,但要求面对知音,并忌讳不懂装懂或班门弄斧。

3. 轻松的主题

轻松的主题,即谈论起来令人轻松愉快、身心放松、饶有情趣、不觉劳累厌烦的话题。例如,文艺演出、流行时装、美容美发、体育比赛、电影电视、休闲娱乐、旅游观光、名胜古迹、风土人情、名人轶事、烹饪小吃、天气状况等等。它适用于非正式交谈,并允许各抒己见、任意发挥。

4. 时尚的主题

时尚的主题,即以此时、此刻、此地正在流行的事物作为谈论的中心。此类话题适合于各种交谈,但其变化较快,所以在具体把握上存在一定难度。

5. 擅长的主题

擅长的主题,此处具体所指的是交谈双方,尤其是交谈对象有研究、有兴趣、有可谈之处的主题。须知:话题选择之道,在于应以交谈对象为中心。例如,与学生交谈,宜谈为人处世;与家长交谈,宜谈成才之道;与学者交谈,宜谈学术前沿;与作家交谈,宜谈文学创作;与医生交谈,宜谈健身祛病,等等。它适用于各种交谈,但忌讳以己之长对人之短,否则"话不投机半句多"。因为交谈是意在交流的谈话,故此不可只有一家之言,而难以形成交流。

(二)忌谈的主题

在各种交谈之中,有下列几类具体的主题教师理应忌谈:

1. 个人隐私

个人隐私,即个人不希望他人所了解之事。在交谈中,若双方是初交,则有关对方年龄、收入、婚恋、家庭、健康、经历等一类涉及个人隐私的主题,切勿加以谈论。

2. 捉弄对方

在交谈中,切不可对交谈对象尖酸刻薄、油腔滑调、乱开玩笑、口出无忌。要么挖苦对方所短,要么调侃取笑对方,成心要让对方出丑,或是下不了台,均会伤害对方。俗话说:"伤人之言,重于刀枪剑戟。"以此类捉弄人的主题为中心展开交谈,定将损害双方关系。

3. 非议旁人

有人极喜在交谈之中传播闲言碎语,制造是非,无中生有,造谣生事,非议其他不在场的人士。其实,人们都知道"来说是非者,必是是非人"。非议旁人,不能够证明自己待人诚恳,反倒表明自己少调失教,属于拨弄是非之人。

4. 倾向错误

在谈话之中,倾向错误的主题,例如,违背社会伦理道德、生活堕落、思想反动、政治错误、违法乱纪、误人子弟之类的主题,亦应避免。

5. 令人反感

有时,在交谈中因为不慎,会谈及一些令交谈对象感到伤感、不快的话题,以及令对方不感兴趣的话题,这就是所谓令人反感的主题。若此种情况不幸出现,应立即转移话题,必要时要向对方道歉,千万不要没有眼色、将错就错,甚至一意孤行。这类话题,常见的有凶杀、惨案、灾祸、疾病、死亡、挫折、失败等等。

五 方式恰当

教师在与交往对象进行交谈之时,还有必要注意其具体方式。在此,是有一些技巧可以被运用。

(一)双向共感

交谈,究其实质乃是一种人与人之间的合作。因此在交谈中,切不可一味宣泄个人的情感,而不去考虑交谈对象的反应。

依照常规,在交谈中应遵循双向共感规则。这一规则具有以下两重含义:

1. 双向

它要求人们在交谈中注意双向交流,并在可能的前提下,应尽量使交谈围绕交谈对象进行。无论如何,都不要妄自尊大,不可忽略对方的存在。

2. 共感

它要求在交谈中所谈论的中心内容,应使彼此各方共同感兴趣,并能够愉快地接受,积极地参与。不能只顾自己,而不看对方的反应。遵守这条规则,是使交谈取得成功的关键。

(二) 神态专注

在交谈中,各方都希望自己的见解为对方所接受。从某种意义上讲,"说"的一方并不难,往往难就难在"听"的一方。古人曾就此有感而发:"愚者善说,智者善听。"

"听"的一方,在交谈中若能够表现得神态专注,就是对"说"的一方的最大尊重。要做到这一点,应重视如下三点:

1. 表情认真

在倾听时,要目视对方,全神贯注,聚精会神。不要用心不专,不可"身在曹营心在汉",不得明显地走神。

2. 动作配合

当对方观点高人一筹,为自己所接受,或与自己不谋而合时,应以微笑、点头等动作表示支持、肯定,或暗示自己与之"心有灵犀一点通"。

3. 语言呼应

在对方"说"的过程中,不妨以"嗯"声或"是"字,来表示自己正在认真倾听。在对方需要理解、支持时,应以"对""没错""真是这么一回事""我有同感"等加以呼应。必要时,还应在自己讲话时,适当引述对方刚刚所发表的见解,或者直接向对方请教高见。这些做法,都是以语言同对方进行合作。

(三) 措辞委婉

在交谈中,不应直接陈述令对方不快、反感之事,更不能因此伤害其自尊心。必要时,在说法上应当力求含蓄、婉转、动听,并留有余地、善解人意,这就是所谓措辞委婉。

例如,在用餐时要去洗手间,不宜直接说"我去方便一下",而应说"我需要出去一下""出去有点事",或者"出去打个电话"。若来访者停留时间过长,从而影响本人,需要请其离开,不宜直接说"你该走了""你待得太久了",而应当说"我不再占用你的宝贵时间了"等。凡此均属委婉语的具体运用。

在交谈中,运用委婉语可采用以下方式:其一,旁敲侧击。其二,比喻暗示。其三,间接提示。其四,先肯定,再否定。其五,多用设问句,不随便使用祈使句。其六,具体表达上充分地留有余地。

(四)礼让对方

在交谈之中,务必要争取以对方为中心,处处礼让对方、尊重对方,尤其是要避免出现以下几种失礼于人的情况。

1. 不始终独白

既然交谈讲究双向沟通,那么在交谈中就要目中有人、礼让他人。要多给对方发言的机会,并让大家都有交流的机会。不要一人独白、侃侃而谈、"独霸天下",不宜只管自己尽兴而始终不给他人张嘴的机会。

2. 不导致冷场

不允许在交谈中走向另一个反面,即从头到尾保持沉默,不置一词,从而使交谈变相冷场,破坏现场的气氛。不论交谈的主题与自己是否有关,自己是否有兴趣,都应热情投入,并积极合作。万一交谈中因他人之故冷场"暂停",切勿"闭嘴"不理,而应努力"救场"。可转移旧话题,引出新话题,以便使交谈"畅行无阻"。

3. 不随意插嘴

出于对他人的尊重,在他人讲话时,尽量不要在中途予以打断,不宜突如其来、不经允许地上去插上一嘴。这种做法不仅干扰了对方的思绪,破坏了交谈的效果,而且会给人以自以为是、喧宾夺主之感。确需发表个人意见或进行补充时,应待对方把话讲完,或在得到对方首肯后再讲。不过,插话次数不宜多,时间不宜长,对陌生人的交谈则绝对不允许打断或插话。

4. 不与人抬杠

抬杠,在此是指喜爱与人争辩,喜爱固执己见,喜爱强词夺理。在一般性的交谈中,应允许各抒己见、言论自由、不作结论,重在集思广益、活跃气氛、取长补短。若以"杠头"自诩,自以为一贯正确,无理辩三分,得理不让人,非要争个面红耳赤、你死我活、大伤和气,是有悖交谈主旨的。

5. 不否定他人

在交谈之中,要善于聆听他人的意见,若对方的陈述无伤大雅,无关大是大非,一般不宜当面否定,不要让对方下不了台。礼仪上有一条重要的原则,叫作"不得纠正"。它的含义是:对交往对象的所作所为,应当求大同、存小异,若其无关宏旨,不触犯法律,不违反道德,不有辱国格人格,不涉及生命安全,一般没有必要判断其是非曲直,更没有必要当面对其加以否定。在交谈中不去任意否定对方的见解,就是该原则的具体运用。

(五)适可而止

与其他形式的社交活动一样,交谈也必定受制于时间。虽然说亲朋好友之间的交谈往往是"酒逢知己千杯少",但是实际上它仍需要见好就收、适可而止。这样做,不仅可使下次交谈还有话可说，而且还会使每次交谈都令人回味无穷。

普通场合的小规模交谈，以半小时以内结束为宜，最长也不要超过 1 个小时。交谈的时间一久，交谈所包含的信息与情趣就难免会被"稀释"。

在交谈中一个人的每次发言，最好不要长于 3 分钟，至多也不要长于 5 分钟。

令交谈适可而止，主要有四点好处：一是可以为大家节省时间，省得耽误正事。二是可以使每名参加者都有机会发言，以示平等。三是可以使大家的发言提炼其精华，少讲废话。四是还可以使大家对交谈意犹未尽，保持美好的印象。

凡此种种，说明在教师与其交往对象进行交谈时，适可而止不仅必要，而且还必须付诸行动。

第三节 书面用语

在实际工作之中，教师经常会接触或使用书面用语。书面用语的使用，既有一般语言所使用的共同性的要求，也有其自身特点所决定的一些特殊性要求。

书面用语，简称书面语。它所指的，是使用文字、符号所书写出来的语言。在一般情况下，书面用语这一提法，往往是相对于口头用语而言的。

教师在自己的工作岗位之上，时常需要亲自动手书写一些函件、条据、合同、通知、告示以及批语、说明、介绍等等。如果不对自己使用的书面语言加以规范，往往便会使自己的工作乃至个人形象大受影响。

应予强调的是，教师所使用的书面用语自有其独特之处。通常认为，教师所使用的书面用语，大都具有以下四个方面的主要特点。

一是实用性。在工作与生活之中所使用的书面用语，自然以实用为其基本目的。不论传播信息、批改作业、发表论文、介绍专业，还是作为凭据，它们大都以某一种实用性工具的面目而出现。从其主要内容到其具体表现形式，无不具有极强的实用性质与浓厚的实用色彩。

二是权威性。对于广大学生而言，教师所使用的书面用语，经常会被其视为一种具有一定权威性或约束力的文字范本，而备受重视。在一般情况下，它可以有助于教师建立自己的良好信誉，并且使学生增强对教师的信任、满意程度。

三是缜密性。为了更好地沟通于人、更为准确地为其交往对象所理解，并且避免造成被动、麻烦或纠纷，教师在具体使用书面用语时，必须行文标准、用词恰当、表达周全、含义精确、一丝不苟。在任何情况下，教师在具体使用书面用语时，都必须三思而行、深思熟虑、再三检查，认认真真地防止笔误或者歧义的出现。

四是严肃性。教师以教书育人为主要目的而使用的书面用语，显然与其私人交往之中所使用的书面用语有所不同。后者的一般做法，是轻松、随意，无须过多地字斟句酌，而且可以不拘常规。与此有别的是，教师使用于正规场合的书面用语，则必须以严肃、认真、规范为第一要旨。唯有达到了这一要求，才有助于使之更好地发挥作用，体现出其使用者良好的专业素养。

在日常工作之中，需要教师使用书面用语之处甚多。小到便条、通知、批语，大到专著、论文、介绍、说明、告示、书信、电报、传真、电子函件，教师都有可能随时需要亲自动笔书写。在工作与生活之中，教师所使用的书面用语，务必要做到正确无误、工整清晰、内容完整、简明扼要。这四个方面的要求，就是教师在其具体使用书面用语时所必须严格遵守的基本礼仪规范。

一　正确无误

在正式场合中，正确无误，是对教师使用书面用语的一项首要要求。原因十分简单，假如教师在使用书面用语时稍有失误，例如，在书写批语、论文、通知、说明之时出现笔误，或者掉字，则既有可能直接影响到自己的工作，又有可能会引起误会，甚至还有可能因此使自己授人以柄。

教师在使用书面用语时，要力求正确，就要从两个方面着手。一方面，在使用书面用语时必须审慎对待，一丝不苟。有了思想上的高度重视，平时就不大容易在这方面犯错误。

另一方面，在使用书面用语时，则必须注重具体行文的规范。而要达到这一要求，通常又要注意三点。

（一）书写正确

在使用书面用语时，务必要做到书写正确。在使用汉语时，一般均应采用标准的简化字，而忌用繁体字、非标准的简化字以及错别字。在使用外语时，则必须要采用正确的拼写方式，并且要严守其特定的语法规则。在需要书写数目时，该用汉字还是该用阿拉伯数字，该写大写还是该写小写，均一律必须依照有关规定书写。

（二）理解正确

在中文与外文里，每个词汇都有自己的本意与引申意，每一种具体的表达方式往往约定俗成。因此，教师在使用书面用语或遣词造句时，应力戒不懂装懂、想当然地滥用词语。因为个人理解上所存在的偏差，时常也会影响到书面用语使用的正确性。

（三）格式正确

书面用语的使用，大都需要借助于一定的具体格式。不同格式的行文，通常都有一些不同的具体要求。在使用某一文体写作时，对其格式必须认真地"照章办事"。该空格处，就要空格。该分段时，就要分段。该使用某种约定俗成的表达方式时，就必须加以使用。

二　工整清晰

在正式场合之中使用书面用语时，必须努力书写得工工整整、清清楚楚，使人容易辨认。如果教师在使用书面用语时不注意其工整清晰与否，不仅有可能妨碍其效果，还有可能会令人感到其使用者过于马虎大意。教师在具体使用书面用语时要使之工整清晰,重点应当在下列四个方面有所注意。

(一) 一笔一画

使用书面用语时,写起字来必须一笔一画,按部就班。在任何情况下,教师都要杜绝自己字迹潦草的情况出现。如果写起字来龙飞凤舞,要么如同狂草,要么好似小篆,犹如天书一样让人难于辨认,则只能证明书写者孤芳自赏、目中无人。

(二) 大小适中

教师在使用书面用语的过程之中,务必要注意自己所书写的具体字体的大小。需要指出的是,字体过大,显得过于张扬;字迹过小,则使人阅读困难;二者都是不适当的做法。在具体进行书写时,既要善于在谋篇布局上进行宏观的把握,又要巧于在篇幅大小上缜密构思。在条件允许的前提之下,应力求使字体的大小恰到好处。还要注意的是,在利用信笺、表格进行书写时,必须使字体入行、入格,而不可任其随随便便地在行、格之外"自由行动"。

(三) 美观整洁

在使用书面用语时,相当重要的一点,是要保持在书写之后的美观整洁。要做好这一点,在下笔之前要深思熟虑,在行文之中要专心致志,以免出现笔误或墨迹斑斑。万一发现在书写之中出现了错别字、掉字或错句,要么认真使用涂改液进行补正,要么重新再写一遍,千万不要将错就错、得过且过。也不要随意在已经完成的篇幅上打叉、划钩、圈点、涂改,或者添加。把自己书写的文字弄得到处乱打"补丁",只能说明自己马虎大意。要是以之应付交往对象,则更不会使对方对自己产生任何好感。

(四) 符合习惯

在使用书面用语时,务必要在选择具体的书写工具时符合习惯做法。用以进行书写的纸张,应当薄厚大小适度、耐折耐磨,并且吸墨好、不易洇。其色彩与光洁度,亦应符合书写的特定要求。教师在工作岗位上进行书写时,所选择的笔具主要有钢笔、毛笔与圆珠笔。钢笔与毛笔,主要用以书写正规的函件、告示、文本。圆珠笔的使用,则多见于书写便条或填写票据。在一般情况下,不宜使用铅笔。在书写正式文件或批改作业时,通常不宜使用圆珠笔,而只能采用毛笔或钢笔。选择墨汁、墨水或圆珠笔油时,亦有一定的讲究。使用毛笔时,只宜采用黑色墨汁,而不准代之以各色油彩、水彩。使用钢笔时,宜用黑色或蓝黑色墨水,而不宜使用纯蓝或其他各种彩色墨水;唯有批改作业、论文时,方可使用红墨水。使用圆珠笔时,只宜选用黑色与蓝色的圆珠笔油,不宜滥用其他颜色的圆珠笔油。

三 内容完整

在正式场合使用书面用语时,其具体内容的完整与否,从某种意义上讲,往往比正确无误、工整清晰,显得更为重要。因为只有内容完整的书面用语,才能真正起到其本应起到的作用。

要使教师所使用的书面用语做到真正的内容完整,除必须努力阅读、勤学多练之外,重要的是,在具体写作之时,必须认真牢记并做到语句完整、结构完整、表达完整。语句完整,是内容完整的基本前提。结构完整,是内容完整的重要条件。而表达完整,则是内容完整与结构完整的主要目的之所在。三者相辅相成,相互关联。如欲做到写作的内容完整,对这三个方面要给予同等重视,任何一个方面都不可疏忽大意。在具体运用书面用语时,出于确保其内容完整的需要,广大教师还应注意以下两个问题。

(一) 注意细节

在写作之中,需要认真注意许多具体的细节。在不少情况下,内容的不完整,往往并非写作者的水平不高所致,而是出自写作中的某些细枝末节上发生了问题。对教师行业之中的书面写作而言,最不应该犯的导致内容不完整的具体错误有六。

1. 忌随意杜撰词语

任何词语的使用,都有其约定俗成之规。不然的话,人们在相互沟通过程中,便会产生障碍或误解。随意杜撰词语,往往难为他人所理解或接受。

2. 忌任意使用外文

外文的使用,只有在特定的情况之下,才更容易奏效。任意使用外文,如果面对的是不认识它的对象,肯定不利于写作内容的完整表述。

3. 忌滥用方言俚语

只有在面对同乡或文化背景相近之人时,使用方言俚语才会给人以亲近之感。反之,则会使交往对象既读不懂,不明白其具体含义,又从内心里产生排斥或不快。

4. 忌语句长短不当

在写作之时,语句的长短一定要根据具体需要而定,当长则长,当短则短,千万不要任意行事。句子过长,通常会使人产生理解方面的困难。句子过短,则又有可能有碍于其具体内容的完整。

5. 忌错用标点符号

在各类应用文的写作中,标点符号经常发挥着画龙点睛的功效。在不少情况下,点错一个小数点,便会使自己损失严重;少写或错写一个逗号,本意便会被人理解得差之千里。因此,对其千万不可错误地使用。

6. 忌数据日期不准

教师在具体进行写作时,对于事关重大的某些数据、日期,一定要慎之又慎。应当注意的是,既要防止错写、漏写、写作不规范等错误的出现,又要严防自己在书写数据、日期时考虑不周,而使之被个别不良之人涂抹、篡改。

(二) 反复检查

在写作之后，要反复阅读检查已完成的内容。前人关于写作曾有一句经验之谈："文章是改出来的。"此话可谓至理名言。虽然应用文的写作不以流传千古为目的，但是如果在一挥而就之后对其再也不读、不看，搞不好就很有可能会出现误人误己的"次品"或"废品"。本着对个人负责、对他人负责、对单位负责的宗旨，教师在使用书面用语时，在其写作完成之后，一定要再三予以核查。至少，也要将其认真通读、检查一遍。

四　简明扼要

教师使用于工作岗位之上的书面用语，绝大多数都可被视为应用文。使用应用文时，自然以一定的用途为目的。因此，教师在具体使用书面用语与人沟通时，务必要以务实为重。要真正做到这一点，通常就要求教师所使用的书面用语必须简明扼要。

要求教师所使用的书面用语简明扼要，就是要使之简略、概括、精练、单纯，既抓住了要点，又易于理解。在使用书面用语时简明扼要，不仅是书面用语自身的要求使然，而且也是出自教师自己的实际需要。

(一) 基本要求

具体进行写作时，教师要做到行文简明扼要，应当注意下列四点。

1. 不写不该写的内容

有些内容，与写作的根本目的毫无任何关系。对于这类东西，在写作时千万不要随意添加进来。

2. 不写可不写的内容

有些具体内容，对于教师而言，是既可以写，又可以不写的。在一般情况下，对其最佳的处理方式是尽量别写。

3. 不写不准写的内容

按照教师行业的有关规定，某些内容是教师所不准书写的。遇到此种情况，教师必须深明大义，即便交往对象对自己恳求再三，甚至威胁利诱，也千万不要为其所动。

4. 不写不好写的内容

在不少时候，教师在使用应用文时，总会感到某些具体内容不大好写。如果不是万不得已，处置此类情况的一个好办法，就是要不写或者少写。

(二) 主要禁忌

要做到使用书面用语的简明扼要，教师在具体进行写作时，还须有意识地避免下述三个方面的禁忌。

1. 忌感情用事

在写作应用文时，固然在行文之中要注意待人热情而礼貌。但是，在这一方面需要适可而止,千万不要滥用感情。在这一方面过分地洋洋洒洒,只会给人以虚假之感。

2. 滥用虚词

行文简明扼要的一个捷径,是在进行写作时应尽量少用虚词。虚词不能单独成句,其含义比较抽象,但有帮助遣词造句的作用。在写作中不用任何虚词不大可能,但若使用过多也毫无必要。

3. 过度修辞

写作应用文时,不可能不使用某些修辞方法。然而它与文艺性写作相反的是,修辞方法若是使用过多,也是于事无补的。

第四节 电话用语

在现代信息社会里,电话的应用早已十分普遍。教师在自己的工作岗位上,时常有可能利用电话同其交往对象进行交谈。从某种意义上讲,运用电话对于教师而言也是一种工作。在具体运用电话时,尤其是与交往对象直接进行通话时,教师的所作所为是否得当,与其个人修养大都紧密相关。

使用电话的一大特点,是通话双方彼此之间互不见面。一方的神态表情、举止动作,另外一方肯定是看不见的。在这种情况下,主要发挥作用、影响通话的直接效果的,往往便是通话者的声音、通话者的态度和通话者所使用的言辞。这三者,一般被人们称作"电话三要素"。它们不仅与通话内容直接相关,而且也直接影响着通话双方之间的相互关系。

一位传播学专家曾经指出:"不论在任何地方,只凭一个人在电话里讲话的方式,就可以判断出其教养水准。"他所提到的"一个人在电话里讲话的方式",就是由通话者的声音、通话者的态度以及通话者所使用的言辞等"电话三要素"所构成的。教师在使用电话时要做到彬彬有礼、表现得体,就必须在通话方式方面对自己严格地进行要求。

严格地讲,教师所使用的电话用语,实际上是由口头用语与书面用语两个部分所构成的。在一般情况下进行电话交谈时,通话双方主要使用的是口头用语。而在某些特殊的情况下,例如,需要进行电话记录,或者收发传真时,则通话双方或其中某一方,还往往必须使用书面用语。因此,教师在学习、运用电话用语时,对口头用语与书面用语等两个方面的相关礼仪规范,均须加以注意。

一 电话口头用语

教师在正常情况下进行电话通话时,在其口语方面所应当注意的问题主要有以下几方面。

(一) 做好准备

首先,打电话,往往要提前做好准备。在打电话之前,通话双方,其中尤其是率先拨打电话的一方,通常需要进行必要的准备。

1. 拨打电话

教师在其拨打电话时所应当进行的准备工作大体上有五。

一是备好电话号码。在有条件的情况下,拨打电话之前,必须正确无误地预备或查找好对方的电话号码。必要时,还可同时准备好联络对方其他的有效方式,如移动电话、传真机号码,或者对方其他的几个电话号码,以备在难以拨通头一个电话号码时使用。

二是想好通话内容。在联络交往对象之前,大凡重要的电话通话,都应当提前对通话内容有所准备。在进行重要的电话通话之前,最好是备好一份通话提纲。这样在正式通话之中,就可以既节约时间与费用,又可以抓住重点,条理分明,不易遗漏。

三是慎选通话时间。教师在拨打电话给他人时所选择的通话时间,首先应当方便于对方,而不允许利己不利人。在一般情况下,拨打给他人的电话,不宜选择过早、过晚或私人休息的其他时间。节日、假日、午休或用餐时间,通常均不宜选择。打电话去偏远地区或国外时,还应当考虑时差等因素。

四是挑准通话地点。因公进行电话通话前,对于通话的具体地点亦应有所斟酌。除要兼顾现有条件之外,还应当在选择通话地点时考虑以下几个因素:其一,电话的主要功能能否满足通话的基本要求。其二,通话内容是否具有保密性。需要打保守业务秘密的电话,一般不宜在大庭广众之前拨打,尤其是不宜在外面使用公用电话拨打。其三,不宜利用本单位电话去拨打私人电话。免得被人视为假公济私,贪占单位的便宜。其四,尽量不要借用外人或外单位的电话。特别是不宜长时间借用,或者借用其拨打国内、国际的长途电话。

五是恭候对方回复。要求他人在指定时间来电话时,应准时恭候在留给对方号码的电话机前,以等待对方的回复。至少在此前后的一刻钟之内,是不宜贸然离去的。同时还须切记,在此期间应不再使用留给对方号码的电话机通话,否则就极有可能使对方打不进来电话。

2. 接听电话

教师在工作岗位上接听电话,通常也需要事先有备无患。对教师个人来讲,常规的准备工作主要有三。

一是确保畅通。本校的电话,尤其是已经对外公布号码的热线电话或办公电话,一定要经常检查。发现故障之后,务必要及时检修。更改号码后,要及时对外公告,以保证其畅通无阻,而非形同虚设。

二是专人值守。学校对外联络之用的电话,一般均应指定专人负责。在上班时间之内,要保证其随时有人接听,免得有碍于工作。

三是预备记录。在不少时候,教师都可能需要将外来的电话全部或部分地记录在案,以作为资讯或转达之用。记录电话一般有三种主要方法:其一,笔记。其二,作板书。其三,录音。不论具体采用何种记录电话的方法,都应当将必要的工具,例如,笔、纸、记事板、录音带等等,提前一一备好。

(二) 检点表现

在具体进行电话通话时,通话双方虽然不一定有机会利用可视技术看到对方,但彼此之间的现场表现,却依旧是对方完全可以感觉得到的。

人们在进行电话通话时的具体表现,主要见诸双方通话之时的声音与态度。要求教师在通话时以礼待人,检点各自的通话表现,实际上就是要求其不论在拨打电话还是在接听电话时,都要对自己的声音与态度进行有意识的调控。

在通话的整个过程之中,通话双方均应在个人表现方面注意的主要问题有以下两个。

1. 声音清楚

电话交谈,主要是借助于声音进行的。由于线路、距离以及其他方面的原因,电话里的声音多多少少总会有一点儿失真。这种情况假如过于严重,就会直接妨碍通话的效果。所以通话双方在打电话时,都要力求使对方听清楚自己的声音。

要在通电话时做到声音清楚,主要有五点注意事项。

一是咬字准确。通话之时如果咬字不准、含含糊糊,自然难于让人听清、听懂。

二是调控音量。在通话时,音量的高低极为重要。过高的音量,会令人耳鼓欲裂;过低的音量,则又会使人听不清楚。在正常情况下,通话时的音量以对方听得清楚而又感觉舒适为宜。

三是速度适中。与面对面的交谈相比,通电话时讲话的速度应当适当地有所放慢,否则就可能产生重音,而且还会令人厌烦。但是,通话的速度也不宜放得过慢,否则就会给人以有气无力、勉强应付之感。

四是语句简短。通电话时,双方所使用的语句,务必要力求简练、短小。这样不仅可以节省双方的时间,而且也会有助于声音清晰度的提高。

五是姿势正确。双方在通话时,皆应站好或坐好。不要随意在通话时走动,或是兼做其他事情。持握电话的正确姿势,是双手将其轻轻握好,听筒一方靠近耳部约1厘米处,话筒一方则距离口部约有1厘米左右的间隔。电话若与自己间距不当的话,也会使声音不够清楚。

2. 态度平和

教师在利用电话与他人进行联络时,必须有意识地保持平和的态度。在通话时,教师的态度显得亲近异常,或者过度冷漠,都会令人难以接受。

一是总体要求。教师在通话时要做到态度平和,主要是要求其平等待人,以便更好地为学生服务。要做到这一点,通常要求教师在通话时具体注意好三点。

其一,不卑不亢。与他人进行通话,不论双方熟悉与否、关系如何,不论人求于我、还是我求于人,教师都要以尊重友好的态度去对待对方。既不允许妄自尊大、盛气凌人,也不允许低三下四、曲意逢迎。

其二，不骄不躁。在工作岗位上与任何人通话时，教师都要保持冷静的头脑，约束自己的态度。在任何情况下，都不允许在电话上滥发脾气、训斥他人，不允许对别人恶语相加。在电话上发牢骚、说气话、讽刺或挖苦人，都是不应该的。

其三，不忘职责。教师在工作岗位上打电话时，务必要牢记，自己永远是"守土有责"的。该打的电话不打，该接的电话不接，该转的电话不转，随意中断通话，或者在通话过程中对对方保持沉默、不理不睬，无论如何都是一种失职的行为。

二是具体规定。在通话的具体过程之中，拨打电话的一方与接听电话的一方，通常都有一些在态度上各自需要注意的事项。

作为拨打电话的一方时，教师在通话态度上所须注意的主要事项有四。

其一，通话要见机行事。打电话时，主动权一般掌握在拨打电话一方的手里。尽管如此，教师在拨打电话时亦应注意对方的反应、见机行事，切勿居高临下。倘若感到对方反应不够及时或积极，可询问一下对方此刻通话是否方便。必要时，可过一会儿再打给对方。

其二，拨错要及时道歉。万一因为误记、误拨等原因，而将电话打错了地方，在得到确认以后，一定要主动向对方赔礼道歉。不要若无其事地一声不吭，更不宜去向对方发脾气。

其三，时间要有所限制。在正常情况下，出于对交往对象的尊重，拨打电话时切勿时间过长。一般来讲，每次通话的具体时间，以 3—5 分钟内为宜。拨打电话时拖延的时间过长，对于交谈对象是很不尊重的。

其四，话筒要轻轻挂上。依照惯例，应由通话双方之中地位较高者负责挂断电话。若挂断电话者依例在挂断电话时，应先向通话对象暗示此意，然后再以双手轻轻将话筒放下。挂断电话时切勿一言不发，随手猛掷；或者在对方意犹未尽之时，自作主张地令电话戛然而止。

作为接听电话的一方时，教师在其通话态度上所必须注意的主要事项也大致有四。

其一，积极接听。在接听电话时，不要有意拖延时间，或是对其存心置之不理。教师礼仪要求，当电话铃声响起之后，应在铃响三次左右及时予以接听。在通话中如请对方稍等，不宜长于 1 分钟。

其二，全力呼应。接听外人拨打进来的电话时，一定要对其全力呼应，切勿表现得漫不经心。当通话无故中断后，接听的一方应立即拨打电话给原拨打电话的一方，并说明电话中断系线路原因所致，免得对方产生怀疑。

其三，善解人意。碰上错打进来的电话，教师不可因此而对对方大发脾气。有可能时，不妨协助对方核实或查找一下对方所要拨打的电话号码是否有误。因故不宜接听他人的电话时，必须先向对方道歉并说明原因。随后再在双方约定的时间里，主动而准时地打电话给对方。请对方过一会儿再打进来的做法，未必适当。

其四，巧于中止。若在通话时无意将其继续下去，一般不宜直言相告。一个巧妙的方法，是告诉对方有客人到访，有人召唤自己，或者又有另外一个电话打了进来。因为碰上此类情况时,再继续与人通话是失礼的。万不得已打算这么做时,别忘记向通话对象道歉,并告诉对方,希望以后有机会再与对方继续畅叙一番。

(三)讲究内容

在整个电话通话进行的过程之中,有关双方都要对通话的具体内容有所讲究。

教师礼仪规定,在通话初始、通话中途以及通话告终之时,教师通话的基本内容不仅各异,而且其具体规范也多有不同。以下,分别对其略作介绍。

1. 通话初始时的规范

通话初始,是打电话的第一个阶段。在这一个阶段之中,对通话双方的主要要求是:互相问好;自我介绍;进行确认。

一是双方相互问好。在通话之初,双方开口所讲的头一句话,就是问候对方。既可以恭敬地问候对方"您好",也可以和蔼地问候对方"你好"。不允许张口闭口对对方"喂"个不停,也不应当开门见山地直奔通话的主题而去,连半句问候之语都不使用。需要由总机接转电话时,问候对方同样必不可缺。如果通话对方率先向自己问好,则应立即以相同的问候语回上对方一句。

二是双方自我介绍。为了让通话对象了解自己的身份,通话双方在通话之初均应以适当的方式向对方略作自我介绍。在一般情况下,正式通话之初的自我介绍,主要分为以下六种具体类型。

其一,只报单位的全称。例如,"人民大学""金源中学""四季青小学"等。它一般适用于本单位的电话总机或热线电话。

其二,报出单位的全称与具体部门的名称。例如,"市第二中学教务处""天津大学文学院"等。它主要适用于办公室电话的使用。

其三,报出电话的号码。例如,"78340140""021—3335533"等。这一类型的电话自我介绍,主要适用于录音电话的使用。

其四,报出通话人的全名。例如,"尤优""吕平""莫焰""陈秋芬""崔佳妮"等。它通常使用于由专人负责值守的电话,或是专人使用的电话。

其五,报出通话人的全名与所在具体部门的名称。例如,"财务处刘金戈","外交学院李丽群",等等。它主要适用于内线电话或由总机接转的电话的使用。

其六,报出通话人的全名与单位的全称以及具体部门的名称。例如,"四方中学党委陈文梅""市第一小学校长办公室吴一苇"等。它主要适用于较为正式的对外电话联络。

以上六种类型的自我介绍,通常均应在通话双方相互问好之后使用。一般而言,其中尤以第六种类型最为正式,它的适用范围也是比较广泛的。

三是双方进行确认。与当面交谈有所不同,若非使用可视电话,则通话在通话之初有必要相互确认一下对方的身份。在许多情况下,即使是熟人之间进行通话亦须这么做。进行确认的具体方式有二:其一,双方自我介绍。其二,相互之间进行了解。后一种方式,主要是在通话的另一方未做自我介绍时使用。拨打电话的一方,可以下述方法之一发问:"请问是北大考古系吗""请问于萍小姐在不在",或"我想与贵校的负责人说话"。

接听电话的一方,则可以询问对方:"您想找哪个部门""您找谁";也可以询问:"请问您是哪一位""请问您如何称呼"。

2. 通话中途时的规范

通话中途,是打电话的第二个阶段,也是其核心阶段。在这一阶段中,通话双方既要讲究礼待对方,表达好自己的意愿,又不可不注意一些非常重要的具体细节问题。

一是内容紧凑。在工作岗位上与人通话,主要是为了服务于人,教师对于这一点务必要谨记在心。在一般情况下,通话时除了互致问候之外,不宜谈论与本意无关的话题。在接打电话时与通话对象东拉西扯、大聊其天,是一种缺乏个人修养的表现。当对方对此类内容冷漠时自己依然故我,则更是不恰当的。

二是主次分明。在相互问好之后,通话双方即应立即转入主题。此时,拨打电话的一方应当单刀直入地告诉对方为何而打电话。有什么事情,有几件事情,都应当首先讲得一清二楚。例如,可以告知对方:"有一件事情想和您商量一下""有两件事情需要通知你"等。应当首先给对方一个整体印象,接下来再把自己预先声明的几件事情依次叙说一遍,以做到主次分明、有条不紊。

三是重复重点。在通话过程中,为了确保重点内容被对方理解得明白无误,必要之时应对其加以适当的重复。诸如时间、地点、价格、数据、号码等等,通常都是在通话之中应予重复的重点。在通话之中,教师遇上自己认为的重点之处,即应告知对方:"请允许我重复",而不要不管不顾,或是冒昧地询问对方:"你能不能听清楚""记住了没有"。在事关重大之时,对重点内容可以重复再三。为确保万无一失,可以不避忌讳地恳请对方"请您重复一遍"。

四是积极呼应。通话时间如果较长,或者通话之中的一方以较长的时间叙说某桩事情时,另外一方必须全神贯注、认真倾听。不论自己认为对方谈论的东西是否重要,或者自己对此有无兴趣,都不可以长时间地沉默无语,对对方不进行任何配合。如果长时间地在接听电话时一言不发,往往会使对方怀疑自己听得很不专心,甚至根本没有在接听。在通话期间,欲使对方感觉自己始终都在专注地进行倾听,则不妨在此过程之中经常以适当的短句对对方应声附和一下。这类短句常用的有:"是,是的""好的,好的""肯定没错""是这么回事""请您继续说""真跟您说的一样"等。

五是代接电话。在工作之中,教师在接听电话时往往会遇上这种情况:拨打电话者希望找到的人暂时不在现场。在这种情况下,帮助对方,是教师一种义不容辞的义务。接听电话后,如果发现对方所找非己,亦应一如既往地保持友好的态度,不要语气大变,立即挂断电话,更不要对对方的其他请求一概拒绝。

一般而言,教师在代接电话时会碰上以下三类情况:

其一，对方要找的人就在附近。此时，应告知对方稍候片刻，然后立即去找。需要注意的是，不要立即大声喊人，不要让对方等候过久，也不要直接询问对方与所找之人是何关系，找他到底有何公干。

其二，对方要找的人已经外出。此时，应首先告知对方他要找的人已经外出，然后再去询问对方：来系何人，是否有事需要转达，或者愿不愿意留下姓名和电话号码。对方如有事需要转达，应认真记录下来，并尽快予以转交。如果事关重大，则最好不要再委托他人代劳，以防泄密。

其三，对方要找的人不便接听。有些时候，对方找的人正在忙于他事，不便立即接听，此刻代接电话的人可以实相告于对方，或者告知以他要找的人已暂时外出。随后，可询问一下对方要不要自己代劳，或者要不要替双方预约个方便的通话时间。

3. 通话告终时的规范

通话告终，是通话的第三个阶段，也是最后一个阶段。在这一阶段上，通话双方都应当遵守基本的礼仪规范，以便使双方的通话修成正果，善始善终。在通话告终之时，通话双方应当遵守的具体的礼仪规范，主要涉及下述五个方面。

一是再次重复重点。在通话即将告终之际，拨打电话的一方在自认为必要的情况下，可将通话内容的重点再次向对方复述一遍。为避免给对方以烦闷之感，在重复时应多多采用礼貌用语。接听电话的一方，有时也可以这么做。

二是暗示通话结束。通话的双方，其中尤其是负责中心通话的一方，皆可首先向通话对象发出结束通话的暗示。例如，"您还有什么吩咐""那就这样吧""我要讲的就是这些""还有没有别的事情"等。

三是感谢对方帮助。在通话之中，如果自己的请求得到另外一方的满足，或者对方直接给予了自己一定程度的帮助，则在即将结束通话时，勿忘向对方正式地进行一次道谢。

四是代向他人问候。假定通话双方已是旧交，那么双方在通话结束之前，不妨相互问候一下对方的同事或家人。如长期未曾谋面或通话，则更应当这么做。

五是互相进行道别。结束通话的最后一句话，应当是通话双方互道"再见！"在任何情况下，这句话都是人们在通话告终之际不可缺少的。假定不讲这一句话，教师的电话礼仪水准就会因此而打折。

二　电话书面用语

教师在进行电话通话时，往往还需要使用一些书面用语。作为口头用语的补充，有时书面用语还有可能跃升为主角。在通话时利用书面用语，主要应注意下列三个方面的问题。

（一）做好电话记录

教师在与交往对象或其他人互通电话时，尤其是在接听对方打进来的电话时，经常需要对对方的电话进行必要的记录,用以备忘。在进行电话记录时,除了要选择适当的记录工具之外,最重要的,是要力求记好要点内容,并在记完要点之后进行核实。

按照常规,在进行电话记录时,其内容大致上应当包括"六 W"在内。所谓"六 W",即以"W"为其拼写字母之首的六个关键的英文单词。

1. "Who"

"Who"的含义即"什么人"。它应当包括对方的姓名、单位、部门、职务、电话号码,等等。在记录总机接转电话或外地电话时,分机号码与电话区号、国家代码皆不可缺少。

2. "When"

"When"的含义即"什么时间"。它应当包括对方打来电话的具体的年、月、日、时、分。必要时,还必须记下通话所用的时间长度。

3. "Where"

"Where"的含义即"什么地方"。它应当包括对方所在的地点,以及接听电话者当时所处的具体地点。

4. "What"

"What"的含义即"什么事情"。它主要是指通话时双方讨论的具体事情。

5. "Why"

"Why"的含义即"什么原因"。它所指的是,通话的主要原因,或者双方所讨论的某些事件的前因后果。

6. "Which"

"Which"的含义即"什么处理方式"。它一般指的是进行电话记录的一方,事后对记录所做的处理。

(二) 管好电话记录

做好电话记录之后,还须认真进行妥善的管理。只做记录而不事管理,往往会使自己前功尽弃。

要管好电话记录,主要要求经手办理此事的教师认真注意如下四点。

1. 精心保管

做好电话记录之后,一定要将其精心加以保管。切勿随手将其乱扔乱放,从而在需要它时难于找寻。有鉴于此,尽量不要在碎纸或便条上进行重要的电话记录。

2. 认真保密

对于重要的电话记录,尤其是当其涉及行业秘密之时,务必要严格地进行保密。在一般情况下,单位专用的电话记录簿须由专人负责保管。不准将其广为传阅,或者随意向外界披露。未经允许,教师不得随意翻阅本单位专管专用的电话记录簿。

3. 及时处理

进行电话记录后,有关人员应及时对其进行必要的处理。该汇报的要汇报,该转告的要转告,该办理的要办理。要注意时不我待,不准随意拖延处理时间。在交接班时,有关负责人员要认真做好未曾处理的电话记录的交接。

4. 迅速反馈

有关人士在接阅电话记录后,应尽快对需要着手办理的事宜进行处置。必要时,要向有关人士通报处置情况。对于尚不清楚的情况,可再进行必要的了解。

(三) 善于利用传真

目前,许多学校与家庭都在使用电话传真一体机对外保持联络。在使用传真时,应注意以下三点。

1. 掌握功能

假如对传真的主要功能了解不够,就难以使其真正发挥好作用。例如,图案、表格的传真效果通常欠佳。它们均有可能失真,因此需要慎用。

2. 拟好文稿

用来传真的文稿,一定要简单明了,以便节省费用。无关大局之事,一般不必利用传真。书写传真稿时,字体要大而清楚,并要保持适当的间隔与行距,不然发送之后就有可能不够清晰。

3. 联络确认

为防止失误,发出传真前,应先向接收方拨打电话。这样做,既是为了确认对方号码是否有误,也是为了告知对方准备接收。传真发送完毕之后,如有必要,亦须再次拨打电话查询一下:对方是否已经收到。

第五节　网络用语

随着信息技术的不断发展和电脑应用的普及,网络在人类的生产、生活中扮演着越来越重要的角色。在我国,网络已逐渐成为人们在人际交往中所使用的一种高效便捷的基本工具。目前,在各类学校里,办公与教学的现代化与网络化早已是大势所趋,势在必行。

教师不论在工作中还是在生活里使用网络,同样都有必要遵守网络礼仪。一般而言,它指的是人们在使用网络时所应当遵守的一系列具体规则。

一　基本的规范

平时,教师在使用网络时,应当遵守如下一些众所周知的基本规范。

(一) 公私分明

教师所在单位的电脑是办公的工具,因此教师在因公使用网络时必须明确自己的上网目的,做到公私分明,不可利用工作之便为个人私利服务。为了做到这一点,必须要遵守"公款公用"和"因公上网"等两项基本原则。

1. 公款公用

教师在所在单位不准利用公款公务之名购买个人电脑、软件,或支付因私上网的费用。给教师配备手提电脑时,应当严格按规定行事,不准浪费国家财产。不准借办公条件现代化之机和提高个人业务水平之名,利用公款参加各种纯属个人目的的电脑知识、技能培训。

2. 因公上网

任何情况下,教师都不准占用公家电脑私人使用;不得以之为个人谋利,如收发私人电子邮件,玩网络游戏,进行"网上约会"等。尤其不准在闲暇时间利用单位配给自己的手提电脑进行娱乐,或做其他任何与公务无关的事情。

在实际工作中,违背上述规定的现象时有发生。类似的做法不仅使公用电脑和网络无法在工作中发挥应有的作用,而且还会令某些教师迷恋于网上的"私人作业",往往会大大降低其工作效率。

(二) 控制时间

人们在利用网络执行公务或进行私人活动时,都有必要注意时间的把握,做到择时上网,适度上网。

1. 择时上网

在某些特殊条件下,不少单位使用网络时,往往会占用电话线路,而电话又是它们最常用的对外联络工具,因此,人们必须对上网时机的选择明确把握。如果时机不当,例如,在平时电话联络繁忙的时段上网,就会妨碍本单位的对外交流。此举不仅是对他人的不敬,而且还会影响公务的正常办理。

2. 适度上网

使用网络,本是为了提高工作效率,或增加知识、娱乐休闲。但如果人们长时间使用网络,甚至不分昼夜地上网,就会增加自己的开支,而且还有可能损害个人身体。

(三) 确保安全

因工作的需要,教师可能掌握着一些国家机密或单位秘密,为此在使用网络这种极易广泛、迅速传递消息的交际工具时,必须谨言慎行,切不可掉以轻心、泄露机密。

1. 严守秘密

在上网时要注意严格保守国家机密或单位秘密,不可把国家机密或单位秘密当成自己所可以炫耀的资本加以传播。要尽量避免在网上谈及与自己所知机密相关的话题,更不可借网络这种高效的传播渠道故意泄密。配有手提电脑者,则应当谨慎地保管电脑,不得随意将电脑借给他人使用，以免电脑中有关的试题等机密材料外泄。为防万一，应对重要的资料采取严格的加密措施。

2. 防范"黑客"

使用网络时，一定要防止"黑客"的入侵与破坏。所谓"黑客"，即指采用非法手段侵入网络服务器的人。"黑客"往往凭借其高超的计算机知识和网络操作技术进入重要机构的服务器，或偷窃机密，或擅改程序，造成网络混乱，并借机谋利，进行高科技犯罪。

二　具体的要求

除了上述规则外，教师在使用网络时还必须对一系列网上漫游的具体要求予以严格的遵守。

在这些要求中，有的涉及网络使用操作的具体步骤、程序、方法等，是关于"必须怎么样"的网络"法律"问题，如不遵守，就无法使用网络。有的则涉及"应该怎么样"一类的网络"道德"问题。这些规则虽不具有强制性的约束力，但仍要求人们严格遵守。对教师来说，对这些"道德性"规则的遵守，将有助于教师自身形象的维护。

下面就以收发邮件和查阅资讯等教师最常用的操作方式为例，对使用网络的一般性规则予以阐述。

（一）收发邮件

电子邮件，即通过计算机网络在用户之间传递的各种信息。迄今为止，电子邮件是最为方便、快捷的通讯方式之一。

收发电子邮件是教师利用网络办公最常见的内容，也是其最重要的方式。在收发电子邮件的不同阶段，教师务必要遵循一定之规。

1. 撰写与发送

电子邮件的撰写与发送，皆有一定之规。

一是在撰写电子邮件时，尤其是在撰写多个邮件时，应先在脱机状态下撰写，并将其保存于发件箱中。然后在准备发送时再连接网络，一次性发送。

二是利用网络办公时所撰写的必须是公务邮件。不可损公肥私，将本单位邮箱用作私人联系途径之用；不得将本单位邮箱地址告诉亲朋好友。

三是在地址板块上撰写时，应准确无误地键入对方的邮箱地址，并应简短地写上邮件主题，以使对方对所收到的信息先有所了解。

四是在消息板块上撰写时，应遵照普通信件或公文所用的格式和规则。邮件篇幅不可过长，以便收件人阅读。

五是邮件用语要礼貌，以示对对方的尊重。撰写英文邮件时，不可全部采用大写字母，否则就像是发件人对收件人盛气凌人的高声叫喊。

六是不可随便发送无聊、无用的垃圾邮件,以免增加网络的拥挤程度。

七是要保守国家机密与本单位秘密。不可发送涉及机密内容的邮件,不得将本单位邮箱的密码转告他人。

2. 接收与回复

接收与回复电子邮件时,通常应注意以下几个具体之点:

一是应定期打开收件箱。最好是每天都查看一下有无新邮件,以免遗漏或耽误重要邮件的阅读和回复。

二是应及时回复公务邮件。凡是公务邮件,一般应在收件当天予以回复,以确保信息的及时交流和工作的顺利开展。若涉及较难处理的问题,则可先电告发件人业已收到邮件,再择时另发邮件予以具体回复。

三是若由于因公出差或其他原因而未能及时打开收件箱查阅和回复时,应迅速补办具体事宜,尽快回复,并向对方致歉。

四是不要未经他人同意向对方发送广告邮件。

五是发送较大邮件需要先对其进行必要的压缩,以免占用他人信箱过多的空间。

六是要尊重隐私权,不要擅自转发别人的私人邮件。

3. 保存与删除

在正常情况下,应当注意电子邮件的保存与删除。

一是要定期整理收件箱,对不同邮件分别予以保存和删除,不可使邮箱过于拥挤。

二是对需要保存的邮件,应当复制成其他形式,更为安全地保留下来。具体来说,既可复制在硬盘或软盘上,也可打印成稿,与公文归为一类。

三是要及时清理删除毫无用处的垃圾邮件,或已无实际价值的公务邮件,以及已被复制的其他公务文件。

(二) 查阅资讯

出于工作需要,人们往往会上网查阅一些重要的新闻或资料。一般而言,资讯的查阅大都通过万维网等途径进行。上网查阅资讯,通常也有一定之规。

1. 做好准备

在上网前,对于自己所要查找的内容和所要登录的网站应有大致了解,并提前做好记录、下载或打印的准备。目标明确后,上网时就能直奔主题,而不至于在网上漫无目标地查找。

2. 提高效率

在网上查阅资料,需要一定的技巧和方法。人们应当熟练地掌握、运用这些技巧和方法,从而提高办公效率、节约费用。对于所需要的资料可及时下载,而不宜在网上长时间游览。

3. 独善其身

在网上经常会遭遇到一些虚假或失实的消息广泛传播，甚至有黄色、反动等非法的内容混杂于其间。网络使用者要保持清醒的头脑，增强辨识能力，不要轻信他人所言，更不要人云亦云、以讹传讹，甚至主动发布假消息以致谬种流传。转载、复制、应用有版权的文字或图片时，需要首先征得版权人的同意。不要制造或传播网络病毒。

4. 文明交流

在网上与人交流时，应确保用语的规范和文明，不得使用攻击性、侮辱性语言。此外，网络沟通拥有一整套自身独特的语言符号系统，人们应当对其加以了解，并谨慎使用，以免因对方不解进而导致交流受阻。与此同时还应对此熟练掌握，以便能够理解他人之所言。

5. 言语有度

为维护自身形象和本单位的形象，网络使用者切不可以学校或部门名义在网上任意发表个人对新闻时事的看法，尤其不能发布假消息或泄露国家机密、单位秘密。此外，不得在网上从事不法生意并招揽客户；不要任意链接他人站点的内容；不要随便散发不属于自己的信息。

除了收发邮件和查阅资讯外，互联网还能为人们提供其他各种服务，如网上聊天、网上购物、电子公告板等。人们享用这些私人项目虽然可以自行其是，但仍须遵守一定之规。例如，进入聊天室前应先打招呼；不要频繁更换别名；不要说话啰唆；不要使用污言秽语；不要骂人；不要嘲笑、讽刺、诋毁、攻击别人；不要说谎骗人；不要传播虚假信息；不要制造危害社会的信息；不要随便进行网络约会；玩网络游戏时不得以各种方式作弊等。事实上，人们在其实际工作与生活里所应遵守的一些行为准则，同样也适用于貌似虚拟的网上交流。总之，每一位当代的教师"网民"都应自觉地成为一位有知识、有技术、有道德的文明人。

本章小结

- 本章讲授的是教师的语言文字规范。它是教师在与他人沟通时所必须遵守的基本礼仪规范。它的基本要求是：实现完美性、规范性与技巧性的统一。
- 本章第一节讲授的是礼貌用语。它要求教师对其掌握特点，并区别使用。
- 本章第二节讲授的是文明用语。它要求教师称呼恰当、口齿清晰、用词文雅、主题正确、方式恰当。
- 本章第三节讲授的是书面用语。它要求教师在使用书面语言时正确无误、工整清晰、内容完整、简明扼要。
- 本章第四节讲授的是电话用语。它要求教师在使用电话时对其口头用语与书面用

- 语均予以规范。
- 本章第五节讲授的是网络用语。它要求教师在利用网络时检点个人行为、语言规范得体。

练习题

一　名词解释
1. 语言
2. 岗位用语
3. 礼貌用语
4. 文明用语
5. 书面用语

二　要点简答
1. 为什么说"言为心声"？
2. 在工作岗位上为何要讲普通话？
3. 怎样使用礼貌用语？
4. 怎样使用文明用语？
5. 怎样使用书面用语？
6. 怎样使用网络用语？

第四章 师　缘

内容简要

师缘，在此是指教师在其工作、生活之中的人际交往与人际关系。对教师而言，处理好人际关系，不仅是其岗位要求，而且也是其为人师表的应有之义。本章所讲授的内容，包括校园交往、友邻交往、家庭交往、涉外交往、媒体交往等方面的具体礼仪。

学习目标

1. 妥善处理好自己的人际关系。
2. 树立正确的人际交往的相关理念。
3. 掌握基本的人际交往技巧。
4. 尽可能地扩大交际圈。
5. 避免在人际关系上陷于被动。

革命导师马克思尝言:"人的本质……是一切社会关系的总和。"③在现代社会上,每一个人都必须同他人打交道,每一个人都有必要妥善地处理好自身的人际关系。在现代社会中,教师亦须参与人际交往,教师亦应处理好其人际关系。

师缘,在此是指教师因其工作与生活需要所必须处理的人际关系。人生一世,相逢即是有缘,交往即有关系。珍惜师缘、重视师缘,妥善处理自身的人际关系,是每一名教师进行自我完善的应有之义。

第一节 校园交往

就具体时间与空间而论,教师平时的人际交往主要是在校园之内进行的。因此,重视校园交往、规范校园交往,是每一名教师均应置诸首位的人际交往的基本问题。

一般而言,教师在校园之内所需要面对的人际关系,主要包括师生关系、教师关系、集体关系等三种。在具体处理这些方面的人际关系时,教师既要维护自身形象,又要遵守相关的礼仪规范。

一 师生关系

如果说校园交往是一名教师平时最主要的人际交往的话,那么则可以说师生关系是一名教师所面临的各种校内外人际关系中最基本、最重要的人际关系。

所谓师生关系,在此是指教师与学生之间的相互关系。作为一种人际关系,师生之间自然会相互影响、相互作用。但是这种相互影响、相互作用却具有其特殊性。从总体上讲,教师对学生的影响与作用,主要体现于为人师表、善待学生等方面。学生对教师的影响与作用,则主要体现于听从教诲、学而不厌、尊重教师等方面。

在处理师生关系时,教师既要明确自己所处的教书育人的重要位置,又要在为人师表、善待学生等诸方面对自己从严要求。

(一)为人师表

教师是学生获取知识的源泉,是学生人生之路上的向导,同时也是学生为人处世的楷模。作为人类灵魂的工程师,教师有责任、有义务时时处处为人师表。

具体而言,在为人师表方面,教师平时主要应当从恪尽职守、完善自我、严于律己等方面好自为之。

1. 恪尽职守

唐代文学家韩愈在《师说》中有言:"师者,所以传道、授业、解惑也。"

《中华人民共和国教育法》规定:"教育必须为社会主义现代化建设服务,为人民服务,

---

③ 《马克思恩格斯选集》,第1卷,北京:人民出版社,1995年版,第56页。

必须与生产劳动和社会实践相结合,培养德智体美劳全面发展的社会主义事业建设者和接班人。""教育活动必须符合国家和社会公共利益。"《中华人民共和国教师法》则规定我国教师应当履行如下义务:"贯彻国家的教育方针,遵守规章制度,执行学校的教学计划,履行教师聘约,完成教育教学工作任务;""对学生进行宪法所确定的基本原则的教育和爱国主义、民族团结的教育,法制教育以及思想品德、文化、科学技术教育,组织、带领学生开展有益的社会活动"。

凡此种种,都是教师的神圣天职。在恪尽职守方面,对教师的具体要求有二:

一是认真工作。即认认真真、踏踏实实把自己的本职工作做好。

二是勤奋工作。即勤奋地、努力地把自己的本职工作争取做得好上加好。

2. 完善自我

平时,教师的基本任务是教书育人。但是,在教书育人的过程中,教师自身也需要不断地充实提高、自我完善。所谓"教学相长",假使教师故步自封、自以为是,不能够与时俱进、不断地进行自我完善,就难以更好地为人师表。

要求教师进行自我完善,其具体要求有四:

一是不断地更新专业知识。时代在变化,知识在更新,教师亦须不间断地学习专业知识、更新专业知识。

二是不断地钻研教学方法。对当代多种崭新而有效的教学手段、教学方法、教学经验,教师亦有学习的必要。

三是不断地了解学生与社会需要。邓小平同志曾经要求:"教育要面向现代化,面向世界,面向未来。"④不了解社会与学生的实际需要,显然不能更好地为学生服务。

四是不断地学习党和政府的教育方针与相关政策。及时学习并掌握党和政府的教育方针与相关政策,不仅可以更好地与党和政府保持一致,而且也有助于更好地完成教学任务。

3. 严于律己

《中华人民共和国教师法》规定:"遵守宪法、法律和职业道德,为人师表",是教师所应当履行的义务之一。作为一名从事崇高、神圣事业者,教师必须严于律己。

在严于律己方面,对教师的基本要求有三:

一是做合格的公民。在社会上,教师首先是一位公民。作为一名中华人民共和国公

---

④ 《邓小平文选》,第3卷,北京:人民出版社,1993年版,第35页。

民，教师理当"爱国守法、明礼诚信、团结友善、勤俭自强、敬业奉献"。⑤

二是做称职的教师。在学校里，教师理当尽心尽力、认真做好本职工作。一方面，要按时、保质地完成教学任务；另一方面，则要培养学生、爱护学生、关心学生。

三是做社会的楷模。在平时，教师有必要内强素质、外塑形象，在各个方面严格要求自己，争取做一个高尚的人、一个纯粹的人、一个有教养的人、一个脱离了低级趣味的人、一个真正地有益于国家和社会的人。

（二）善待学生

在校园里，在教师的工作岗位上，学生既是教师的主要交往对象，又是教师的基本工作对象。子曰："仁者，爱人。"作为一名教师，理当无条件地善待学生。善待学生，就是教师所给予学生最大的厚爱。

在师生交往中，教师善待学生，应具体体现于学生为本、尊重学生、爱护学生等三个方面。

1. 学生为本

在师生关系中，有必要首先明确双方之间孰主孰次。这一问题，直接关系到教师对学生的根本态度。

当代中国，是一个实行社会主义制度的国家。在社会主义中国，人民群众是国家的主人，人民政府则推崇"以民为本"、为人民服务。显而易见，在社会主义中国的师生关系中，教师必须"以学生为本"。"以学生为本"，是社会主义教育事业的应有之义，也是对教师从事教育工作的基本要求。

在具体处理师生关系时贯彻"以学生为本"的原则，主要应当强调如下两点。

一是平等相待。在校园里，尤其是在学生面前，教师确有必要维持其师道尊严。但是，这并不意味着教师高高在上、与学生处于不平等的位置。与此相反，在师生交往中，教师必须对学生平等相待。其一，在人格上平等。其二，在政治上平等。其三，在知识面前平等。其四，在真理面前平等。

二是服务学生。必须强调的是，师生关系既是一种合作关系，更是一种服务与被服务的关系。既然师生关系属于一种服务与被服务的关系，那么教师就必须明确自己服务于学生的具体身份。为学生服务时，教师必须诲人不倦、不厌其烦，尽力满足学生的各种正当要求。

2. 尊重学生

子曰："礼者，敬人也。"在处理师生关系时，教师理当礼待学生。礼待学生的基本要求，就是教师要诚心诚意、全心全意地尊重学生。

在日常性的师生交往中，教师对学生的尊重应具体体现于下述两个方面。

---

⑤ 《公民道德建设实施纲要》，《人民日报》，2001年9月21日。

一是在行动上尊重学生。在师生交往中,教师必须以自己的实际行动尊重每一名学生。下述"六不",尤其需要付诸实践。其一,不训斥学生。其二,不辱骂学生。其三,不讽刺学生。其四,不怠慢学生。其五,不蔑视学生。其六,不体罚学生。

二是在态度上尊重学生。教师对学生的尊重,必须做到表里如一。在态度上,教师必须对学生予以尊重。其一,尊重学生人格。《中华人民共和国教师法》规定:教师有义务"尊重学生人格"。此点不容置疑。其二,重视师生交流。在师生之间,有交流,才有了解。有交流,才能沟通。教师主动进行经常性的师生交流,实质上就是"以学生为本",就是在态度上尊重学生。其三,听取学生建议。对学生有益的意见与建议,教师不仅要重视,而且还要及时予以听取或采纳。

3. 爱护学生

《中华人民共和国教师法》规定:教师有义务"关心、爱护全体学生",以"促进学生在品德、智力、体质等方面全面发展"。爱护学生,既是教师善待学生的具体体现,同时也是教师的基本职责之一。

在师生交往中,教师对学生的爱护应主要体现于以下三个方面。

一是学习上从严要求。所谓"严师出高徒",在学习上,教师必须对学生高标准、严要求。在学习上对学生降低标准、得过且过,实质上就是对学生最大的伤害。

二是生活上予以关心。一般而言,学生生理上不成熟、心理上较脆弱、经验上不丰富,在生活中难免遇到这样或那样的问题。身为人师,教师有义务在生活上对其加以关心,并给予其正确的指导。

三是权益上加以维护。《中华人民共和国教师法》规定:教师有义务"制止有害于学生的行为或者其他侵犯学生合法权益的行为"。与此同时,教师亦不得从事有害于学生的行为或者其他侵犯学生合法权益的行为。

二 教师关系

在校园里,教师之间朝夕相处、情同家人。在社会上,教师之间常来常往、互相促进。因此,处理好教师彼此之间的相互关系,亦是教师正常地进行其校园交往的应有之义。它既有助于展现教师个人的良好教养,又有助于教师做好其本职工作。

在校园内部,教师关系可以主要划分为上下级关系与同事关系。

(一)上下级关系

学校内部的上下级关系,在此是指职位高者与职位低者彼此之间的关系。它属于垂直型的人际关系。由于当事人所站的角度有所不同,它又具体可以分为下行关系与上行关系。

1.下行关系

所谓下行关系,是指作为上级的当事人所必须处理的与自己下属彼此之间的关系。它所讨论的,实际上主要是如何才能当好领导者的问题。

在校园交往中要想处理好自己与下属之间的关系,或曰想要当好领导者,应予重视的礼仪规范主要有六点:

一是以身作则。不论做什么事情,作为一名领导者,都必须身先士卒。倘若"对别人马列主义,对自己自由主义",则将毫无威信可言,而且必定会一事无成。

二是平等待人。当领导的人,最令下属反感的莫过于拉帮结伙、任人唯亲。要想成就一番事业,就一定要搞五湖四海,要唯才是举、任人唯贤、平等待人。

三是礼遇下属。对待下属,一定要"礼让三先"。就本质而论,所谓礼者,理也。以"礼"服人,既要讲原则,又要讲礼貌。不要随心所欲地批评、挖苦、训斥、责骂下属,更不要侮辱对方的人格。

四是关心下属。"关心群众生活",是赢得下属人心的最佳方法,同时也是领导者的本职工作。因此领导者有必要将下属的冷暖挂在心上,并主动为对方排忧解难。

五是信任下属。对下属而言,最需要的是领导者的尊重。而对对方最好的尊重,则当属信任对方。"士为知己者用",就是下属对领导者信任的回报。

六是接近下属。领导者不要自封为"尊者",不要高高在上,不要脱离群众。在可能的条件下,要主动接近下属,与对方交朋友,对对方知无不言、言无不尽、上情下达。这样做,下属不仅会更尊重领导,而且还会更体恤上情。

2.上行关系

所谓上行关系,在学校内部就是指作为下属的当事人所面临的与上级彼此之间的关系的处理,其实质是怎样当好被领导者的问题。

在学校内部,要处理好自己与上级之间的相互关系,换言之要当好一名被领导者,需要注意的礼仪规范主要有以下五点:

一是尊重上级。在学校中,要搞好学校管理,就必须树立各级领导的权威,确保其有令必行。必须牢记:在工作中,上级永远是正确的。不要因为个人恩怨而泄私愤、图报复,不要有意同上级唱反调、有意损害其威信。

二是支持上级。只要有利于本校的发展,有利于做好工作,就要积极主动地支持上级,配合上级开展工作,"一切行动听指挥",无条件地服从上级,确保本校上上下下都拥有一流水准的良好执行力。能够主动替上级分忧的人,定能使上级"过目不忘""心领神会"。

三是理解上级。有道是"人人都有一本难念的经",上级自然也是如此。因此"理解万岁"这句话,在处理自己与上级关系的问题上同样是适用的。在工作中,应尽可能地替上级着想、为上级分忧,并善于进行换位思考,而不是"我"字当头,不是有意为难上级。

四是保持距离。不论自己同上级的私人关系有多么好,哪怕双方存在着亲戚关系、朋友关系或同学关系,在工作中也要公私分明。在学校内部,同上级关系过分亲密,特别是有意宣扬这一点的做法,是非常犯忌的。

五是不卑不亢。平时,教师不要有意跟上级"套近乎",切忌对上级溜须拍马。同时也不要走另一个极端,不要把上级放在眼里。上下级关系,本质上属于一种工作关系。自己做下属时,应当安分守己。

(二)同事关系

在学校内部的人际关系中,还存在着一种平行型的人际关系,即平常所讲的同事关系。在处理这一关系时,也有一定的礼仪规范可循。

1. 真诚合作

同事者,一起共事于某单位之谓也。既然大家有幸共同"效忠"于同一所学校,在工作中就应真诚合作,要为同事的工作尽可能地提供方便。不要心怀嫉妒,在工作中有意刁难对方。

2. 同甘共苦

"一个好汉三个帮",相互支持,荣辱与共,本是同事关系中的应有之义。在工作中,切勿享受在前、吃苦在后,不要担子拣轻的挑,更不能在关键时刻充当逃兵。

3. 公平竞争

在工作中,总有先进与落后之分、成功与失败之别。任何人都希望自己能在工作中有所发展,但是一定要做得光明正大,要实行公平竞争。如果搞不正当竞争,在工作中非要跟同事闹"有我没你,有你没我",则是非常错误的。

4. 宽以待人

"人非圣贤,孰能无过"。所谓"有容乃大",对待同事一定要宽和、宽容一些。朋友关系可以选择,同事关系则往往不可选择。为大局着想,教师们在工作中切勿对同事过分刻薄、吹毛求疵。正确的态度应当是:懂得欣赏别人,善于求同存异。

在处理同事关系方面有一大禁忌,即远交近攻,将同事全都看成"洪洞县里无好人"。此种人,在做人方面永远是不会很成功的。他们不明白,团结同事不仅是一种工作上的要求,而且还是做好本职工作的基本保证。

应当指出的是,教师之间的同事关系往往还会越出校园这一界限,而形成于跨校之间、跨省之间,甚至跨国之间,即所谓同行关系。在处理同行关系时,教师所应秉承的基本原则与其处理校内同事关系的基本原则相仿。其基本要求是:尊重;互助;团结;合作。

三 集体关系

校园生活,在很大程度上来讲是一种集体生活。所谓集体,通常是相对于个人而言的,它一般是指由许多个人联合起来所组织而成的一个整体。教师所经常接触的集体既有班级、年级、专业、教研室、系所、学院、学校，又有各式各样的学术团体。它们都是教师在处理其学校中的各种人际关系时，所必须认真予以正视的。

具体而言，教师在其校园生活中所面对的集体关系，又可以区分为个人与集体的关系和集体与集体的关系。

（一）个人与集体

在校园里，每一名教师个人与其所在集体之间的关系，实质上属于一种特殊的工作关系。教师平时所接触到的各种形式的集体，就其总体而言，基本上都属于以教师或学生为主要成员的集体。而这种性质的集体，往往又是联结教师之谊、师生之谊的一种最好的纽带。没有这种纽带的存在，教师之谊、师生之谊往往难以建立。

一般来讲，在处理个人与集体之间的相互关系时，每一名教师既要始终关心集体，又要始终热爱集体。

1. 关心集体

毫无疑问，校园生活并不排斥每一名教师或学生展现其个性、发展其所长。每一所学校，只有培养出富有专长与特色的教师或学生，在社会上才会有其良好的口碑与立足之地。然而，这一切都不应当成为使一名教师对集体漠不关心、麻木不仁的借口。每一名教师，在日常工作与生活里，都必须自觉地关心其所处的集体。

教师对其所在集体的关心，主要应以其实际行动为体现。具体来讲，教师应当在以下三个方面有较为出色的表现。

一是参与集体。教师对其所在集体的关心，首先应当以参与集体作为主要表现。如果与集体保持距离，拒绝参与一切集体活动，对集体的一切事宜不闻不问、漠不关心，是根本谈不上关心集体的。参与集体，在此主要是指教师对集体活动的参与。在参与集体活动时，教师一方面应当是积极而主动的，另一方面则应当是不存在任何附加条件的。只有兼顾了这两个方面，教师参与集体活动才具有其真正意义。

二是支持集体。在任何情况下，教师都要以本人的实际行动对集体表示支持。支持集体，是教师关心集体的一种重要表现。要支持集体，就要主动为其效力。在力所能及的范围之内，要在精神上、物质上、行动上积极替集体排忧解难。要支持集体，还要自觉为其分忧。要从严要求自己，努力完成集体所交付的各项任务，不给集体添麻烦，这些都是为集体分忧的自觉表现。

三是服从集体。个人服从集体，在教师的现实生活中是一条广泛适用的行为准则。在参与集体活动时，倘若个人利益与集体利益发生了矛盾，通常要求个人利益服从于集体的利益；当个人愿望与集体愿望发生抵触时，一般也要求个人愿望服从于集体的愿望。这就是个人服从集体的本质含义。要求教师个人服从集体，主要是反对其崇尚极端个人主义，反对其凡事"我"字当头、个人至上，反对其不注意维护集体利益、不注意服从集体需要。

2. 热爱集体

身为集体的成员之一，每一名教师都要爱护自己所处的集体。教师对集体的爱护，具体应当在以下两个要点上有所表现。

一是维护集体。置身于集体之内的每一名教师，都有责任、有义务悉心对其加以全力维护。教师对其所在集体的全力维护，一方面应当表现为对于集体利益的维护。教师要在为集体创造价值、捍卫集体利益的同时，敢于同损害集体利益的一切行为进行坚决的斗争。另一方面，则应当表现为对集体荣誉的维护。在任何时候，教师都只能为自己的集体争光，而不能为其抹黑。

二是奉献集体。生活在集体之中的每一名教师，都必须对自己所在的集体具有一种强烈的责任感。既要对需要自己所承担的集体工作当仁不让，又要努力为集体多做奉献。对需要自己承担的集体工作，每一名真正热爱集体的教师都不可以躲躲闪闪。为集体多做奉献，每一名教师则更是应当不讲条件、不图回报。为此而同集体讨价还价，则更是不应该的。

(二) 集体与集体

在校园里，当教师参与集体活动时，往往还会身不由己地面对集体与集体之间的关系。集体之间的关系，不仅较为复杂，而且其牵涉面往往也十分广泛。教师在具体处理集体之间的关系时，对下述五点必须慎之又慎。

1. 相互学习

当教师代表自己所在的集体与其他集体进行交往时，不仅要努力维护自己所在集体的声誉，还要注意向其他的集体虚心学习。必须实事求是地看待交往双方的具体情况，并学习对方集体的一切长处。这样做，既有利于自己所在集体的成长与进步，也是对自己所在集体的最好的爱护。

2. 彼此帮助

集体与集体之间，犹如个人与个人之间一样，如果想要友好相处，就必须相互帮助。相互帮助，不仅在客观上真实地体现着集体与集体之间相互依存的关系，而且也是集体与集体友好相处的重要基础。任何一个集体，如果拒绝对其他集体提供帮助，或是拒绝来自其他集体的帮助，必将使自己孤立无援、隔绝于世，从而难以在社会上真正立足。

3. 友好协作

每一个正常的社会集体，只要希望使自身取得成功与发展，就必须争取、创造机会，与其他社会集体进行友好协作。集体与集体之间所进行的友好协作，可以采用一切的合法形式。只要对双方、对社会有利，各种形式的集体协作均可予以考虑。进行集体协作的主要长处有三：一是可以调动有关各方的积极性；二是可以集中力量将彼此的事情办好；三是可以促进各方之间相互关系进一步发展。

4. 公平竞争

集体与集体之间，尤其是同一类型或是面临共同处境的集体之间，难免存在一定的利益之争。对于集体之间的利益纠纷，重要的并不是有意加以否认，而是应当采取正确的态度予以对待。在一般情况下，处理集体与集体之间所存在的利益冲突时，应当提倡公平竞争。在集体之间提倡公平竞争时，有下列两点必须予以注意：一是对合理竞争要鼓励而不要否定；二是在进行竞争时必须强调公平、公正，并要有规可循。

5. 共同进步

在提倡集体竞争时，必须明确的重要一点是：集体之间进行竞争的最终结果，并非两败俱伤、你死我活，而是要相互促进、共同进步。这就是说，在正常情况下，集体与集体进行竞争时，都需要事先设定"双赢""双胜"的终极目标。每一个集体参与集体竞争之时，都必须牢牢记住这一目标，并且围绕这一目标不懈努力。必要时，要善于妥协、善于"求同存异"。

第二节　友邻交往

事实上，与他人结识，并与之保持较为密切的联系，是人类的一种本性。结交他人，既是为了寻觅知音、互相交流，也是为了相互帮助、相互支持。结交他人，虽说有着主动与被动之分，但是在现实生活中不与他人相结交的人却往往是不存在的。

结交他人的具体途径甚多。有时，与他人的结交是因为一见如故。有时，与他人的结交则是因为彼此与对方进行相处，了解逐日加深所致。

在人际交往中，一个人在个人自主、自愿的前提下与他人相结交，并由此而形成的人际关系可以称之为友邻关系。对教师而言，其友邻关系大体上可以分为朋友关系、同乡关系、邻里关系等三种。有时，它们还会相互交叉。

处理朋友关系、同乡关系、邻里关系时，在总体上都讲究推心置腹、以诚相待。具体而言，则又有着各不相同的具体要求。

一　朋友相处

在人们的各种社会关系里，朋友关系是自主性较大、亲密性较强的一种。朋友，亦称友人，一般是指人与人彼此之间通过相互交往而产生深厚的情谊，志同而道合，并且经常保持联络的一种关系。就人的本性来说，每一个人都需要朋友。在社会生活里，一个人假如没有任何朋友，那么他的人际关系至少是不正常和不完整的。

一个人所结交的朋友往往有多有少，各种各样。与朋友进行日常交往时，既要维护友谊，也要不失礼貌。之所以这样做，不仅是尊重朋友，而且也是尊重自己。

（一）择友条件

朋友之间往往互相影响，故此交友理当有所选择，并择善而从之。有道是"近朱者赤，近墨者黑",可见滥交朋友绝非上策。一般来说,择友之时应优先考虑下述五条标准。虽不必苛求对方条条达标,但基本上也不可以降格以求。

1. 志同道合

孔子曾提倡:"道不同,不相与谋。"可见选择朋友时,通常要把双方拥有共同的志趣、共同的爱好、共同的见解列为首要条件。因为"唯有同心人,可与论金铁。"若是友人之间"英雄所见不同",动辄"话不投机半句多",便难有牢不可破的友谊可言。

2. 品德高尚

按照孟子的观点,"友也者,友其德也",也就是说只有选择品德高尚的人做朋友才是正确的。同品德高尚者交朋友的最大益处,是可以将对方作为自己为人处世的榜样,通过耳濡目染、取长补短,获得长进,进而提高自己的道德水准。

3. 知心敢言

汉朝哲学家扬雄说过:"朋而不心,面朋也。"交友之道,贵在知心。真正的朋友之间,应当有话明说,有话实说,知无不言,言无不尽。倘若与朋友心腹相隔,双方交谈时对对方察言观色、投其所好,报喜不报忧,就算不上是真正的朋友。

4. 忠诚可靠

朋友相交,重在真诚,难在忠贞。结交一位朋友,不应当只看对方在自己身处顺境的表现和在自己面前的所作所为;更重要的,是要观察对方在自己身处逆境时的表现和不在自己面前时的所作所为。真正的朋友,应当是生死相依、患难与共、坚定不移、忠诚可靠的。

5. 补己所短

俗语说:"人往高处走,水朝低处流。"结交朋友时,人们大都应当将双方之间所存在的某种程度上的互补性列为一项重要的条件。结交确有所长者,实际上等于替自己找到了一位真正的良师益友,对于自己日后的进步必将大为有益。

(二) 坦诚相交

与他人一旦结交为友,即应与之坦诚相待、热情交往。要成为一名别人的名副其实的朋友,就要在双方相互交往的具体过程中妥善地处理以下五个问题。

1. 互尊互助

俄罗斯伟大的思想家别林斯基曾经指出:真正的朋友,不是把友谊挂在口头上。他们不是互相要求对方一点什么,而是彼此要为对方做一点什么。对待朋友,一方面必须予以尊重,另一方面则又要给予对方以力所能及、不图任何回报的无私的帮助。互尊与互助,是朋友关系的本来含义。

对朋友的尊重,要具体体现在与之相交的整个过程之中。而对朋友的帮助,则讲究的是主动热情,并要求在对方所需要的工作、生活、学业等各个方面尽力而为。

2. 交流信息

交际之所以对现代人无比重要,就在于人们借此机会可以彼此交流信息。对亲密无间的朋友而言,经常性地进行信息交流,则更是彼此之间所应尽的一项义务。孔子曾说:"独学而无友,则孤陋而寡闻。"由此可知交流信息之于交友的极端重要性。

朋友之间的信息交流,重点在于互通有无和于人有益。就被交流信息的具体内容来说,它不应当是家长里短、绯闻巷议、小道消息等信息垃圾,而应当是有助于朋友生活幸福、事业发达的知识性、学术性、时效性信息。

3. 相互砥砺

真正的朋友之间,除了相互关爱之外,还有必要相互批评、相互砥砺。做到后一点,往往比做到前一点要困难得多,但是却更为重要。这是因为,就每一个人的个人成长而言,都是离不开批评与激励的。朋友之间,只有直言不讳、相互规劝,"如切如磋,如琢如磨",才能够共同得以提高。

结交朋友,必须永远使友谊服从于真理。正如苏联作家奥斯特洛夫斯基所言:所谓友谊,首先就是诚恳,就是批评同志的错误。因此,交友之道的主旨,就是要做朋友的诤友。不过应当注意,对朋友批评、砥砺,并非要求越俎代庖,并不是过多地干涉对方的个人自由,而需要注意其具体的方式方法。

4. 患难与共

"路遥识马力,日久见人心。"结交朋友的目的,不应当只是为了与对方共富贵、同欢乐,而是应当能够与对方同风雨、共患难。对于人类而言,"拯救朋友是最高的荣誉。"朋友之间只有患难与共,才谈得上双方存在着真正的友谊。

一个人在遭受困难、挫折时,通常最需要友人的慰藉。而要去战胜困难、挫折,则更需要朋友的支持。巴尔扎克说过:一个人倒霉至少有这么一点好处,就是可以认清楚谁是真正的朋友。要做真正的朋友,就应当义无反顾地在友人遇到困难、挫折时,挺身而出,理解对方,关心对方,支持对方,与对方坚定地站在一起。

5. 与友同乐

好朋友之间,不但提倡"有难同当",而且还应当提倡"有福同享"。自己因为友人的支持、帮助而取得的成功,以及由此而带来的欢乐,理所应当地要与友人一道分享。

结交朋友尽管讲究彼此之间患难与共,但这并不意味着非要让朋友去自找苦吃,非让朋友去替自己承担苦难,或者非要设置困境考验朋友不可。如果真是替朋友设想,就应当对对方不报忧、少诉苦,把欢乐带给对方,把痛苦留给自己。总之,就是要少麻烦对方,少给对方增添负担。这是朋友相交时双方均应具有的一种自觉性。

(三) 维持联络

朋友相交,贵在相知,难在坚持。跟别人交一天的朋友容易,跟别人交一生的朋友则具有一定的难度。如果要想使朋友之间的关系持之以恒,非常重要的一点,就是要设法维持必要的联络。总之,与别人交朋友,而且要做好朋友,双方之间就应当来来往往、有来有往,并且常来常往。

一般而论,下述四项具体措施对于维持朋友之间的相互联络都会有所帮助。

1. 经常走访

如果条件具备的话,朋友之间应当腿脚勤快,彼此经常地上门拜访。朋友之间的相互走访,主要是为了经常保持接触,而并不一定非要拥有明确的目的性。不可否认的是,经常不见面的朋友之间难免会产生疏远之感。而朋友们时常见一见面、聊一聊天,往往会使彼此之间的关系愈加深化。

2. 定期聚会

除了双边交往之外,朋友之间的日常交往通常还可以以多边交往为形式。朋友之间的多边交往,在此指的是三名或三名以上的朋友同时进行交往。其主要的长处,是可以扩大交际面,广泛结交各界朋友。借节假日之便,邀约多名朋友一道举行聚会,例如,举办沙龙、召开舞会、一同游园、相约打球等,都是多边交往的极好做法。在必要时,还可使之定期化。

3. 利用媒介

常言道:"人在江湖,身不由己。"年纪越大、工作越忙的人,恐怕对此越有体会。万一与友人不在一地,或者在较长时间之内无暇谋面的话,切切不可音信杳无,从而令对方惦念。此时此刻,则须主动联络对方。一种行之有效的方法,就是根据自己的不同需要,利用各种信息传播媒介,例如,写信、通电话、拍电报、发传真、寄电子信函等,维持自己与友人之间的经常性联络。

4. 托人致意

有些时候,还可以酌情采取委托他人代为传递信息的方式,例如,转达问候、代传口信、转赠礼品等,与自己久未会面的朋友主动保持联系。委托他人致意这一联络友人的具体方式,既可与上述几种方式并用,亦可单独地在必要之时加以使用。

二 同乡相处

同乡关系,是中国人所普遍重视的一种人际关系。在我国,人们自古以来就把"他乡遇故知"视作人生一大喜事,并且早就有着"亲不亲,故乡人""有事求老乡"等多种说法。

同乡也称老乡、乡亲,通常它是对籍贯相同者的一种泛称。从本质上说,它是以地缘关系为纽带而形成的一种比较特别的人际关系。一般而言,同乡之间相逢未必相识,相识未必深交。然而在人际交往之中,一旦交往双方具有同乡关系,往往便会使彼此之间的心理距离大为缩短。

在当代教师的人际交往中,同乡交往通常是一个重要的组成部分。在处理自己与同乡之间的相互关系时,教师主要应该注意既发展乡谊,又要正常交往。

(一)发展乡谊

民间有言:"老乡见老乡,两眼泪汪汪""一方水土养一方人"。由于我国的地域极其辽阔,因此生长在不同地区的人们,在生活习惯、日常风俗、礼仪规范等方面,往往便多有不同。相对而言,同乡之人在进行交往时,由于大家"出生地"相同,文化背景相近,生活习俗相仿,口音大体相似,往往会令彼此之间在天然上存在一种无形的亲切感、认同感。所以,双方非常容易建立联系,并且非常愿意保持和发展相互之间的这种特殊关系。

1. 重视乡谊

人是具有情感的,乡谊就是人的正常情感的一种。所谓乡谊,一般是指人们相互之间基于同乡关系而建立起来的一种特殊的友谊。在现实生活里,人人都有自己的故乡,所以自然而然也就少不了同乡,离不开乡谊。

对于同乡之谊,包括教师在内的每个人都应当给予应有的重视。从某种意义上来说,一个人若是不讲同乡之谊,不认乡里乡亲,就等于忘记了哺育过自己的故乡,而忘记了自己的故乡就意味着对她的背叛。

教师要重视乡谊,首先需要善待自己的同乡。对于那些早已相识、相交的同乡,要保持联络,互相关照。不要"一阔脸就变,翻脸不认人",不可对不如自己或者有求于自己的人置之不理。需要与同乡进行联系、交往时,不要表现得"穷居闹市无人问,富在深山有远亲",显得自己过于势利。

对于初次进行交往的同乡,或者是上门相认的同乡,亦须依礼相待,并表现得既热情,又主动。不要不愿与对方相认,不可让对方"坐冷板凳",尤其是不要跟对方摆架子、打官腔。

2. 重在乡谊

与同乡进行常规的交往时,无疑应当使之具有得以维持的侧重之点。在一般情况下,必须将同乡交往的重点放在建立乡谊、巩固乡谊、发展乡谊之上。这就是所谓重在乡谊。

同乡之间所进行的交往,自然也提倡交流信息,互相帮助,互通有无。但是,同乡关系既然以乡谊、乡情为基础,那么同乡交往的中心,就应当被有意识地集中同话家乡、怀恋家乡、支援家乡、共建家乡、为家乡出力之上。

事实上,世人"谁不说咱家乡好"。在同乡进行交往之际,"君自故乡来,应知故乡事",大家所共有的家乡理所当然地成为被关注的焦点。对同乡而言,聚也家乡,叙也家乡,议也家乡,思也家乡,爱也家乡,凡此种种,都是再正常不过的事情。

之所以特别强调同乡交往重在乡谊,实际上就是不主张以其他方面的内容作为同乡交往的侧重之点。需要特别指出的是,同乡之间所进行的各种交往也要讲究"君子之交淡如水,小人之交甘若醴",反对使之明显地带有任何功利性的色彩。尤其是要反对以发展同乡关系为名,而大行拉帮结派、另立"山头"、制造无原则的分裂或纠纷之事。

(二)正常交往

如同处理其他方面的各种人际关系一样,教师要想妥善地处理自己与同乡之间的相互关系,最为有效的方法就是要使之正常化,而不是使之特殊化。

使同乡之间的相互关系正常化,实际上就是要求在同乡之间进行正常的交往。只有做到了这一点,才不至于损害同乡关系。就一般状况而言,在同乡之间进行正常交往,主要要求注意以下三点。

1. 保持接触

但凡具备条件,同乡之间就要争取多联络,多接触。在这一基础上,双方之间才有可能保持正常的交往。因为只有彼此之间的接触增多了,同乡之间才有机会加深相互了解,增进同乡之谊。由于具体条件各不相同,同乡之间所进行的接触可以采取任何力所能及、合理合法的形式,关键是要彼此之间多多走动,多多联络。

与同乡进行接触、保持接触,通常最为忌讳的是"现拜佛,现烧香","用人时靠前,不用人时退后"。至于"过河拆桥"的愚蠢做法,则更是同乡相交之大忌。采用那种功利主义的态度与同乡打交道,或许可以得逞于一时,但久而久之必将人所共知,从而失信于天下。

2. 相互关照

同乡交往,与朋友交往一样,都需要双方相互关照。在与同乡进行具体交往的过程中,既要重视同乡之谊,更要讲究相互理解、相互信任、相互关心、相互帮助。对于主动关心、帮助同乡的一方而言,一定要对同乡诚实无欺,不可以趁机"杀熟",更不可以愚弄对方。对于有求于同乡的一方而言,则要讲究自觉,不要"开价过高",使对方勉为其难。

与同乡进行交往时,主动关心对方通常十分必要。对初来乍到的同乡、条件尚差的同乡、身处逆境的同乡、有求于己的同乡,尤其要主动关心、积极爱护,并多多照顾。主动关心同乡,是注重乡谊的一种重要表现。

与同乡进行交往时,主动帮助对方往往也必不可少。实际上,对同乡最大的关怀,就是给予其必要的帮助,协助其解决具体的困难。在帮助同乡方面,不但要讲究力所能及,而且还必须提倡尽力而为,并且不讲任何价钱。

与同乡进行交往时,主动鞭策对方大都是需要的。同乡交往,理当"其嗅如兰",而不应该是"臭味相投"。对同乡的最好的关照,就是要积极引导或推动对方锐意进取,奋发向上。为此,在必要时要善于指出对方的不足之处,并帮助对方尽快予以解决。

3. 积极合作

在提及同乡之间的正常交往时,对其相互合作也不容忽略。同乡称为乡亲,其彼此之间往往在天然上就具有亲近之感,而且双方之间也比较容易找到更多的共同语言。这一"人之常情",实际上为同乡之间进行的合作在客观上提供了可能。反过来说,同乡之间假如建立了某种形式的合作关系，其实又可以进一步地促进彼此双方的同乡之谊。同乡之间的合作，通常可以成为同乡之间进行正常交往的重要基础。

同乡之间所进行的合作，一般主要是事业上的合作。在进行事业方面的相互合作时，同乡之间既要讲究乡谊，也要分清利益。将二者之间的关系理顺了，使乡谊具备一定的物质基础，未必见得不是一桩好事。

寻求同乡之间的合作，切切不可强求硬逼。最好的一种方法，是要因势利导、顺其自然、彼此情愿，并使之各有所需。

三　邻里相处

在日常生活里，每一个人都必须择地而居，因而必然会与自己的居住地及其周围的居民，形成一定的相互关系。邻里，亦称邻居，它就是对上述关系的一种具体表述。严格地说，所谓邻里，是指住处相互接近，或者处于同一区域之内的其他人家。

就教师而言，不论居家、住校，还是租住公寓，都必须认真处理自己与邻里之间的关系。处理邻里关系时，教师重点要关注彼此了解、彼此体谅、彼此关心等三个具体方面的问题。它们通常被称为处理邻里关系的基本之点，亦称"邻里相处三原则"。

（一）彼此了解

民谚有云："远亲不如近邻，近邻不如对门。"可见邻里之间由于接触密切、往来频繁，处理好彼此之间的关系极其必要。如果以邻为壑，拒绝与邻里发生任何联系，是既轻率，又失当的。

要同邻里建立起真正的良好关系，第一要旨是相互之间必须有所了解。相互了解，从来都是处理好邻里关系的基础。因为只有互相知根知底，邻里之间才会相互信任，相互交融。具体而言，在增进邻里之间的彼此了解时，有以下三点注意事项。

1. 主动接近

与邻里相处，重要的是不能甘当孤家寡人，自行与世隔绝。相反，一定要主动地、友善地接近邻里，与对方建立正常关系。不主动接近邻里，就不可能同对方相互往来。而只有接近对方，才有彼此之间的了解可言。具体来讲，接近邻里的方式应当因人而异。相遇时主动向对方打招呼，当对方忙于家务时援之以手，闲聊之时叙叙家常，邀请对方上门做客等，均为可取之法。

2. 掌握情况

跟邻里打交道，首先有必要对对方的基本情况略知一二。只有熟悉了对方的大致情况，才能够更好地与之和睦相处。掌握邻里的基本情况时，需要注意方式，讲究双方自愿，并提倡有来有往，进行双向交流。想要了解对方，就应当同时使对方了解自己。不过，对于邻里的个人隐私以及对方不愿涉及之事，则不宜充当"包打听"，或者"打破砂锅问到底"。

3. 严守口风

关系密切的邻里，往往彼此倾吐衷肠，相互诉说自己的难言之隐与本家私事。对于邻里的信任，必须自觉地严守口风。任何一位有教养的人士，都绝对不可以无视邻里对自己的信任，将对方的个人隐私或者家庭私事视作笑料，或任意广为扩散。若是在邻里之间飞短流长、搬弄是非、喋喋不休，甚至添油加醋，则会自己把自己打入"恶邻"的名册。

(二)彼此体谅

与邻里要搞好关系，就必须与对方彼此之间相互体谅。在邻里之间讲究彼此体谅，首先要相互尊重；其次要宽以待人；最后要自觉自律。与此同时，还必须讲究起码的社会公德。

具体而言，与邻里之间要讲究彼此体谅，重点需要注意下述几个具体方面的细节。

1. 保持卫生

在日常生活里，因为人与人之间存在着互相依存的关系，所以每一个人心里都要常为别人着想，并且在处理个人事宜时优先考虑或者兼顾他人的利益。与邻里相处，亦应如此，尤其是要对与人人相关、户户相关的环境卫生问题给予高度重视。平时，不要在自家的居室门外及其四周乱扔、乱倒、乱撒废弃之物，切勿因此而有碍公共卫生，甚至使之损害街坊四邻的利益。即使"自扫门前雪"，也未必合适。

2. 注意安静

人们的居所，自然主要被用以居住、休息。对这一点，与邻里相处时亦须加以明确。就一般人的居住和休息而言，外来的各种噪声当属最大的一种干扰，甚至被人们所深恶痛绝。因此，平时每一个人在回归自己的居所以后，都要自觉地保持安静，适时、适量地安排在自家居所之内所从事的家务、维修以及娱乐活动，切勿制造噪声扰邻。在常规的节日、假日等例行的休息时间里，特别需要尽量减低自己活动时所发出的声响。

3. 分清财物

在邻里之间，相互帮助是极为必要的。邻里之间的相互帮助，自然不能把财物完全排斥在外。必要之时，向邻里提供包括财物在内的援助或是与其进行财物往来，均为正常之事。但是，平时在与邻里进行正常往来时，切切不可见钱眼开、斤斤计较，不宜过分"唯物"。与邻里打交道时，千万不要贪图小便宜、乱占小便宜。平时向邻里所借用的钱、财、物，一定要有借有还，好借好还，损坏赔偿。为邻里提供帮助时，切勿与其讨价还价，更不可以动不动就与对方"秋后算账"。

(三)彼此关心

邻里之间，通常都需要彼此关心，相互爱护。只有真正做到了这一点，才有可能使邻里关系"更上一层楼"，变得彼此之间更加紧密。具体而言，邻里之间的彼此关心，重点应当表现在下列两个方面。

1. 互相照顾

邻里之间，唇齿相依。邻里之间的互相照顾，对邻里而言本是责无旁贷的。自古以来，中国人在处理邻里关系时，就讲究"一方有难，八方支援"，提倡彼此之间主动照顾对方。正因为如此，古人才有"百万买宅，千万买邻""择邻而居"之说。

邻里之间的互相照顾，讲究的是积极主动。它不应当仅仅只是纸上谈兵，口头上客气一下而已。更重要的是言行一致，善于从日常生活中的点滴小事做起。诸如代为看门，看护老人、孩子、病人，协助料理家务，送医送药等，看起来虽然微不足道，但却是邻里之间互相照顾的不可缺少的具体体现。

2. 热情相助

在生活中，每一个人都难免会碰上一些单凭一己之力所难以应付的难题。在此情况下，他人的鼎力相助，无疑是"雪中送炭"，情暖人心。要是邻里之间人人自私自利，"莫管他人瓦上霜"，大家在生活中所遭遇的困难必将骤增百倍。因此，当邻里碰上困难，特别是当对方求助于己时，每一个人都理当出手相帮，援助于对方，而绝对不可以瞻前顾后、患得患失。总而言之，人求于我时，务必要热情相助，并且尽力而为。

另外一方面，当自己在生活中遇到一般性的难题时，则还是应当以自力更生为主，争取外援为辅，不要动不动就开口求助于人，处处依靠邻里的帮助，事事麻烦邻里代劳。我求于人，总体上还是应当以少为佳。同时，求人者还应当善解人意，细心体谅邻里的难处，不要指望邻里对自己有求必应，更不要迫使对方勉为其难。永远不要忘记，邻里之间的互相帮助，一定要出自两相情愿。

第三节　家庭交往

人生在世，难以离得开家庭。所谓家庭，具体是指以婚姻、血统关系为基础的一个社会单位。通常，每一个家庭都由父母、子女以及其他共同生活的亲属所组成。家庭是社会的基本细胞，家庭关系是人人均须面对的最基本的人际关系。

每一名教师都生活于家庭之中。教师在处理自己的家庭关系时，关键是要摆正本人在家庭中的位置，并恪守自己的本分。具体而言，则应当认认真真地在孝敬长辈、厚待同辈、关照晚辈等三个基本方面并重。

一　孝敬长辈

在所有的家庭关系里，长辈与晚辈之间的关系始终都是一种最基本的人际关系。就当今的一般家庭而言，父母与子女之间的关系又是最重要的长辈与晚辈之间的关系。

作为一名晚辈，教师如何处理自己与家庭成员之中的长辈尤其是父母之间的关系，对于每一个人来讲都是一种考验。常言道："百善孝为先"，任何一名有道德、有良知的教师，在处理自己与长辈尤其是父母之间的关系时，都必须将孝敬对方作为立身之本。

自古以来，"亲慈子孝"就是中国家庭关系的理想模式。作为晚辈，教师对于自家长辈的孝敬通常具有敬重长辈与孝顺长辈等两个方面的含义。从总的方面来讲，教师对自家长辈的孝敬，并不应该仅仅见诸言词，更重要的则是要将其付诸行动。

（一）敬重长辈

在阐述孝的具体内容时，曾子曾经要求："大者尊亲，其次不辱。"这表明教师在处理自己与包括父母在内的其他一切家庭长辈之间的具体关系时，必须以尊敬为先。教师对于家庭中长辈的尊敬，必须做到言行一致、表里如一、一视同仁，并一以贯之。

具体而言，教师对本家长辈的尊敬，主要应当在以下四个方面有所体现。

1. 毕恭毕敬

对于自家的长辈尤其是父母，教师必须以礼相待，讲究规矩，处处尊重有加。不论在任何情况下，都不允许自己的一言一行失敬于对方。

不要因为自己的身份有所变化，就变得忘乎所以，指望就此可以与长辈"平起平坐"，而不再顾忌彼此之间尊卑有别。有道是："儿不嫌母丑，子不厌家贫。"在恭敬长辈方面，晚辈永远都不可以忘本。

不允许没大没小，随意与长辈打打闹闹，甚至毫无边际地乱开玩笑。至于成心取笑长辈，有意令其难堪，则更不可取。

特别应当注意的是，不论当面还是背后，在提及包括父母在内的自家长辈时，务必都要采用尊称。不论对方是否介意，都不可以直呼其名。任意使用诸如"老头儿""老太婆"之类的谑称去直呼长辈，则更是有失庄重。

2. 虚心学习

长辈是人类的智者。长辈所拥有的丰富的人生阅历，是一笔难以估价的宝贵财富。作为晚辈，教师一定要善于利用一切机会，虚心向长辈讨教，以便开阔视野、增长才干。

碰上了难题，或者遇上了麻烦，勿忘"近水楼台先得月"，及时而主动地向自家长辈反映，并应耐心向对方请求指教。长辈不但会乐此不疲，而且的确在许多"大政方针"上富有远见卓识，高人一筹。"家有老，是个宝"，不懂得向长辈虚心学习，实乃一大损失。

长辈对自家晚辈的最大希望，是愿其早日成才。晚辈向长辈求教，自然也是为了实现这一目标。因此，作为晚辈，一定要珍惜机会，学而不厌，孜孜不倦，努力学有所成，以不辜负长辈的厚望。

3. 听从管教

管教自家晚辈，对长辈而言，既是一项天职，又是一种关爱。对来自家长辈的批评与指点，晚辈必须洗耳恭听、来者不拒，并且认真接受。不论从哪一个方面来看，长辈对自家晚辈的管教，都出自善意和真心的爱护。因此，即便长辈的管教稍有偏差，也不允许对其全盘予以否定。

当自家长辈尤其是父母管教自己时，一定要牢记以下三点：一是要虚心服从；二是要表示感激；三是要闻过即改。不允许当场顶撞长辈，不可以无理狡辩、阳奉阴违，或是置之不理。哪怕表面上表现出不耐烦，亦是失敬于长辈的。

不要过分地夸大长辈与晚辈之间的所谓"代沟"，更不要片面地认定长辈无一例外地"守旧""落伍""胆小""庸俗""糊涂"。不知道从自家长辈的管教中取长补短，可谓愚蠢至极。

4. 不分彼此

对于自家的所有长辈，都要给予应有的尊敬，而不允许厚此薄彼。因为作为晚辈，必须对所有自己的长辈恭恭敬敬。

尊敬自家的长辈，首先应当尊敬自己的父母。对于父母不仅不可以疾言厉色，而且还必须尊重有加。

尊敬自家的长辈，其次应当尊敬自己的祖父母和外祖父母。当祖父母或者外祖父母与自己生活在一起时，不应当嫌弃他们，而是应当主动接近他们，并且像对待自己的父母一样去对待他们。

尊敬长辈，最后还应当尊敬自家其他的一切长辈。不论对方与自己的具体关系如何，只要对方是一位长辈，自己就必须执晚辈之礼，对对方处处不失恭敬。

（二）孝顺长辈

孝顺长辈，是中华民族为世人称道已久的一种传统美德。作为炎黄子孙，当代教师理当将这种美德继承下来，并发扬光大。

晚辈对于自家长辈的孝顺，既是一种义务，也是一种情感。它不但要体现在晚辈对长辈的物质照顾上，而且在精神上对长辈的体贴宜应与之并重。"谁言寸草心，报得三春晖。"无论从哪一方面来说，晚辈对长辈的孝顺都是完全必要与应该的。

1. 奉养长辈

对于自家长辈的"滴水之恩"，尤其是父母的"生身之恩"，晚辈自当以"涌泉相报"。在诠释"孝"的本意时，古人曾说："其下能养。"由此可见，奉养长辈尤其是奉养自己的父母，是对晚辈的基本要求，也是其义不容辞的天职。倘若忤逆不孝，遗弃长辈，或者当其需要帮助时对其不理不睬，是天理不容的。

作为教师，在奉养自家的长辈方面，主要应当做好下述三点。

一是帮助长辈。作为晚辈，一定要在必要时主动帮助自家的长辈，使其丰衣足食，在物质生活上没有后顾之忧。帮助长辈，应该有钱出钱，有力出力。对于无依无靠的长辈，尤其是自己的生身父母，一定要主动担负起赡养对方的职责。

二是照料长辈。对于自家的长辈，特别是那些上了年纪的长辈、体弱多病的长辈、孤身一人的长辈,在日常生活的方方面面都要尽力加以照料,并且多加关心爱护。在这一方面,每一位晚辈都应当表现得不遗余力。

三是自立自强。教师要坚持自力更生、自食其力,要学会主动减轻长辈尤其是父母的负担,不要事事让长辈操心、处处让长辈出力。无限度地寄身于长辈的操劳之下,难免会使自己永远"发育不良"。

2. 体贴长辈

长辈之人,尤其是年事已高的长辈,随着其年龄的不断增长,体力与脑力往往会有不同程度的衰退。其中的某些人还会因此而百病缠身,或者行动困难。对于处于上述状况的长辈,身为晚辈的教师们一定要更多地从精神方面对其加以关怀、体贴。

具体而言,对于自家长辈的体贴,主要应当从以下三个方面入手。

一是加强联系。人到老年,最害怕的就是孤独寂寞、离群索居。有条件的话,晚辈应当争取与自家长辈在一起居住。没有条件,也要与之保持密切的联系。要经常抽出一些时间去探望长辈尤其是父母。不方便的话,也要多跟他们通电话,多给他们写信,或者委托他人代劳。

二是汇报思想。在长辈的眼里,自家的晚辈不论年纪多大,永远都是孩子,都需要自己为之操心。有可能的话,晚辈不仅要"常回家看看",而且还要多跟长辈谈谈。向长辈汇报一下自己的成绩,与长辈交流一下思想,甚至主动找长辈聊上一会儿天,都会令长辈喜笑颜开,因为这对长辈而言无异于一次丰盛的"精神会餐",而且还会使长辈感到自己"老有所为"。

三是为国争光。从更加广泛的意义上来讲,报效祖国,为国争光,同样也是晚辈对长辈的一种孝顺,而且往往被视为一种最重要的孝顺。按照中国人的传统看法,"孝,始于事亲,……终于立身。"当晚辈为社会、为国家做出了一定的贡献,得到了社会的肯定和赞誉,便会给自家长辈尤其是自己的父母带来莫大的荣誉。因此,晚辈在社会上努力工作,在事业上发愤图强,努力做出替父母争光、使长辈荣耀的成就,实际上也是在尽孝,并且是对长辈的最好体谅。

二 厚待同辈

在家庭成员中,往往存在着自己的同辈人。同辈,亦称平辈。通常,它泛指一切辈分相同之人。就家庭成员而言,同辈则主要是指与自己存在血缘关系的兄、弟、姐、妹,以及他们的配偶等。进行家庭交往,处理家庭关系,都不可能不去面对自己的同辈。

不论双方之间关系如何,双方之间的具体地位有无差距,双方之间是否互有所求,教师都一定要与自己的同辈"情同手足",并且时时处处厚待对方。

在具体处理家庭关系时,厚待同辈不仅要求真心实意,而且也需要讲究必要的方式方法。一般认为,教师在协调、处理自己与自家同辈的相互关系时,最重要的是要加强团结、互相帮助、促进监督。

（一）加强团结

人们常说："团结就是力量。"对于自家的同辈而言，尤其是兄弟姐妹之间，团结也是头等重要的大事。如果自家人"窝里反"，不讲团结、四分五裂，甚至兄弟反目、手足相残，定会使亲者痛，仇者快。

与自家的兄弟姐妹等同辈家人要想搞好相互团结，不仅要宽以待人，而且还应当彼此谦让。不在这两个方面用心，往往就难以实现真正牢固的家庭团结。

1. 宽厚待人

与自家同辈相处，必须事事以宽大为怀。有道是："亲不亲，一家人。"既然如此，对待与自己情同手足的兄弟姐妹们就绝对不应该事事计较、处处算账，更不可以时时与对方你争我夺、势不两立。

对待自家同辈的宽容大度，通常主要应当在如下两个方面有所体现。

一是待人宽容。对待自家的兄弟姐妹等同辈之人，理当自觉自愿地宽容忍让，不要苛求于对方，更不要蓄意对对方吹毛求疵。特别重要的是，不要听不得对方的逆耳之言，不要见不得对方的逆己之事。当自己与自家同辈发生某种利害冲突时，切勿偏听偏信，听信他人别有用心的是非之言，而去变本加厉地回敬自己的骨肉兄弟。必要的话，要善于容忍自家兄弟姐妹对自己有意或者无意的冒犯。就算是对方的所作所为有负于自己，看在"本是同根生"的情分上，对其也要以宽大为怀。

二是为人厚道。在处理自己与兄弟姐妹等自家同辈之间的关系时，首先应当牢记大家是真正的一家人。不论在家庭内部还是在社会上，面临自己与对方的利益之争时，要懂得吃亏在前、享受在后。这样做，不仅是对"自家兄弟"所应有的表现，而且也会令自家的长辈对自己更加放心。不要在与兄弟姐妹打交道时争强好胜、一味攀比。不能只想沾光，不愿吃亏。那种做法，只能显得自己鼠目寸光，缺乏做人的基本教养。

2. 彼此谦让

谦让于人是一种难能可贵的美德。与自家的兄弟姐妹等同辈之人打交道时，主动谦让于对方，是对于教师的一项基本要求。

古语有云："退一步，地阔天宽。"从形式上来看，在人际交往中主动谦让于人，是一种很大的退让。有时，还可能因此而给自己造成一定程度上的损失。然而从大局方面来看，倘若自己懂得自觉谦让于兄弟姐妹等自家的同辈之人，将会极大地有助于自己与对方之间的相互团结，上无愧于长辈，下无愧于后人，从而必定"物有所值"，得大于失。

与兄弟姐妹等其他同辈人打交道，如同和社会上的其他人打交道一样，往往不可能一点都不涉及彼此之间的物质利益关系。在这一问题上，完全不食人间烟火，对其根本不闻不问，未必是一名正常人。重要的是，一定要持有正确的态度，凡事必须以家庭团结、兄弟和睦这一大局为重。

从原则上讲,教师在财、物等敏感而棘手的问题上,应主动谦让于自家的同辈,主要需要做好下述三点。

一是要多做退让。与自家的兄弟姐妹在算经济账时,要想不伤感情、不伤和气,最明智的办法就是多做让步。要提倡在这一问题上"吃亏是福",牢记"家和万事兴",而切勿与对方斤斤计较、寸步不让。

二是要避免争抢。在任何情况下,都不应当对钱财这一类"身外之物"过于眼馋,利令智昏地与自己的兄弟姐妹为此而撕破脸面,反目为仇,相互辱骂,甚至大打出手。

三是要分清你我。成年之后,一定要知道"亲是亲,经济分"。与自己"一母同胞"的兄弟姐妹进行日常往来时,该算的经济账一定要当时算清楚。不要总使一方占便宜,而令另外一方永远吃亏。若是使之变成一笔"糊涂账",将来就有可能会授人以把柄。

(二)互相帮助

自家的同辈之间,特别是兄弟姐妹之间,永远应当互相关心,互相爱护,互相帮助。这种表现,是"发乎情,止乎礼"的。人们时常以"手足之情"来形容兄弟姐妹之间无与伦比的亲密关系。既然如此,在现实生活里,每一个人都应当甘心情愿地与自家的一切同辈之人互相帮助,彼此照料。

客观地说,兄弟姐妹等自家同辈之人的互相帮助,既属于人之常情,亦为顺理成章之事。不过要真正在这一方面表现突出,通常有待于做出如下努力:

1. 互相爱护

自家的同辈之间,存在着难以割断的家人关系或者亲属关系。血统与姻亲等天然纽带将他们密切地联系在一起,所以互相爱护理当成为其相互关系的重要基础。

一般而言,对于自家同辈人之间的互相爱护,有下列两点注意事项。

一是不图回报。对于自家同辈的爱护,应当是实心实意,不讲任何价钱,不附带任何交换条件。它是一种真正无私的爱护。具体来说,它不仅会体现在物质利益的支援方面,而且也会体现在精神情感的沟通方面。在力所能及的前提下,对自家同辈的爱护,尤其是对于其中急需爱护之人的爱护,既应当主动,又应当多多益善。

二是知恩图报。对于来自自家同辈的爱护,必须要领情,而且还应欣然接受、心存感激、铭记不忘。不要误以为对方本当如此,也不要在这一方面对对方要求过高。特别重要的是,不要把对方的爱护,尤其是对方出于爱护自己的目的所进行的批评、指责,视为一种负担。不能对对方不识好歹、不分善恶。

2. 互相援助

与自家的兄弟姐妹以及其他一切同辈打交道时,互相援助是值得大力提倡的。正所谓"有福同享,有难同当"。本家同辈之间的互相援助,在现实生活中不但是天经地义的,而且也是绝对必要的。

自家同辈之间的互相援助,有着极其丰富的内涵。通常,它应当在以下三个具体方面有所体现。

一是生活上的互助。自家同辈之间在生活上所进行的互相援助,往往表现极其琐碎,甚至不值得一提,但它却必不可少。在日常生活里,自家兄弟姐妹之间完全有必要也有义务互相照顾、互帮互助、相互提携,共同度过艰难的时光,共同开创美好幸福的生活。见到自家同辈在生活上确有困难而不管不顾,当对方有求于自己时"见死不救",甚至因此而幸灾乐祸,是枉为人师的。

二是工作上的互助。在工作、学习和事业上,自家的兄弟姐妹之间应当取长补短、互相帮助。必要时,要提倡能者多劳,弱者得助,各尽其能,各显其长,共同开拓,共同发展。在当今条件下,自家同辈之间在工作上的互相帮助,不仅往往十分必要,而且也是经常有此需求的。遇到这种情况时,一定要鼎力相助,义不容辞。

三是思想上的互助。家人之间是最容易讲心里话的。本家的同辈之间,则更是易于进行深入的思想交流。兄弟姐妹遇到难以向外人诉说的苦恼、委屈,不妨彼此好好聊上一聊;对于对方在思想、情感等方面所存在的问题,也不妨及时地加以点拨。凡此种种做法,都是对对方在思想上所进行的最佳帮助。

(三)促进监督

除了加强团结、互相帮助之外,自家同辈之间还有必要相互促进、相互监督。就总体而言,同辈之间的促进监督与加强团结、互相帮助并无抵触。同辈之间的促进监督,将会更为有效地促进其彼此之间加强团结、互相帮助。如果离开了同辈之间的促进监督,就不可能存在真正的团结和互助。

1. 相互促进

自家同辈之间的相互促进,实际上也是一种特殊的竞争机制。缺少了这一点,往往会令一家的同辈之人同样的平庸无奇,统统地碌碌无为。

自家同辈之间的相互促进,指的主要是同辈之人彼此之间互相推动、互相鞭策,以求共同发展。这样说起来,相互促进,应当是"手足之情"的应有之义。

具体而言,自家同辈之间的相互促进,主要应当在下述两个方面有所体现。

一是互相学习。同辈人相处时,一定要善于发现对方之所长,并且虚心向对方学习。常言说:"尺有所短,寸有所长。"在同辈之人的身上,自然也有其所长、有其所短。要向对方学习,就一定学其所长,而不是向对方的所短看齐。还有一点十分重要,对待自家同辈的所长之处要客观地看待。视而不见,不愿学习,都是不对的。

二是互相激励。自家同辈,经常有机会朝夕相处。因此,要善于利用这一时机,与其他同辈之人相互激励,以求共同进步。相互激励的一大优点,是可以激发其上进之心,一个接一个地争先恐后,以对方作为自己的奋斗楷模,努力地求得"百尺竿头,更进一步"。没有比较,就没有鉴别。没有相互激励,往往就难出人才。

2. 相互监督

在本家同辈之间，宽容、忍耐自然要讲，支持、帮助往往也自不待言。除此之外，相互监督则更是不可或缺。

自家同辈之间的监督，在此主要是指其依照社会现有的各种行为规范，所进行的互相监察与约束。从本质上讲，它属于家庭教育、家庭管理的一种重要形式。进而言之，它通常表现在如下三个主要方面。

一是互相提醒。平时，自家同辈之间应当直言不讳地相互进行提醒与劝诫。不论为自己还是为大家，都要谨慎地做事，老实地做人。不做违法之事，不做危害社会与家庭之事。有此"警钟长鸣"，往往会使闻者足戒。

二是互相检查。在日常生活里，自家同辈之间不但不可以徇私枉法、互相包庇、共谋私利，而且反过来还应当互相进行检查与劝阻，以求防微杜渐。注意这一点，实际上是对自家同辈的一种最大的爱护。

三是互相批评。万一发觉自家同辈之人做人、做事有失检点之处，一定要及时对其进行批评、纠正。对方所出现的问题越是严重，自己越是需要这么做。必要时，还应当主动求助于社会，或者与社会相配合。唯有如此，才会真正地帮助对方，并且尽到了自己作为同辈所应尽的责任。

三　关照晚辈

作为一名教师，不仅要孝敬长辈、厚待同辈，而且还必须关照自己的晚辈。古人云："老吾老，以及人之老。幼吾幼，以及人之幼。"关照晚辈，向来是为人长辈者所应尽的天职。

身为长辈时，教师对晚辈的关照主要体现于指导晚辈、扶助晚辈等两个具体方面。

（一）指导晚辈

作为长辈，有责任、有义务对自己的晚辈予以指点、引导。作为教师，在此方面则更是应当尽可能地发挥个人之所长。具体而言，教师对自家晚辈的指导，主要应当体现于以下三个方面。

1. 关注品德

平时，教师对自己晚辈的指导，应着重体现在品德教育方面。悠悠万事，唯此为大。

所谓品德教育，即传授正确的人生观与做人之道。在品德教育上，教师对自家晚辈进行的指导重点有三：

一是尊重社会。有必要告诫晚辈：必须尊重自己的祖国、尊重自己的民族、尊重自己的单位。与此同时，还必须遵守宪法与法律、遵守公共秩序。

二是尊重别人。在日常生活里，每一个人都必须与别人进行合作。与别人进行合作时，尊重对方乃基本要求。具体而言，尊重上级，是一种天职；尊重下级，是一种美德；尊重同事，是一种本分;尊重客户,是一种常识;尊重对手,是一种风度;尊重所有人,则是一种教养。

三是尊重自己。在外人面前,每个人均应自尊自爱。在任何情况下,一个人假如不尊重自己,就不可能真正地获得别人的尊重。

2. 传授经验

对晚辈而言,长辈丰富的人生经验最为其所关注。有道是:历史的经验值得注意。如果长辈能够及时而有效地与晚辈分享自己的人生经验,那么晚辈则往往可以少走许多弯路。

所谓经验,在此有时指的是教师的个人经历,有时则是指教师通过实践所获得的知识与技能。一般而言,教师可与其晚辈所分享的个人经验,包括做人的经验、做事的经验与做学问的经验。就指导晚辈而论,教师可与其晚辈所分享的个人经验分为下述两类。

一是成功的经验。人人都渴望自己成功。教师把自己的成功经验传授给晚辈,可谓对对方最大的帮助。

二是失败的教训。所谓教训,在此指的是人生的负面经验。教师如能把自己失败的教训与晚辈分享,亦可令对方有所收获。

3. 讲究方式

在具体指导晚辈时,教师有必要讲究其方式、方法,否则就可能事与愿违、弄巧成拙。

教师在具体指导其晚辈时,尤其应当重视如下两点:

一是循循善诱。教师指导自家晚辈,自然出自一片好心。但若不重视其具体的表达方式,往往并无效果可言。在指导晚辈时,教师应兼顾其年龄、性别、职业与受教育程度等具体特点,摆事实、讲道理、与时俱进、不厌其烦。特别应当注意,要以理服人、以例服人,力戒假、大、空之言。

二是平等相待。与长辈相比,晚辈虽在年龄、辈分上稍低,但二者在人格上则完全是平等的。因此,在指导晚辈时,绝对不允许教师体罚、打骂、斥责晚辈,尤其不允许对晚辈进行人身侮辱。

(二)扶助晚辈

教师对其晚辈的关照,往往还应当体现于对后者的扶助上。所谓扶助,即鼎力帮助。教师对其晚辈的扶助,平时主要体现之点有二。

1. 物质上支援

在必要之时,教师应对自己的晚辈给予人力、物力、财力等方面的具体支援。此乃为人长辈者义不容辞之使命。

进而言之,在物质上支援晚辈时,教师必须注意以下三点:

一是有所需要。假如晚辈无此需求,则教师给予对方的物质帮助再多也会变得毫无意义。

二是量力而行。教师对其晚辈的帮助，一方面应当是无条件的；另一方面则必须从个人实际能力出发，切忌勉为其难。

三是适可而止。教师对其晚辈所给予的物质方面的帮助，意在令其渡过难关，而并非是对其娇生惯养，更不是要扼杀其自我生存、自我发展的能力。

2. 精神上支持

在现代社会上，一个人要做多么大的事情，就需要承受多么大的压力。与长辈相比，晚辈往往缺乏历练，其适应环境、与人合作的能力通常都会稍逊一筹。加之年轻一代的当代人多为独生子女，平时缺少天然的沟通对象，因此他们迫切需要长辈在精神上支持自己，与自己进行交流。

在精神上，教师对其晚辈的支持主要应体现于以下两个具体方面。

一是经常交流。孙子曰：知彼知己，百战不殆。教师若想在精神上真正地支持其晚辈，平时就应当尽可能地多与对方进行交流。双方若缺乏经常性的交流，教师对对方缺乏真正的了解，或者知其然、不知其所以然，通常则难以真正地在精神上对对方提供有效的支持。

二是善于倾听。遇到巨大压力时，晚辈往往最需要一种得以宣泄的机会。此时此刻，"智者善听，愚者善说"，教师要放下架子、摆正位置、学会倾听。若对方的倾诉并无原则问题，则教师轻易不要对其进行打断、嘲笑、讥讽或否定。与此同时，教师还有必要为其保密。

第四节　涉外交往

涉外礼仪，又称涉外交际礼仪。它的基本内容，就是中国人在接触外国人、与外国人打交道时，所应当遵守的交际惯例。其核心部分，是有关涉外交往的国际惯例。在国际交往中，它通常都是普遍适用的。当前，中国的改革开放正在进一步深入，中国人到外国去，外国人到中国来，中外人士在彼此交往之中，显然都有必要摆正自己的位置，处理好双方的关系，以发展友谊、增加了解、加强信任。

在涉外交往中最重要的问题，是要对参与国际交往的惯例有所了解，并且毫无任何保留地认真加以遵守。唯其如此，才能够在涉外交往中畅行无阻，才能够真正地使自己被交往对象所接受，并且真正地融入国际社会。

在涉外交往中，遵守涉外礼仪，可谓妥善处理中外人员双方之间关系的一条捷径。在学习涉外礼仪、参与涉外交往时，关键是要对如下六条涉外礼仪的普适性原则学以致用。

一　求同存异

在世界上，因为存在着众多的国家、民族，各国、各民族人民在宗教、信仰、文化、习俗、生活方式和社会制度等方面可以说是千差万别。就礼仪、习俗而言，各个国家、各个民族可谓"十里不同风,百里不同俗",绝对不可一概而论。涉外交往中所客观存在的这种礼俗方面的差异性,往往对其产生一定程度的制约,并为中国教师结交异国友人带来一定的难度。

跟外国人交朋友,要想首先统一思想、统一认识,断难做到。不分交往对象,不了解交往对象的具体情况,而采用传统的、中国式的热情好客等种种做法去"以不变应万变",显然亦非上策。理智的做法,就是在涉外交往中涉及有关礼仪、习俗等人际交往方面的具体问题时,一定要不容置疑地坚持"求同存异"的原则。

"求同存异",是涉外礼仪的一项基本原则。它的主要含义是在对外交往中,中外双方要想在人际交往方面减少摩擦、克服矛盾、取得进展、争取突破,关键是要主动回避双方存在差异的不同之点,而去寻找双方的共同之处,并且以此作为双方实现进一步合作的基础。具体而言,"求同存异"原则又有下列两个方面的主要要求。

(一)存异

在涉外交往中,存异是求同的前提。没有存异,就不可能真正地实现求同。所谓存异,在此主要是指在涉外交往中要对中外双方在礼仪、习俗等方面所存在的具体差异予以承认,并且表示尊重。对其大惊小怪,或者妄加评论,都是不应该的。否认其存在,则更非明智。

对中国人而言,存异主要在下列三个方面应当得到具体的体现。

1. 承认各国礼俗均有其一定独特之处

要承认今日世界的多样性,就不能否认各国在礼俗方面所存在的明显差异。就一国而言,该国礼俗与其他国家礼俗之间所存在的显著差异,实际就是独特之处。

2. 明确各国礼俗都有特定的适用范围

不论站在哪一种角度上讲,各国的礼仪与习俗其实都难言"对""错""优""劣"之分。实际上,它们各自都有自己所特定的适用范围。只有在其适用范围之内,才可以认定它们的正确与错误。客观地说,它们都有自己存在的必要性与合理性,谈不上什么"优""劣"之分。

3. 确认各国礼俗不需要评判其是与非

正是因为各国的礼俗都有自己的适用范围,所以对其不宜进行孰是孰非的评判。否则就有可能损害中外双方之间的关系,甚至会挑起国际纠纷。

举例而言,在数字的禁忌方面,日本、韩国、朝鲜等国忌讳"4",主要是因为在上述各国的语言里"4"的发音与"死"的发音相近。信仰基督教的西方人普遍讨厌"13"与"666",前者与基督遇害有关,后者则被看做魔鬼撒旦的标志。它们之间谁是谁非,恐怕任何人都难以进行鉴定。

(二)求同

在涉外交往中,求同是重要的基础。离开了求同,成功的涉外交往实际上是难以想象的。所谓求同,在此主要是指要在礼俗方面寻求共同之点,并且以遵守惯例作为涉外交往的基本要求。

1. 共性寓于个性之中

在各国的礼仪、习俗之中，尽管存在着千差万别，但也不能排除其共同之点，即共性的存在。在宏观上讲，各国礼俗的共性必然寓于个性即差异性之中。各国礼俗的个性，实际上是其共性得以存在的基础。没有前者，便不存在后者。另一方面，作为概括与升华，各国礼俗的共性不但来自其个性，而且显然适用范围更广，发挥的作用更大。

不容否认的是，各国礼俗的共性是一种客观的存在。例如，在人际交往中面带微笑、相互问候，就是一条普遍适用、具有共性的交际规则。

2. 重点在于遵守惯例

在涉外交往中，尊重各国的礼俗方面所存在的差异是必要的。然而由于每一个人的时间、学识、阅历有限，不可能对各国的礼俗完全通晓。对教师而言，最重要的，就是要在涉外交往中遵守礼俗方面的国际惯例。

有关礼俗方面的国际惯例，犹如国际交往中所通行的一种"世界语"。对其自觉加以遵守，就会使自己畅行无阻；反之，则会使自己举步维艰。

例如，在并排排列位次时，有的国家讲究"以右为上"，有的国家讲究"以左为上"，当前所通行的国际惯例则是"右上左下"。由此可见，在礼俗方面的国际惯例主要出自各国礼俗的共性。其最大的好处，是可以使人们在参与涉外交往时化繁为简、达成共识、避免曲折、易于沟通。

二 不卑不亢

与外国人打交道时，每一名教师都会遇到一个如何摆正自己所处的位置、采取何种态度对待对方的具体问题。不论在正式的涉外活动中，还是涉足于非正式的涉外交往，这一问题都是客观存在的。"不卑不亢"，就是教师在与外国人打交道时，用以考虑自身位置、端正自身态度的一项涉外礼仪的基本原则。

所谓"不卑不亢"，在涉外交往中是指，每一名教师在与外国人进行接触时，特别是在参与正式的涉外交往时，一定要明确地意识到自己在外国人眼里代表着自己的国家，代表着自己的民族，代表着自己所在的单位。因此，必须使自己的言行举止讲究分寸，从容不迫，雍容大气，堂堂正正，而不能肆无忌惮，因为自己表现失当而给国家、民族、所在单位抹黑。在外国人面前，教师的正常表现尤其应当泰然自若、一如往常。既不应该表现得畏惧自卑、低三下四，也不应该表现得自大狂傲、目空一切。

在涉外交往中，每一名教师都必须自觉地做到不卑不亢。从根本上讲，这是一个事关自己国格、人格的大是大非问题，所以容不得半点糊涂。每一名教师都必须牢记：在涉外交往中，"事事无小事，事事是大事"。自己在外国人面前的一言一行、一举一动，都事关大体。

具体而言,教师要在涉外交往中真正做到"不卑不亢",不仅要在思想上有所提高,正本清源,端正态度,还必须在实际行动中付诸实践,必须对"不卑"与"不亢"二者同时予以坚持。既要防止矫枉过正,又要避免过犹不及。

(一)克服自卑

在涉外交往中,要使自己的所作所为在外国人眼里表现得"不卑",关键是要克服自卑心理,防止自轻自贱,并坚持自尊自爱。

要在虚心学习外国的一切长处,尊重外国的礼仪、习俗的同时,坚决反对所谓"外国的月亮比中国的月亮圆"等盲目崇洋心理。在涉外活动中,每一名教师与外国人不论因公交往还是因私交往,都要以不失国格、人格,以自尊、自重、自信和自爱为基础,与外国人真正地平等相待,而不必一味地迎合、讨好、迁就对方。

在外国人面前,中国人最为得体的表现,应当是气宇轩昂,堂堂正正,坦诚乐观,豁达开朗,从容不迫,落落大方,进退有度,充满自信。与外国人进行交往应酬时,要既言行谨慎检点,但又不拘谨;既积极主动,但又不盲动;既注意慎独自律,但又不是手足无措、无所事事。

对于外国所取得的各项成就,中国教师完全没有必要视而不见、蓄意贬低、嫉妒对方,但也绝对不应该自愧弗如、自惭形秽,由此而以偏概全,错误地认定外国的一切都比中国的好,从而在洋人面前卑躬屈膝,直不起自己的腰来。更不能够就此对外国的一切都崇拜得五体投地,断定外国人一贯正确,自以为理不宜、气不壮,对对方毫无原则地有求必应,甚至被对方牵着鼻子走。

(二)防止自大

要在涉外交往中表现得"不亢",通常首先有赖于克服自身的骄傲自大心理。重要的是要谨防盲目排外,自绝于世。

在涉外交往中,要在坚持自立、自强,以自身的实际行动体现出"中华民族站立起来了"的精神风貌的同时,坚决地反对闭关锁国、夜郎自大的情绪,尤其是要与所谓"义和团式"的极端排外做法在本质上划清界限。

从总的方面上来说,每一名教师在涉外交往中都应当表现得谦虚谨慎、戒骄戒躁。在一切涉外活动中,既不必妄自菲薄、抑己扬彼,也不应该高傲自大、盛气凌人、孤芳自赏、目空一切、自以为是。

具体而言,在涉外交往中,应当善于向外国学习一切好的东西,以便取长补短、为我所用。不承认别国的长处,与不正视本国的短处一样,都永远只会夜郎自大、难有长进。

在涉外交往中,尤其是在与小国、弱国、穷国的人士进行交往时,一定要对其平等相待,而绝对不应当表现得嫌穷爱富、拒人于千里之外。不允许对对方颐指气使,更不能够在对方面前显得冷漠无情。不要忘记,就国际交往而论,在任何情况下帮助、支持都是相互的。与大国、强国、富国相比,中国目前仍旧只是一个刚刚起步的发展中国家。离开了其他国家的帮助和支持,中国绝不可能有今天所取得的成就,更不可能有今后的进一步发展。

三 入乡随俗

古人言:"入国而问禁,入乡而问俗,入门而问讳。"这表明,了解风俗、习惯的差异性,对于跨国家、跨地区、跨文化背景的交往具有极端的重要性。

"入乡随俗",是涉外交往的主要原则之一。它的主要含义是:要在涉外交往中真正地做到尊重交往对象,首先就必须对对方所独有的风俗、习惯予以应有的尊重。当教师前往其他国家或者地区进行工作、学习、参观、访问、旅游的时候,特别有必要事先对当地所特有的风俗、习惯有所了解,并且届时以适当的方式对某表示自己的尊重。如果做不到这一点,对于交往对象的友好与尊敬就好似敷衍了事,根本无从谈起。

(一)"入乡随俗"的原因

在涉外交往之中,教师之所以必须认真地遵守"入乡随俗"的原则,主要出自下列两个方面的原因。

1. 习俗的差异性是一种客观存在

世界上的各个国家、各个地区、各个民族,在其各自历史发展的具体进程中,形成了自己所独具特色的风俗、习惯。这种"十里不同风,百里不同俗"的差异性,是不以人的主观意志为转移的,也是世界上任何力量都难以强求统一的。

举例而言,在肉食禁忌方面,有的民族禁食猪肉,有的民族禁食狗肉,有的民族禁食牛肉,有的民族禁食羊肉,有的民族禁食鱼肉,有的民族则禁食一切肉类。他们的讲究不同,具体做法自然各异。

所谓风俗、习惯,亦称习俗,它是指因地域、种族、文化、宗教、历史等方面的不同,各国、各地区、各民族相沿成习的精神文化方面的特殊传承,具体涉及衣、食、住、行以及应酬等诸方面。在涉外交往中,尊重外国友人,自然就应当将对对方风俗、习惯的尊重包括在内。

2. "入乡随俗"有助于沟通的实现

在国际交往中,对外国友人所特有的风俗、习惯予以尊重,实际上等于表示我方对对方的亲善友好之意。换而言之,讲究"入乡随俗"是促进中外双方人士彼此之间加深相互理解与相互信任的一种最佳途径。

反之,若是对外方人员所特有的习俗缺乏应有的了解与尊重,往往在无意之中就会做出一些被对方视为"伤风败俗"的事情来。

例如,许多中国人视为美味佳肴的猪蹄、鸡脚以及牲畜的内脏,在西方国家里是典型的下脚料,绝对无人食用。中国人普遍喜爱的菊花,在不少欧美国家里却只能用于祭祀逝者。

(二)"入乡随俗"的要求

在涉外交往中,要在"入乡随俗"方面表现得当,最重要的是应当在下述两大方面提高认识,并且予以应有的注意。

1. 对交往对象特有的习俗有所了解

在涉外交往中，具体涉及外国友人特殊的风俗、习惯时，孙子所言的"知彼知己"同样发挥着效力。

在涉外活动中，尤其是在重要的、正式的涉外活动中，一定要争取对交往对象所特有的风俗、习惯有充分的了解。做不到这一点，讲究"入乡随俗"就只能是自欺欺人。

例如，准备前往意大利进行访问，就一定要在事先对意大利人在衣、食、住、行、言谈举止、待人接物等各个方面的主要规矩和禁忌有所了解。这样的话，在与意大利人进行具体接触时，就会胸有成竹、表现自如。至少也不会招致麻烦，或者闹出大的洋相。

2. 无条件地尊重交往对象特有的习俗

对于其他国家所特有的习俗，中国人在任何时候都没有必要照抄照搬、全面引进。而对于我国的传统习俗，则需要在有所扬弃的同时发扬光大。这些要求，与"入乡随俗"其实并无矛盾。

在涉外交往的具体实践中，对别国所特有的习俗，绝对不宜少见多怪、妄加非议。若是在这一方面唯我独尊、厚此薄彼，将十分有害。正确的做法，应当是认真而无条件地对其予以尊重。

例如，与印度人打交道时，就必须对印度教教徒忌食牛肉、忌用牛皮制品、忌以左手与他人相握等特有的讲究表示尊重，否则就有可能因此而冒犯对方。

综上所述，对外国人所特有的习俗，既要了解，更要尊重。

四 热情有度

在国际社会里，中国人一向以热情好客而著称。然而在涉外交往中要使教师的热情好客为其交往对象所接受，就必须认真地坚持"热情有度"。

"热情有度"，是涉外礼仪的一项重要原则。它的基本含义是，教师在直接同外国人打交道时，不仅要表现得热情友好，还应把握好热情友好的具体分寸。不然的话，自己对外国人的热情友好就可能会事与愿违，甚至"好心不得好报"。

在向外国人士表示热情友好时，所需要把握的具体分寸，就是"热情有度"之中的"度"。

关于这个"度"的最为精确的解释，就是要求教师在向外国人士表示热情友好的同时，务必要使自己具体的所作所为以不影响对方、不妨碍对方、不给对方增添麻烦、不令对方感觉不快、不会干扰对方的私生活为界限。

与外国人进行交往应酬时，假若不注意恪守这个"度"，而是一厢情愿、想当然地过"度"热情，或自觉不自觉地处处"越位"，必然会引起对方的强烈不满。

具体来讲，在遵守"热情有度"这项原则时，主要是要求教师在涉外交往中掌握好下列四个方面具体的"度"。

（一）关心有度

多少年来，中国人在相互之间一向都倡导"关心他人比关心自己为重"。可是，在国外，人们却普遍地强调个性独立和个人自由，反感于他人对自己的过分关心。因此，切不可以中国人所惯用的关心、规劝去对待外国人。弄不好，对方就会嫌我方多管闲事、不务正业，干涉了他的个人自由。

有鉴于此，与外国人接触时，教师务必要做到关心有度，即不要对外方人士表现得过于关心，尤其是不要使自己对对方的关心具体涉及其个人隐私。对方对其视为过"度"的关心，不仅认为碍手碍脚，而且还会因此而产生强烈的反感。

（二）批评有度

国人相交，彼此之间所讲究的是待人以诚。看到亲朋好友有错，犯颜直谏，勇做诤友，并及时地进行批评指正，才会被中国人视为够朋友，才是对对方的真正关心。但是，这一做法在涉外交往中却是行不通的。

在涉外交往中，对外国人的所作所为，通常讲究的是批评有度。也就是说，只要外方人员的所作所为不触犯中国的法律，不有悖于社会的伦理道德，不有辱于我方的国格人格，不危及其自身的生命安全，一般都没有必要去评判其是非对错，特别是不宜当众对对方批评指正，甚至横加干涉。此项要求，有时亦称为"不得纠正"。

在涉外交往中讲究批评有度，主要原因有二：一方面，外国人崇尚独善其身，反对别人多管闲事。另一方面，国与国之间、人与人之间，在风俗、习惯方面中外的是非曲直标准未必一致，有时甚至还会大相径庭，因而"对"与"错"往往都是相对的。

（三）距离有度

对于人际交往之中的空间距离，中国人向来就讲究得并不是很多。有些时候，为了向交往对象表示亲近，不少中国人往往喜欢有意向对方靠近一些。当对方是同性之人时，这种情景则尤为普遍。然而在国际交往中，人们却对交际距离极为讲究。基本的要求，就是要注意距离有度。

所谓距离有度，实际上就是要求教师在正面接触外方人士时，应当视双方之间具体关系的不同，而与对方保持一定的空间距离。需要注意的是，同外国人打交道时，与对方相距过近，往往会令对方产生被"侵犯"之感。而与对方相距过远，则难免又会使对方感觉到被冷遇。特别应当强调的是，即使与自己进行接触的外国人是一位同性，也不要贴近对方。在许多外国人看来，同性之间相距过近，甚至携手并肩而行，只能说明他们是"同性恋者"。

就一般情况而论，教师与正常关系的外国人士相处之时，双方之间的距离以在 0.5 米至 1.5 米之间为宜，否则过犹不及。

（四）举止有度

在一些场合里，中国人往往习惯于以自己的某些举止去直接表示对于交往对象热情有加。有时，还会以自己的某些不合常规的举止去表示自己跟交往对象"不见外"。可是，这些做法在涉外交往里却是行不通的。

所谓举止有度，就涉外交往而言，主要是要求教师规范自己的举止，并对其多加检点。切勿使之显得过于随便，从而引起误会，或是失敬于人。

具体而言，每一位教师在同外国人士相处时，都要特别注意如下两个方面的问题。

一是不要乱用某些意在显示亲热的举止动作。在国内，朋友之间在相见时互拍一下对方的肩膀，长辈见到孩子时抚摸一下对方的头顶，都是一种亲热的表示，可是不少外国人却绝对接受不了这一套。

二是不要采用某些有意表示"不见外"的举止动作。有的举止动作，诸如换衣服、脱鞋子、梳头发等，仅仅适合在无人之处或者家人挚交面前进行，而绝对不宜当众进行"表演"。在相交甚浅或是初次见面的外国友人面前那样做，显然是非常不合适的。

五 不必过谦

在中国，"谦谦君子"是做人的最为理想的模式。在待人接物方面，中国人一般都讲究含蓄和委婉。对本人的所作所为进行评价时，人们大都主张自谦，甚至还会有意对自己略为自贬，而不提倡进行自我肯定，尤其是反对自我张扬。如果在这一方面不能好自为之，就会被中国人视为妄自尊大、嚣张放肆，不够谦逊，不会做人。

然而实践证明，中国人的此种过于谦虚、不敢正面肯定或者评价自己的做法，在涉外交往中却并不被外国人所理解，而且也不容易被对方所认可。在许多情况下，教师面对外国人时如若过于自谦，不但不会得到好评，反而会被视为缺乏自信、为人虚伪或者"的确如此"。

因此，在涉外交往中，凡有必要对本人的所作所为做出自我评价时，一定要遵守"不必过谦"原则。与不了解中国国情的外国人进行交往时，尤其要牢记这一点。

"不必过谦"原则的主要含义是，在涉外交往之中，每逢涉及自我评价之时，虽然不应该自吹自擂、自我标榜、一味地高抬自己，但也绝对没有必要妄自菲薄，自我贬低，自我否定，自轻自贱，过度地谦虚、客套。如果确有必要，在实事求是的前提之下，要敢于并且善于对自己进行正面的评价或者肯定。

（一）"不必过谦"的作用

在涉外交往中，之所以要求教师了解并恪守"不必过谦"原则，主要是因为在以下四个方面它可以发挥一定的作用。

1. 为人诚实

外国人认为，过了头的自谦，往往意味着虚伪、做作，甚至别有用心。而敢于正视自己的所长，则说明自己是一个诚实的人。

2. 光明正大

外国人主张，如果不把交往对象视为外人、不跟对方见外，而是真正接纳对方、与对方坦诚相见的话，就没有必要对自己的长处有意遮遮掩掩。

3. 充满自信

外国人觉得一个人要是怯于对自己进行必要的正面评价，通常只能说明他做人缺乏自信。应予明确的是，此乃国际社会的一种共识。

4. 尊重自己

在必要时，敢于并且善于肯定自己之所长，为自己进行适当的自我宣传，在国外早已被普遍视为尊重自己的一种正常的表现。

（二）"不必过谦"的应用

既然"不必过谦"是国际交往的一项普遍原则，那么对其具体应用就要倍加重视。考虑到中国人的传统习惯，在涉外交往中面临下列几种具体的场景时，尤其需要将"不必过谦"原则付诸行动。

1. 自我介绍

在涉外交往中，需要进行自我介绍，或者对自己的工作、学习、科研、生活、能力以及业务、特长进行介绍时，要敢于实话实说。对自己的长处，一定要进行必要的肯定。不要略而不谈，不要自我否定，不要指望对方主动发现自身的优点。

2. 寒暄应酬

与外国朋友进行寒暄应酬时，一旦涉及自己所忙之事时，千万不要脱口而出，说什么"瞎忙""混日子""没干什么正经事"。那样的话，倒是真有可能被对方看做不务正业、无所事事之人。

3. 面对赞美

当外国人对自己的相貌、打扮、工作、学习、科研或业务进行称赞时，应当当即落落大方地答以"谢谢"，对其予以否认则是毫无必要的。这种大大方方的做法，既表明自己见过世面，也是为了接纳对方。它与羞羞答答、面红耳赤、无所反应等小里小气的表现，显然不可同日而语。

4. 馈赠礼品

向外国人赠送礼品时，不仅需要说明其特点、用途及其寓意，而且还应当强调这是我方精心为对方所精心选择的。务必不要画蛇添足地讲什么"实在拿不出手""没有认真挑选""这是自家用不着的东西"。否则，将会大大减低礼品在对方心目之中的分量。

5. 设宴待客

宴请外国朋友时，应对上桌的重点菜肴进行推介，有意识地强调"这是特色菜""这是为您特意准备的"，以便令对方倍感被重视。不要贬低丰盛的菜肴，说什么"没什么好菜""不怎么会做"。外国人往往难解其意。他们很可能对此当真，不但不领主人的情，反而认为主人怠慢自己。

六　女士优先

熟悉涉外交往的人士大都知道，在国际社会的社交场合里，每一位男士都要对自己的举止态度多多地加以约束，特别是要讲究"女士优先"。

实事求是地说，在我国，尽管"重男轻女""男尊女卑"的封建思想还有一定的残余，但是就整个社会风尚而言，妇女的地位早已有了空前的提高，男女平等、尊重妇女早已成为人们的一致看法和共同的行动。不过与外国尤其是西方国家相比，中国人对妇女所表现的尊重，通常重内容不重形式，或者说具体的表现形式往往有所不同。这样一来，教师在与外国人打交道时，难免就会在这一问题上产生隔阂。

（一）"女士优先"的本意

在涉外交往中，"女士优先"是一项重要的礼仪原则。要真正掌握此项原则，务必要首先明确下述具体问题。

1. "女士优先"的含义

"女士优先"的基本含义是，在一切社交场合里，每一位成年男子都有责任以自己的实际行动去尊重妇女，照顾妇女，体谅妇女，关心妇女，保护妇女，并且想方设法地为对方排忧解难。人们公认，唯其如此，一位男士才会被视为具有绅士风度。反之，就会被看成是一个没有教养的莽夫粗汉。

2. "女士优先"的要求

"妇女优先"的原则要求，在尊重、照顾、体谅、关心、保护妇女方面，男士对所有的妇女均应平等相待。不仅对同一种族妇女应当如此，对其他种族的妇女也要如此；不仅对熟悉的妇女应当如此，对陌生的妇女也要如此；不仅对有权有势的妇女应当如此，对一无所有的妇女也要如此；不仅对年轻貌美的妇女应当如此，对年老色衰的妇女也要如此。

3. "女士优先"的原因

按照其本意来讲，"妇女优先"之所以被提倡，并非因为妇女一向属于弱者，值得同情、怜悯，或者因为在社会上暂时处于优势地位的男子存心想要愚弄妇女。重要的是，对有教养的男士而言，妇女乃是"人类的母亲"。对妇女处处给予优遇，既是对"人类母亲"的一种感恩，也是为了人类的继往开来尽心尽力。

4. "女士优先"的范围

"女士优先"原则有其特定的适用范围，而并非"放之四海而皆准"。下述两点尤须注意。

一是它主要适用于社交场合。换句话说，在公务、休闲等场合里，人们往往忽略彼此的性别，不大讲究"女士优先"。

二是它主要通行于西方国家。除适用于国际性的多边交往之外，"女士优先"主要通行于西方各国。在许多东方国家里,它则是行不通的。

(二)"女士优先"的表现

在涉外交往的某些特定场合里,"女士优先"不只是一种原则上的要求,而且还要求人们在具体行动上有所表现。对于后一点,人们往往更为关注。

具体来讲,在下述各个方面,男教师有必要以自己的实际行动去表现对"女士优先"原则的遵守。

1. 问候

在需要问候其他人之时,一定要首先问候在场的女士。即使提及他人之时,亦须将女士置于首位。

2. 施礼

在见面、道别之时,如果有必要相互行礼,一般均应令女士居于主动位置。向多人施礼时,必须以女士为先。

3. 就座

就座时,男士应请女士首先就座,并使之在上座就座。如有可能,还须在其就座或离座之时予以照顾。

4. 交谈

与女士交谈时,男士不但需要注意基本的礼貌,而且还有必要检点其辞令。无论如何,都不允许在女士面前出言粗鲁、唐突。

5. 吸烟

在女士面前吸烟之前,男士一定要首先求得对方的首肯。不论是否认识对方,都必须这么做。

6. 外出

与女士一道外出时,男士应令对方居于尊贵的位置。两人并行时,男士应当居于外侧,而请女士居于内侧。两人单行行进时,男士则应当自觉随行于女士身后。

7. 出入

出入房门时,一般要求男士为同行的女士开、关门,并且请女士首先走进或者走出房间。

8. 携物

男女一起出行时,通常男士有义务主动帮助女士携带较为沉重或者较为难拿的行李、物品。

第五节 媒体交往

当今的世界,已进入了信息化时代。目前,大众传播媒介异常发达,并且在现实生活里几乎无处不在、无孔不入,发挥着十分重要的作用。

作为教师,在日常工作中,特别是在重大场合,往往难以回避媒体的应对问题。在应对媒体时,广大教师既要掌握政策、遵守纪律、注意分寸,又要沉着机智、落落大方、举止得体。因此,就必须遵守相关的礼仪规范。

一般而言,在应对媒体时,教师主要应当在了解媒体、有备而至、临场表现等三个具体方面加以注意。

一 了解媒体

孙子曰:知彼知己,百战不殆。在应对媒体时,亦须如此,要尽一切可能提前对自己所即将面对的媒体有所了解。

此处的所谓媒体,指的是各种大众传播媒介。要了解媒体,对教师而言,主要是要着重了解其政治倾向、实际影响、具体特征,以及其他一些方面的具体问题。

(一)了解媒体的政治倾向

在国内外,虽说某些媒体一向标榜自己"政治中立",实际上在现实生活中它们却无一例外地都会在一定程度上表现出自己的政治倾向。在接触境外媒体时,教师尤其应当了解下述三点:

1. 其合法与否

在许多国家,媒体有合法与非法之分。在接触国外媒体之前,务必要对此有所了解。对于非法媒体,切勿与之接触。对于合法媒体,则不必再三回避。

2. 其所属势力

毋庸讳言,任何媒体的发展,都离不开财力支持。在各国各式各样的媒体背后,都有一定的政治势力或党派作为其后台或靠山。而各种媒体就其本质而言,往往是一定的政治势力或党派的喉舌。疏忽此点,就会犯应对媒体之大忌。

3. 其新闻检查

由于媒体在现代生活里影响巨大,各国都要对其进行一定程度的管制。为此,许多国家还专门制定了自己的新闻检查制度。对相关国家的新闻检查制度如能有所了解,将会深化教师对该国各种媒体政治倾向的认识。

(二)了解媒体的实际影响

在任何一个国家里,各种媒体所发挥的实际影响通常不尽相同。各种媒体的实际影响,除主要受制于其社会认知度、受众人数以及自身实力等因素之外,本国政府及其新闻主管部门的支持与否,往往也发挥一定的作用。

接触各种媒体前,教师对其实际影响所进行的了解,主要应侧重于如下两个方面:

1. 了解其属于主流媒体还是属于非主流媒体

所谓主流媒体，一般指的是社会认知度高、受众人数众多、自身实力强大的媒体。所谓非主流媒体，则是指社会知名度较低、受众人数较少、自身实力较弱的媒体。接触各种媒体时，自然应当优先接触主流媒体，不过对非主流媒体亦不应过分轻视。

2. 了解其属于官方媒体还是属于非官方媒体

所谓官方媒体，通常是指属于官方、由官方支持或控制、具有官方背景以及反映官方倾向的媒体。所谓非官方媒体，则指的是没有官方背景、不受官方支持或控制，以及不直接从属于官方的媒体。相对于官方媒体而言，它有时亦称民间媒体。在政治制度不同的国度里，官方媒体与非官方媒体所发挥的实际作用往往大相径庭。

（三）了解媒体的具体特征

媒体的具体特征，从不同角度可以进行不同的描述。在此，它是指各种大众传播媒介在传播信息的过程中所客观体现出来的长处与不足。

1. 电视

在传统的媒体之中，电视对受众的实际影响最大。其主要优点有：真实感强；娱乐性强；艺术性强。它的主要不足之处则是：瞬间即逝，不宜记录与保留；受时空限制较大，观众选择余地较小；需要专门的接收设备，所需费用不菲。

2. 报纸

报纸作为一种印刷媒体，在传统媒体中，其作用仅次于作为电子媒体的电视。报纸的长处主要有五：信息容量较大；获取信息便利；选择范围较广；便于储藏查阅；有一定针对性。它的不足之处则主要有：不够生动形象，感染力较差；读者需要有一定的文化知识，读者范围受到限制；印刷发售需要时间，信息传播速度较慢。

3. 广播

作为一种电子媒体，广播有其独特的存在价值。它的主要优点有四：传播速度快；鼓动性强；受限制较少；费用较低廉。它的主要缺点则有三：收听受到时间限制；听众难以选择节目；内容难以反复品味。

4. 杂志

作为印刷媒体之一，杂志有其他媒体所不能比拟的优点：它的种类繁多，形式多样；它的内容丰富，系统性强；它的印刷精美，有感染力。同样，杂志也有其下列不足之处：出版周期长，时效性差；较之电子媒体，杂志稍显死板；有专业要求，限制读者。

5. 互联网

近年来，迅速崛起的互联网对传统媒体发出了挑战。它的主要优点有四：信息量巨大；传播速度快；网友选择多；形式较活泼。它的主要缺点有三：内容真假难辨；需要专用设备；要求专门知识。

二 有备而至

作为一名训练有素、见多识广的教师,在国内外交往中,必须正视媒体人员无处不在的现实,并做好必要而充分的准备工作,以求有备而至,在应对媒体时发挥正常。

具体而言,为应对媒体而应提前着手进行的主要准备工作大致包括下述三项。

(一)联络媒体

在任何情况下,与各界人士相处时,教师均应多交朋友、广结善缘。与媒体人员打交道,自然亦是如此。

在不违背学校规定与外事纪律的前提下,如有需要,教师应积极而主动与媒体进行联络,并在两相情愿的情况下,与之保持经常性关系。

与媒体保持联络至少有以下三重好处:一是可以在一定程度上得到媒体的理解与支持;二是可以与媒体进行良性互动;三是可以主动向媒体传播信息。

(二)方便媒体

如欲真正赢得媒体的支持,为其提供各种方便往往必不可少。方便媒体的主要措施有三个:

1. 主动提供有益信息

在条件允许时,应经常向与自己关系密切的媒体提供正确无误、时效性强的信息,以实际行动支持其工作。

2. 为其提供采访便利

在力所能及的前提下,我方一定要诚心实意地为前来对自己进行采访的媒体提供种种便利,在人员、设备、时间、场地诸方面给予其必要的支持。至少,也不应为之设置不必要的限制。

3. 尊重媒体人员

对于辛劳工作的媒体人员,教师理当表示应有的尊重。必须指出,对媒体人员的尊重,实际上就是对媒体的尊重。离开了此点,方便媒体就会变为一句空话。

(三)统一口径

在公务活动中,尤其是在面对突发性事件时,教师应对媒体的一言一行均事关重大,不可不慎。此时此刻,面对媒体的教师既要保持冷静,更要谨言慎行。下述几点尤须重视。

1. 保守秘密

在应对媒体之际,有关教师必须遵守工作纪律与保密规则,绝对不允许擅自向外界泄露我方的秘密,绝对不允许信口开河、口无遮拦。

2. 统一行动

对于一些重大问题,我方应对有可能接触媒体的全体教师具体规定什么当讲、什么不当讲、应当如何讲,以便我方教师统一行动。

3. 专人发言

教师正式组团外出或出国访问时,有条件者应提前指定某一位团员担任本团的"新闻发言人",由其出面应对媒体,统一回答对方感兴趣的问题。这样一来,我方人员届时就不至于在媒体面前"众说纷纭"了。平时,亦可指定专门人员担任本校的"新闻发言人"。

4. 提供文稿

在正式接受媒体采访时,为了防止对方曲解或误解我方所传递的信息,按照常规,均应向对方提供一份认真准备的、经过斟酌的、具有一定新闻价值的新闻稿,以供其发稿时核对与借鉴之用。

三 临场表现

应对媒体时,每一名当事的教师,关键是要检点自己的临场表现。一般而言,教师在媒体面前的表现,主要应当关注泰然自若、谨言慎行、善待记者、弥补失误等四点。

(一)泰然自若

不论"初出茅庐",还是"久经沙场",教师在应对媒体时,都应当努力做到泰然自若。

1. 不慌不忙

应对媒体时,切勿手忙脚乱、手足无措、胡言乱语,否则将自毁形象。在任何时候,面对媒体不慌不忙的人,都会赢得媒体与公众的好感。

2. 不骄不躁

不论求助于媒体,还是媒体有求于自己,教师在应对媒体时,都应当力戒骄傲自大、目中无人。切勿急躁盲动、自乱阵脚。

(二)谨言慎行

应对媒体时,教师应当对自己的一言一行多加约束,力求谨言慎行、不出差错。如下几点,尤其值得教师高度重视。

1. 有问必答

应对媒体,自然少不了回答其各式各样的问题。对于媒体人员所提出的各种问题,教师必须做到有问必答。即使遇到正面难以回答或回答不了的问题,亦须换一种方式作答,而不可答之以"不清楚""不能答复""无可奉告"。

2. 真实无欺

回答媒体的提问时,教师必须坚持讲真话,不讲假话,力戒自欺欺人,力求真实无欺。有些问题难以事实作答,亦应委婉应对,而不能代之以假言假语。讲假话的人,永远都不会为他人所信任。

3. 巧妙作答

在回答问题时，虚张声势或吞吞吐吐都会令人反感。善于巧妙地回答媒体的问题，是教师所必须练就的一项基本功。

4. 行为得当

鉴于目前媒体已经渗透到日常生活的每个角落，在媒体面前，教师对自己的行为必须多加检点。不论当众演讲，还是私人行动，教师都要对自己的一切行为负责。不要忘记，自己的一举一动，都可能成为媒体所关注的"新闻"。

（三）善待记者

应对媒体时，每一位有教养的人士都懂得应当善待其工作人员，尤其是善待辛劳无比的新闻记者们。对对方待之以礼，往往会产生投桃报李之效。

具体而言，现场应对媒体时，教师善待记者的最佳表现主要有三：

1. 主动合作

应对媒体时，有经验者往往会变被动为主动，主动接近对方，并认真与对方合作。这样一来，对方自然会对我方产生良好印象。

2. 态度友善

回答记者提问时，教师切勿打断对方，或以表情、举止、语气对对方表达不满。即便对方的问题带有偏见或挑衅意味，亦不应为此而激动或发怒。

3. 平等待人

在任何场合，教师与媒体人员在人格上都处于平等的地位，因此理当对其平等相待。

（四）弥补失误

现场应对媒体时，教师一方面应当一丝不苟，避免失误。如果出现了负面新闻或现场失误，亦应及时反应，妥善弥补。其具体做法有三：

1. 现场弥补失误

现场应对媒体时，一旦发现自己出现某种失误，应想方设法尽快予以更正。切勿置之不理、一拖再拖，切忌因个人处置失当而终至酿成事端。

2. 事后弥补失误

假如事后发现我方应对媒体时的确有误，亦应在力所能及的前提下采取一切可能的措施及时地进行补救。

3. 认真总结教训

每次应对媒体后，一定要认真收集相关媒体的报道，并对其进行分类分析。对于发现的问题，要探究原因，并设法予以弥补。

本章小结

- 本章讲授的是教师的人际交往规范。它是教师处理其人际关系时的指导方针,也是教师礼仪的重点之所在。
- 本章第一节讲授的是教师的校园交往。它要求教师妥善处理师生关系、教师关系与集体关系。
- 本章第二节讲授的是教师的友邻交往。它要求教师妥善处理朋友关系、同乡关系与邻里关系。
- 本章第三节讲授的是教师的家庭交往。它要求教师孝敬长辈,厚待同辈,关照晚辈。
- 本章第四节讲授的是教师的涉外交往。它要求教师了解国际交往的惯例,妥善处理与外国留学生、外籍教师及其他外国人的关系。
- 本章第五节讲授的是教师的媒体交往。它要求教师妥善处理与媒体之间的关系,了解媒体、联络媒体、尊重媒体、合作媒体。

练习题

一 名词解释

1. 交际
2. 人际关系
3. 师生关系
4. 同事关系
5. 朋友关系

二 要点简答

1. 为什么有必要关注人际交往?
2. 在日常的交际中怎样树立正确的态度?
3. 怎样处理师生关系?
4. 怎样处理同事关系?
5. 怎样处理朋友关系?
6. 怎样与外国留学生打交道?
7. 怎样参与涉外交往?
8. 怎样与大众传媒有效合作?

第五章　师　行

内容简要

师行，在此特指教师在其工作岗位之外的交际与应酬活动。尽管此类活动多属个人行为，但其仍与教师的形象与素质有关，并是其为人师表的有机组成部分之一。本章所讲授的内容，包括会面礼节、拜访礼节、集会礼节、宴会礼节、舞会礼节、交通礼节、礼品礼节等。

学习目标

1. 重视个人的交际与应酬。
2. 了解正确的交际法则。
3. 掌握常规的私人交际技巧。
4. 约束个人的交际行为。
5. 避免在交际与应酬中贻笑大方。

周恩来同志曾经直言：坐着谈，何如起来行？言行一致，向来都是人们对完美人格的基本要求。而"听其言、观其行"，则是人们观察他人的基本经验。

所谓师行，在此指的是教师平时人际交往的行为。它是教师日常表现的主要内容之一。

在规范师行时，教师所须关注之点有二：其一，严于律己。在学生面前，教师的"身教"往往重于"言教"，因此理当检点其个人行为。其二，以礼节之。在正式场合，尤其是在大庭广众之前，教师必须在其个人行为上依礼而行、循礼而为。

第一节　会面礼节

会面，就是一个人与别人见面。在人际交往中，特别是在正式交往中，会面作为"开场白"，通常都是值得人人重视的头一个重要环节。

心理学证明：在人际交往中，尤其是在初次交往中，一个人留给其交往对象的第一印象，往往是至关重要的。在一般情况下，它不但直接左右着对方对他的评价与看法，而且还会在很大程度上进而影响到双方之间的此次交往。

会面，通常是人际交往的第一个环节。一般而言，一个人留给他人的第一印象，大抵都形成于与对方会面之初。有鉴于此，珍视自我形象的教师，务必要对自己与他人的会面慎之又慎。

教师在与他人会面时，要想留给对方良好的第一印象，一个主要的做法，就是要掌握并恰到好处地运用会面礼仪。会面礼仪，亦称见面礼节，它所指的是人与人在会面之际所应遵守的主要交际规范。问候、介绍、握手以及交换名片等，都属于会面礼仪的基本内容。

一　互致问候

问候，又叫作问好或者打招呼。它适用于人们见面之初，主要用以向他人询问安好、表示关切或者致以敬意。在正常情况下，一个人在与自己的熟人见面时，双方理当相互致以问候。否则，就是一种目中无人的表现。

在会面时，人们彼此之间互致问候虽说是一项例行公事，但依然不可对其掉以轻心。在问候他人时，教师主要应当注意下列三个方面的具体问题。

（一）问候的内容

人们在问候他人时，所使用的具体内容往往多有不同。通常，问候语的具体内容具有明显的地域性特征。在一般情况下，人们所常用的一些问候语往往都是约定俗成的。根据具体内容加以区分，问候语大致可以分为以下三类。

1. 问好型

问好型的问候语，即见面时直接问候交往对象："您好""早上好""下午好"或者"大家好"。它言简意赅、直截了当,既不失礼貌,又可避免东拉西扯,故而最为正规,适用范围最广。

2. 寒暄型

寒暄型的问候语,即人们在平日问候他人时所讲的一些常用的应酬话,诸如"吃了没有""上哪里去""忙什么呢"等。对于这类问候语,一般没有必要予以实质性的答复。它多适用于熟人之间,在跨文化交际时需要慎用。

3. 交谈型

交谈型的问候语,即人们在问候他人时直接找到一个话题,在问候对方的同时,希望就此交谈下去。此类问候语,多适用于公务场合。

(二) 问候的顺序

问候别人时,其先后顺序方面的具体问题,理当引起教师的重视。越是正式的场合,越是需要正视这一点。

1. 两人见面

两个人见面时,双方均应主动问候对方,而不必非要等待对方首先开口不可。不过在正常情况下,标准的做法是所谓"位低者先行"。即双方之中处于地位较低的一方,应当自觉地首先问候地位较高的一方。

2. 一人与多人见面

当一个人与多人见面时,问候对方有两种具体方法可循。一是由尊而卑。即依次一一问候对方。二是统一问候对方。即不必一一具体到每个人。例如,"各位好""同学们好"。

(三) 问候的态度

在问候他人时,教师务必要使自己言行一致。此时此刻,人们往往是讲究对交往对象"听其言,观其行"的。教师在问候他人时,一定要力求态度热情而友好,切勿显得傲慢冷漠、敷衍了事、得过且过。

在问候他人时,要使自己的态度热情而友好,关键是要使自己的表情与举止能够同问候语的具体使用彼此协调,并相互配合。以下几点,尤其需要注意。

一是起身站立,迎向对方。问候别人时,既不应该坐而不起,也不应该等待对方走向自己。但凡有可能,就要站起身来,并且主动走向被问候者。一般来说,问候他人时,双方之间的距离以1米至3米左右为宜。

二是面含微笑,待人友善。问候他人时,通常应当面含微笑。这样做,既是对对方的一种接纳,也是对对方友好之意的直接体现。倘若在问候别人时不苟言笑,甚至显得过度平静、冷漠,就会使自己显得排斥对方。

三是目视对方,专心致志。在问候他人时,必须做到"三到",即话到、眼到、心到。唯有如此,才会使自己的问候显得实心实意。问候别人时,眼到与心到往往直接关联。假如在问候他人时左顾右盼,则会给人以心不在焉之感。

四是认真对待,及时回应。在任何情况下,问候别人都是一种不可或缺的基本礼节,教师们对其一定要引起重视,并且认真对待。特别重要的是,当他人问候自己之后,一定要谨记"来而不往,非礼也",应及时地对对方予以回应,认认真真地问候对方,千万不可仅仅有来无往。

二 进行介绍

介绍,一般指的是在人际交往中使彼此双方互相有所了解。在人际交往中,互不相识者之间唯有通过介绍,才能够彼此认识,并且进而建立联系。所以说,介绍是人际沟通的出发点。

按照被介绍者的不同,介绍通常被分作介绍自己、介绍他人和介绍集体等三种基本类型。在礼仪方面,它们各有一些不同的规定。

(一) 介绍自己

介绍自己,亦称自我介绍。它所指的是自己把自己介绍给其他人,以便使对方认识自己。主动向别人介绍自己,称作主动型的自我介绍。应邀而向别人介绍自己,则称作被动型的自我介绍。不论采用何种类型介绍自己,均应注意下述四个主要之点。

1. 掌握时机

向别人介绍自己,总要在有其必要之时。不然的话,便会劳而无功。不仅如此,介绍自己还应当选择适当的时机。注意这一点,才会使自己所作的自我介绍引起他人的充分重视,并且为对方所记牢。一般来讲,干扰较少的时机,对方有兴趣的时机,初次见面的时机,都适合于进行自我介绍。

2. 简明扼要

介绍自己,犹如开启人际交往的一扇大门,做到这一点则可。漫无边际地信口开河,滥搞长篇大论,不但毫无任何必要,而且还会给人以华而不实的印象。因此,在进行自我介绍时,永远必须以简短为佳。

3. 内容有别

介绍自己时,应当根据具体的情况的不同,而在其具体内容上有所区别。就具体内容而论,介绍自己可以分成下列三种。

一是应酬式。即只介绍自己的姓名。其作用是应对泛泛之交者。

二是交流式。即除了介绍自己的姓名之外,还须同时介绍自己所在的具体单位,所担负的具体职务,或者所教授的具体专业、具体课程。其目的是要使他人对自己的基本情况初步有所了解。

三是答问式。即根据交往对象所提出来的具体问题,来选择自我介绍的基本内容。其特征是有问有答,答其所问。

上述三种自我介绍，各有其适用的具体场合。应酬式自我介绍，适用于面对泛泛之交。交流式自我介绍，适用于面对意欲结交之人。答问式自我介绍，则主要适用于在自我介绍时兼以答复他人的询问。

4. 诚实无欺

进行自我介绍之时，务必要实事求是，在具体内容上诚实无欺。具体涉及个人的情况，尤其是需要进行自我评价时，既不必过度谦虚，不宜再三再四地贬低、否定自己，也不应该自吹自擂、夸大其词。介绍自己时，既然主要是为了让别人了解自己，那么在其具体内容上就应当力求真实可信。

(二) 介绍他人

介绍他人，又叫作第三者介绍或替他人作介绍。它是指由介绍者作为第三者，来为彼此不相识的双方相互进行介绍。在人际交往中，教师往往也免不了要充当介绍者，来替他人作介绍。介绍他人时，如下四点应予注意。

1. 介绍者

在人际交往中，介绍他人时究竟应由何人充当介绍者，通常有其一定的讲究。在一般情况下，介绍他人时，介绍者应由具有下列身份者担任：

一是与被介绍双方相识者。

二是社交聚会中的主人。

三是公务往来之中的专职接待人员。

四是在场之人中的地位最高者。

五是应被介绍人一方或双方要求者。

2. 介绍的准备

欲使介绍他人顺利进行，介绍者事先应当有所准备。其中最重要的是要记住以下几个要点：

一是要了解被介绍者双方之间是否认识。免得令自己的好心好意变成多此一举。

二是要了解被介绍者双方是否希望相互认识。当他们一方或双方无此愿望，大可不必去强人所难。

三是要了解介绍他人的具体时机是否合适。时机如果选择得不好，介绍的效果便不会太好。

3. 介绍的顺序

介绍两人相识时，总存在一个孰先孰后的先后顺序排列问题。一般的规则，是讲究"尊者居后"。其具体含义是：介绍双方时，应当首先介绍位低者，然后再介绍位高者，以便使位高者首先了解位低者的情况。

具体而言，介绍长辈与晚辈时，应当先介绍晚辈，后介绍长辈；介绍老师与学生时，应当先介绍学生,后介绍老师;介绍女士与男士时,应当先介绍男士,后介绍女士;介绍已婚者与未婚者时,应当先介绍未婚者,后介绍已婚者;介绍职务高者与职务低者时,应当先介绍职务低者,后介绍职务高者。介绍客人与主人时,则应当先介绍主人,后介绍客人。

4. 介绍的内容

介绍他人相识时,介绍者所讲的具体内容需要根据具体情况而加以斟酌。介绍他人的具体内容,常用的主要有下述四种方式。

一是简介式。即只提及彼此双方的姓名或者姓氏,其他内容则留待被介绍者自己接下来见机行事。

二是标准式。即将双方的单位、部门、职务、专业与姓名一并道来,它适用于较为正式的场合。

三是引见式。即当一方认识另一方,而不为对方所认识时,由介绍者将前者引见给后者。至于后者的情况,则可以略表不谈。

四是强调式。即为了加深被介绍者双方之间的相互印象,而对其中一方或双方某一方面的某些具体情况加以特别介绍。

(三) 介绍集体

介绍集体,乃是介绍他人的一种特殊情况。它指的是由介绍者为两个集体之间,或者个人与集体之间所做的介绍。在正式场合,教师经常有必要介绍集体,此时,主要有两个要点应予重视。

1. 介绍集体的类型

介绍集体,通常亦有不同的类型。进行不同类型的集体介绍时,在礼仪上有着不同的具体要求。一般来讲,集体介绍可以分为以下两大基本类型。

一是替集体与集体进行介绍。替集体与集体进行介绍时,讲究"双向介绍",即对于彼此双方的情况都要分别进行介绍。

二是替个人与集体进行介绍。替个人与集体进行介绍时,讲究的则往往是"单向介绍",即只需介绍个人的情况,而不必再介绍集体的情况。

2. 介绍集体的顺序

介绍集体时,依照惯例亦有顺序上的尊卑先后之别。在一般情况下,介绍集体同样应当遵守"尊者居后"的规则。例如,替两个团体进行介绍时,通常应当首先介绍东道主一方,随后方可介绍来访者一方。至于具体介绍的内容,则有以下两种方式。

一是只作整体介绍。即只介绍双方集体的宏观情况,而不具体涉及个人情况。

二是介绍个人情况。在介绍集体时涉及的个人情况,一般讲究"双方对等"。即在遵守"尊者居后"的介绍规则的同时,对双方的个人情况均应分别予以介绍。在具体介绍各方的个人情况时,则应当由尊而卑,依次进行。

三 彼此握手

人们在见面时，通常都会相互行礼，以便向交往对象致以敬意。对中国人来说，握手便是相互见面时使用最普遍的礼节。在日常生活里，握手虽为司空见惯之事，但它在许多方面却颇有讲究。对其若疏忽大意，难免就会弄巧成拙。

(一) 握手的方式

与他人握手，有必要对其具体的方式方法加以讲究。只有采用正确的方式，方能使握手发挥作用。一般来讲，与别人握手时，具体应当注意以下七点。

1. 起身站立

在他人面前起身站立，含有对对方的恭敬之意。因此，在与别人握手时，均应起身站立，只有女士在社交场合才可以有所例外。

2. 使用右手

就具体方位来说，目前通常讲究"右高左低"。在握手时，人们对使用左右手的看法也是如此，故在与别人握手时亦须使用右手。用左手与别人握手，一般被认为是不礼貌的，只有在特殊情况下才允许那样做。

3. 手位正确

同别人握手时，手位应当力求正确无误。标准的做法是：握手的双方相互握住对方右手除拇指之外的其他四个手指。仅仅握住对方手指的指尖、握住对方的整个手掌，或者握对方的手腕，都是失当的。

4. 时间适中

握手的具体时间，既不宜过短，也不宜过长。握手的时间太短，好似敷衍对方；握手的时间过长，则会显得热情过度。在正常情况下，与他人握手的时间以3秒钟左右为宜。

5. 力量适度

握手时所用的力量，以2公斤左右为好。用力过轻，会令人感到自己缺乏热忱；用力过重，则会给人以挑衅之嫌。

6. 神态友好

一般来讲，与别人握手时，均应目视对方双眼，并面含微笑。此刻若东张西望，或者面无任何表情，都会给人以不专心、不友好的感觉。

7. 稍事寒暄

与别人握手时，总要同时与对方交谈片刻。要么问候对方，要么叙叙家常。如果始终一言不发，则会导致冷场。

(二) 握手的顺序

与他人握手时，双方伸出手来的先后顺序有着其一定之规。最基本的讲究，是"尊者居前"。即双方握手时,应由地位较高者首先伸出手来。地位较低者若是首先伸出手来,则是失礼的表现。

具体而言,长辈与晚辈握手时,应由长辈率先伸手;老师与学生握手时,应由老师率先伸手;女士与男士握手时,应由女士率先伸手;已婚者与未婚者握手时,则应由已婚者率先伸手;职务高者与职务低者握手时,则应由职务高者率先伸手。

当客人与主人握手时,情况则较为特殊。客人抵达时,应由主人率先伸手;而当客人告辞时,则应由客人率先伸手。前者是主人为了体现自己对客人的欢迎之意,后者则是客人为了请主人就此留步。

如果一个人需要与数人一一先后握手时,其合乎礼仪的顺序有二:一是由尊而卑地依次进行;二是由近而远地依次进行。前一种做法,适用于握手对象地位尊卑较为明显之时。后一种做法,则适用于握手对象的尊卑不甚明显或者难以区分之时。

(三)握手的禁忌

教师在与别人握手时,如欲使自己的所作所为表现得彬彬有礼,就不宜冒犯下述八种握手的禁忌。

1. 不宜戴着手套

戴手套与人握手,显然不合时宜。只有女士在社交活动中,才可能戴着薄纱手套与别人握手。

2. 不宜戴着墨镜

戴着墨镜与别人打交道,通常被视为暗含"拉开距离"之意。唯有眼部患病或存在缺陷者,才可以那么做。

3. 不宜以手插兜

与别人握手时,另外一只手不仅应当空着,而且还应当在身体的一侧自然垂放。要是以之插入衣兜之内,则容易给人以过分随便之意。

4. 不宜掌心向下

伸出手来与人相握时,假如令掌心向下,通常会给人以居高临下之感。与他人握手时,如果令掌心向上,表示待人谦恭。如果令掌心垂直于地面,则表示待人平等。

5. 不宜滥用双手

只有与亲朋故旧相见时,方可以双手与对方相握。与初交之人握手时,尤其当对方为异性时,以双手与其相握则是不合适的。

6. 不宜推拉抖动

与别人握手时,动作与幅度应当适度。既没有必要握着对方的手推过去、拉过来,也没有必要握着对方的手上上下下、左左右右地抖动不止。

7. 不宜跨着门槛

在握手时，双方的身体一般均应保持静态、站立不动。对方不要一边握手一边走动，尤其是不要跨着门槛，一脚门内一脚门外地与别人握手。

8. 不宜争先恐后

不论与要人握手，还是与多人握手，均应讲究先来后到，并依次而行。与多人握手时，或多人同一人握手时，不要推推搡搡、不守秩序、争先恐后。

四 交换名片

名片，指的是人们在进行交际时所使用的向别人介绍自己的特制的一种长方形的硬纸卡片。在它的上面，一般印有本人的姓名、单位、部门、职务、联络方式等项内容。在人际交往中，名片既可用以进行自我介绍，又可用以与他人保持联络。因此，它已被视为现代人应当随身必备的一种交际工具。

教师在人际交往中，不论自己是否拥有名片，均应对名片交换的礼节加以重视。至少，对于下述三大问题必须予以慎重对待。

（一）递送名片

需要将本人的名片递交给他人时，通常有以下五个方面需要注意。

1. 有备而至

参加重要的人际交往活动之前，应当有意识地准备好自己的名片，并且将其置于易于取拿之处，以备不时之需。最为得体的做法，是将名片装入专用的名片盒、名片夹或名片包之内，然后将其放入自己的上衣口袋或随身携带的包、袋。

2. 讲究时机

一般来说，递送名片多见于初次见面，进行自我介绍之后。但是做过自我介绍之后，并非非要递送本人的名片不可。将自己的名片递送给对方，除了希望对方进一步对自己有所了解之外，还往往含有对对方表示重视、希望结交对方、与对方保持联络之意。把自己的名片递送给熟人，仅见于本人的单位、地址或联络方式发生变更之后。

3. 考虑顺序

交换名片时，合乎礼仪的主要顺序有二。

一是两人交换名片时，应当遵守"尊者居后"的规则。即双方之中地位较低者，应当首先把自己的名片递交给地位较高者。

二是一人将本人的名片递送给多人时，要么应当由尊而卑依次而行，要么则应当由近而远依次而行。此刻，不讲任何顺序是不适当的。

4. 毕恭毕敬

将名片递送给他人时，理当在态度上显得恭恭敬敬。具体来讲，有下述五点必须注意：

一是起身站立；二是主动走近对方；三是以双手或右手递上名片；四是递上名片时使之处于低于本人胸部的位置；五是将名片正面面对对方。

5. 语言提示

将自己的名片递送给别人时，一言不发是极不礼貌的。按照常规，在递上本人名片的同时，应当对对方面含微笑，并略道谦恭之语。可以说"请多关照""请多指教"，或者"希望今后保持联系"。直接告以"这是我的名片"，也未尝不可。

(二) 接受名片

接受他人递送过来的名片时，亦应对相关的礼仪规范认真加以遵守。假如这时自己的表现稍许失当，便会失敬于人。

1. 认真接受

名片者，具名之物也。因此，在接受他人名片时态度是否认真，往往会被同对方的尊重与否直接联系在一起。接受别人名片时，若要表现出自己的认真友好之意，就必须谨记以下三点：一是起身站立；二是迎向对方；三是以双手或右手捧接。

2. 口头道谢

他人将名片递送给自己，尤其是当对方首先递上自己的名片时，这种做法本身就是对自己的一种尊重。所以在接受对方名片时，理当口头上向对方致谢，或告知对方"非常荣幸！"

3. 专心通读

为了表示对递上名片者的尊重，但凡有可能，在接过名片后，务必牢记"接受名片，一定要看，通读一遍"这12个字。这样做，至少有三个好处。一是可以表示对对方的重视；二是可以及时了解对方的具体情况；三是可以当面请教自己不清楚的地方。

4. 妥为存放

接过名片后，切勿反复把玩、折折叠叠、随手乱扔、乱掖乱塞、递给他人，或是放入裤兜之内。上述做法，均含有不敬之意。当着对方的面，在其名片上涂涂改改，亦为不当之举。得体的做法，是在将他人的名片通读之后，即应将其收入名片盒、上衣衣兜、随身携带的包、袋，或者桌子的抽屉之中。

5. 有来有往

他人首先递上名片之后，自己亦应当即将名片递给对方。有来而无往，难免会令对方不快。此时，教师倘若没有名片、忘带名片或用完了名片的话，则可直言原因，并告诉对方："改日再补"。

(三) 索取名片

在一般情况下，不宜动辄向别人索要名片。但在必要时，则允许偶尔为之。应当注意的是，在向别人索取名片时，为了做到可进可退，并且不失自尊与敬人之意，通常不宜在表达此意时显得过分唐突冒昧。例如，直接询问对方"你有名片吗"，或者伸手向对方讨要"给我一张名片吧"，都未必合适。

根据交换名片的礼节，索取他人的名片，大体上共有如下四种常规的方法可循。

1. 主动递上本人的名片

所谓"将欲取之，则必先予之"。首先递上本人的名片后，对方一般都会有来有往，做出必要的回应。

2. 向对方建议互换名片

假如担心上一种做法不管用，则不妨直接询问对方："能否有幸与您交换一下名片"。这种做法，通常都不会横遭拒绝。

3. 询问对方"今后怎样向您请教"

向有地位、有身份的人或长辈索要名片时，可以采用这种暗示之法。它不仅点到为止，而且也不失谦恭之意。

4. 询问对方"今后如何与您联系"

向平辈之人或者是晚辈索取名片时，大抵都可以做出这样的暗示。此举即便遭到对方的拒绝，也不至于过分尴尬。

以上四种索取他人名片的具体做法，应当说各有各的适用对象。前两种做法，主要适用于携带名片之人。后两种做法，则主要适合于未带名片者采用。应当说明的是，不论他人以何种具体方式向自己索取名片，都应尽可能地不要加以回绝。

第二节　拜访礼节

拜会，又称拜见或拜访。在一般情况下，拜会是指前往他人的工作地点、私人居所或者其他商定的地点，会晤、探望对方，或是与之进行工作方面的接触。不论在因公交往还是在因私交往中，拜会都是人们习以为常的一种社交方式。

作为交往方式之一，拜会实际上是一种典型的双向应酬活动。在拜会中，访问、做客的一方为客，称为来宾；做东、待客的一方为主，则称作主人。任何一次正式拜会的顺利和成功，都难以离开宾主双方的密切配合与共同努力。对于宾主双方而言，在拜会的整个进程中都必须恪守本分、善待对方，依照相应的礼仪规范认真行事。从总体上讲，充当客人拜访他人时，一定要讲究客随主便，充当主人款待他人时，则一定要讲究主随客便。下面就来分别介绍一下做客与待客的常规礼仪。

一　做客之规

做客，是拜会的基本组成部分。它虽是正常的人际交往中不可缺少的应酬，但若不谙做客之道，则难免会使拜会不能尽如人意。

所谓做客，通常是指上门拜会他人。在拜会中，做客的一方一般属于主动的一方。就做客礼仪而言，其核心之处则在于客随主便，尊敬主人。具体而言，做客的总体要求又应当在下列三个方面得以体现。

(一) 有约在先

在所有的做客礼仪之中，有约在先是最为基本、最为重要的一条。它的基本含意是：拜访他人，尤其是进行正式拜访或者初次拜访，一般均应提前与拜访对象有所约定。换言之，拜访应当以两相情愿、双方方便为基本前提。不提倡随意进行顺访，尤其是对待一般关系的交往对象不宜充当不邀而至、打乱对方计划的不速之客。

从某种意义上讲，做客需要有约在先，既体现着个人教养，更是对主人的尊重。因此，在进行拜访尤其是进行正式拜访或者初次拜访时，有约在先绝对不可予以省略。

对教师们来说，在拜会时做好有约在先，主要应当对以下三个具体问题加以关注。

1. 约定时间

在约定拜会时，一定要在两相情愿的前提下，协商议定到访的具体时间与停留的具体时间长度。对主人所提出的具体时间，应予以优先考虑。由客人自己提出方案时，则最好给对方多提供几种可供对方选择的具体方案。

在一般情况下，主人本人认为不方便的时间、工作极为忙碌的时间、难得一遇的节假日、不宜打扰的凌晨与深夜，以及常规的用餐时间和午休时间，都不宜用作进行正式拜会的时间。

2. 约定人数

在预约拜会时，宾主双方均应事先向对方通报届时到场的具体人员、人数及其各自的身份，并征得对方的首肯。在拜会中，宾主双方都要竭力避免使自己一方中出现对方所不欢迎，甚至极为反感的人物。

通常，双方参与拜会的人员一经约定，便不宜随意进行变动。做客的一方特别需要注意，切勿任意变更、拼凑或者扩大自己的队伍，尤其是不要临时捎带一些毫不相干的人物前去赴约。在任何时候，来宾队伍过于庞大，都会令主人应接不暇、手忙脚乱，甚至会干扰其事先所作的安排和计划。

3. 如约而至

拜访者一旦与拜访对象正式约定拜会时间之后，必须认真对其加以遵守，轻易不再更改。万一有特殊原因，需要推迟或者取消拜会，则应当尽快以适当的方式通知对方。不要若无其事，让对方空等。除此之外，当拜访者下次与对方见面时，最好还要再次为此表示歉意，并详细说明一下自己上次爽约的具体原因。

拜访者在按照宾主双方的正式约定登门进行拜访时，应准时到达。既不要早到，让对方措手不及；也不要迟到，令对方望眼欲穿。总之，按照约定时间准时登门，才是拜访者最得体的做法。

(二) 上门有礼

真正登门拜访他人时，每一位拜访者都必须时时处处以相关的礼仪规范进行自我约束。不论宾主双方的私人关系如何，不论自己所进行的是因公拜会还是因私拜会，拜访者都必须认真注意如下五点。

1. 轻装上阵

做客之前，拜访者一定要对本人的着装进行认真的选择。越是正式的拜会，就越要注意到这一点。在正常情况下，拜访时的着装应当以干净、整洁、高雅、时尚为基本风格。应当注意的是，过分轻佻、随便的服装是绝对不宜选择的。

对于衣着的某些重要细节，拜访者一定要提前检查再三，并且认真加以注意。例如，衣服上的纽扣、拉锁一定要无比牢靠，袜子一定要无洞、无味。不然，肢体动作一旦较大或进门后一旦需要更换拖鞋，可能就要当众献丑了。

2. 先行通报

进行拜访之前，往往需要先向拜访对象进行必要的通报。较为重要的正式拜访，在其进行之前的头一天，或者当天出发之前，拜访者则应与拜访对象再次进行联络，以便与对方再作确认。这一做法，同时还暗含提醒拜访对象之意。

抵达拜访对象的办公室或私人居所门外后，倘若对方无人迎候，应首先采用合乎礼仪的方法，向对方通报自己的到来。通常，拜访者可请其秘书或家人转告，也可以打电话、敲门或摁门铃。

拜访者在敲门时，宜以食指轻叩两三下即可；摁门铃的话，则让铃响两三声即可。若室内没有反应，过一会儿再做一次。千万不要用拳头擂门，用脚踢门，把门铃摁个不休，或者在门外大呼小叫。

即使与主人关系再好，也绝对不要不打任何招呼，便推门而入，否则既有可能显得自己少调失教，又有可能遭遇让人尴尬的场面，令自己进退两难。

3. 问候施礼

登门拜访时，拜访者与拜访对象见面之初，前者应当主动向对方进行问候，并且与对方握手为礼。一般来讲，宾主双方握手时，应由主人首先伸出手去，而由客人对其予以回应。

倘若宾主双方初次谋面，拜访者则还须略作自我介绍。若拜访者的同行人员之中有与主人不相识者，则拜访者还有义务替双方进行相互介绍。在拜访中，如遇到主人的同事、家人时，不论此前是否认识对方，均应主动向对方打招呼、问好，而不宜旁若无人地对其不搭不理。

前往亲朋好友的私人居所做客时，如有必要，可为对方预备一些适当的小礼物，诸如鲜花、糖果、书籍、光碟等。在进门之初，一般即应向主人奉上自己所准备的礼物，并且对其再加以适当的说明，不要等到告辞之时再说。

4. 有除有放

进入他人室内做客时，按照礼仪规范，拜访者应将身上的一些物品或者随身携带的一些物品加以去除、放下。此种做法，被视为向主人致敬的主要方式之一。登门做客时，需要除去或者放下的物品通常有下列几种。

一是帽子。俗话讲："脱帽为礼。"在上门拜访时，客人们必须自觉地这么做。唯有头部患有疮疾者，方可有所例外。

二是手套。除女士所戴的用以装饰的薄纱手套之外，其他人所戴的一切种类的手套，均应在进门后摘下，以便于宾主双方之间进行握手。

三是墨镜。俗称"墨镜"的太阳镜，主要适用于室外佩戴，以供保护眼睛之用。进门之后如果佩戴如故，则既有拒绝交流之嫌，又显得煞有介事。

四是外套。大衣、风衣之类的外套，多用于遮风挡尘。在室内如继续穿着，则会弄脏座椅。

五是手袋。当自己就座后，手袋应被置于右手下方的地板上，切勿将其放到桌、椅、床、柜之上去。

上述这一规范，通常称之为"入室后的四除去与一放下"。它理当为拜访者所恪守。

5. 应邀就座

被主人邀请进入室内时，应主动随行于主人身后，而切勿抢先一步，贸然充当"开路先锋"。

如若主人开门之后并未主动邀请拜访者进入其室内，通常则表明拜访者的到来不合时宜。此时此刻，知难而退才是拜访者的最佳选择。遇到此种情况时，拜访者切勿不长眼色，不邀而入，或者向主人的室内进行窥视。

在一般情况下，主人会邀请来宾在其指定之处就座，届时恭敬不如从命。与此同时，拜访者在就座时还需要注意以下三点：一是不要自行找座；二是与他人同至时，应相互进行谦让；三是最好与其他人，尤其是主人、主宾一同落座。有时落座于其后亦可，但不宜抢先就座。

（三）为客有方

在他人的办公室或私人居所做客期间，拜访者对于自己的所作所为应当加以注意。从总的方面来讲，拜访者应自觉地要求自己、管束自己。具体而论，要注意围绕主题、限定范围、适时告退等三件要事。在这些方面，如果出现大的闪失，则会使自己的整个拜访大受影响。

1. 围绕主题

任何一次登门拜访，对拜访者而言，都必然有其目的性。既然如此，那么在拜访做客之时，就应当使自己的所作所为紧密地围绕着自己所进行拜会的主旨而行，绝对不允许其"跑题"。

在一般情况下，宾主双方尤其是拜访者一方在拜会具体进行时，均应尽快地直奔主题，接触实质性的问题，并力争达成共识，令双方彼此之间均有所获。不要临阵怯场、言不及义；或是随意变更主题，令双方无所适从，从而令拜访变得徒劳无益。

对于正式拜访所事先议定的主题，拜访者则更要恪守不怠。否则，就会引起拜访对象的不满，并打乱双方原定的计划。

2. 限定范围

要使拜会围绕主题而行，一项得力的措施是：客人应自觉地限定个人的交际范围与活动范围。从某种程度上来说，在拜访时限定范围，也是拜访者自身所应具有的基本教养。

一是限定拜访时的交际范围。即要求客人不要对主人的亲属、友人表现出过多的兴趣。例如，询问对方与主人的私人关系，就未必合适。

二是限定拜访时的活动范围。即要求客人一定要自觉地尊重主人的个人隐私，限制自己在拜访之时的具体活动范围。未经主人允许或邀请，拜访者通常不宜在主人的办公室或者私人居所之内到处乱走、乱看。一般而言，主人家里的卧室、书房、贮藏室等处均属外人的"禁地"。在拜访之际，随手乱动、乱拿、乱翻主人的个人物品，也绝对不允许。

3. 适时告退

拜会之时，拜访者一定要注意适可而止，即适时告退。如果客人与主人双方对会见的时间长度早已有约在先，则客人务必要谨记在心，并认真遵守。假如双方无此约定，通常一次一般性的拜访应以一小时为限。初次拜会，则不宜长于半个小时。

若非事出有因，或者宾主双方的关系异常密切，拜访者一般不宜在主人家里留宿，尤其是不宜临时或者主动地表达此意。

在拜会之中遇有他人到访，拜访者应适当缩减自己的停留时间，不要有碍于主人，更不要反客为主地硬找对方攀谈一番。

拜访者一旦提出告辞，便要"言必信，行必果"。任凭主人百般挽留，都要坚辞而去。需要明白的是，主人的挽留有时是出自诚意，有时则可能出于礼貌的"例行公事"。无论如何，都不要一而再、再而三地拖延时间，或索性赖着不走。

出门以后，拜访者即应与主人握手作别。作别之时，一般应由拜访者首先伸出手去与拜访对象相握，以示请对方就此留步，并同时对其给予自己的款待表示感谢。不要听任对方"十八相送"，或是长时间地在门外与主人恋恋不舍地大说特说毫无任何意义的"车轱辘话"。

二　待客之道

在拜会期间，待客是一个重要的组成部分。如果离开了拜访对象对拜访者的接待，拜会就会变得既不完整,并也难以成立。

所谓待客,一般指的是拜访对象对登门拜访者所进行的接待。在拜会中,待客的一方通常属于被动的一方。待客之时,拜访对象有必要遵守常规的待客之道。

待客之道的核心之处在于:主随客便,待客以礼。具体来说,这一待客的主导思想,主要应落实于以下三个方面。

(一)细心安排

与来访者约定拜会之后,主人即应着手从事必要的准备工作以便令客人到访时受到周到的款待,并且令其进而产生宾至如归之感。一般而言,主人先期需要准备安排的,主要有四项工作。

1. 搞好环境卫生

在客人到来之前,往往需要专门进行一次清洁卫生工作以便创造出良好的待客环境,并借以完善个人的整体形象,同时体现出对来客的重视。不要忘了"一室不扫,何以扫天下"的古训。

进行清洁卫生工作的重点,应当是门厅、走廊、客厅、餐厅、阳台、卫生间等来客必经之处。此外,对于门外、楼梯等公众共享空间的卫生,亦应加以注意。

进行清洁卫生的基本标准是:空气清新,地面爽洁,墙壁无尘,窗明几净,用具干净,摆设整齐。

进而言之,还必须对会客地点的室内及其周边环境加以适当的布置。进行环境布置的总体要求是:以少为佳;整洁为上;务求实用。

2. 备好待客用品

通常,有客来访之前,需要准备好必要的待客用品,以应客人之需。在一般情况下,必不可少的待客用品有以下三类。

一是饮料、糖果、水果和点心。它们被人戏称为中国人款待来宾的"四大名旦",通常在待客时必须做到有备无患。

二是报刊、图书、玩具。它们既可供客人消闲之用,又可由宾主一道进行欣赏、讨论。

三是娱乐用品。有时间、有条件的话,宾主可以之在一起进行娱乐活动,以同享欢乐,亦可用以打发孩子。

3. 安排膳食住宿

在待客时,是否需要由主人安排客人的膳食住宿,往往需要分别而论。一般的规则是,在商定正式的拜会时,宾主双方即应同时议定是否应当由主方安排来宾的膳食住宿。而在商定一般性的拜访时,则无此议题。对主人一方而言,在正常情况下,待客时往往讲究所谓的"备膳不留宿"。

具体来说，接待来宾时，主人一方应为对方预先准备好膳食，并在会面之初便向对方表明留饭之意。千万不要忽略此事，尤其是不要只顾自己用餐，而不去招待来宾，以致让对方空腹而归。

一般而言，主人一方不必为来宾尤其是为本地来宾安排住宿之处。不过假如"有朋自远方来"，则还须为其安排住宿。家中或本单位不具备留宿条件的话，事先须向对方说明。在这一问题上，万万含糊不得。在必要时，可代为对方外出联络住宿之处。

4. 准备交通工具

接待来宾，特别是接待众多的来宾或者重要的来宾时，主方还须对来宾所使用的交通工具问题予以考虑。

接待本地客人时，若对方往返时乘坐自己的交通工具，应事先告知其正确的交通线路，并为其交通工具安排存放地点。若对方往返时每次坐公共交通工具或者步行，亦须提前详细地告知对方正确的交通路线。在必要时，主方还需要为后者安排、联络交通工具。

接待远道而来的客人时，一般应由主方主动协助对方解决交通问题。如果力所能及，则最好主动为其安排或提供交通工具。

为来宾安排或提供交通工具，讲究善始善终，不但来时要管，而且走时也要管。这样做，不仅是为客人排忧解难，而且也能体现主人的待客之诚与善解人意。

（二）迎送礼让

在拜会中，客人对于自己抵达之时，主人是否对其表示欢迎，是十分敏感的。因此，在客人抵达之后，主人所要做的头一件事，就是要向对方表示热烈欢迎，并且待之以礼。

为来宾送行时，主人亦须表现出应有的热情与礼貌。唯有如此，才可以使自己对来宾的友善之意贯穿于拜会的始终。

具体来讲，礼让迎送来宾，主要要求主人在以下五个方面表现得当。

1. 迎候

对于重要的客人和初次来访的客人，主人在必要时要亲自或者派人前去迎候，以示对对方的重视或者照顾有加。

迎候来宾的具体地点颇有讲究。一般而言，迎候远道来访的客人，可恭候于其抵达本地的"第一站"，即本地的机场、港口、车站，或是其下榻之处，并要事先告知对方。

迎送本地的客人，则宜在大门口、楼下、办公室或居所的门外，以及双方事先所约定之处。迎候来宾的具体地点，一般应由主人先行通报给来宾。为了防止自己晚到一步，令宾主双方失之交臂，主人或者其代表应在来宾预定抵达时间之前一刻钟左右先行到达迎宾的既定位置。

对于常来常往的客人，虽不必事先恭候于室外，但一旦得知对方抵达，即应立即起身，相迎于室外。不要在客人到来之时我行我素,"岿然不动",也尽量不要让别人尤其是学生代替自己迎接客人。

2. 致意

与来客相见之初,不论彼此熟悉与否,均应面含微笑,与对方热情握手。此刻,由主人率先伸手与来宾相握,是对来宾热烈欢迎的一个具体表示。在此同时,主人口头上还应当对对方真诚地表示"欢迎,欢迎",并致以亲切的问候。

在一般情况下,现代人在待客之初,握手、问候与表示欢迎,被视为必不可少的"迎宾三部曲"。随意对此有所删减,即为失礼。

来宾抵达时,假如自己这里还有家人、同事、学生或其他客人在场,主人有义务为其进行相互介绍。要是任其互不搭理,或是自行进行接触,只能说明主人考虑不周,或者怠慢客人。

3. 让座

如约而来的客人到来之后,主人应尽快将其让入室内,并安排其就座。若是把客人拦在门口寒暄不止,通常等于主人是在向客人暗示其不受欢迎。

在接待来宾时,中国民间有一条古老的规矩,叫作"坐,请坐,请上座",由此可见待客时让座的重要性。在具体处理主人为客人让座这一问题时,主要有以下两个方面应当注意。

一方面,主人一定要注意把"上座"让给来宾就座。所谓"上座",在待客时具体所指者通常有六。

一是"面门为上"。即宾主相对而坐时,面对屋门者为"上座",背对屋门者则为下座。

二是"以右为上"。即宾主双方面对屋门并排就座时,右侧的位置在座次上高于左侧的位置。

三是"以远为上"。即宾主双方并排在屋内的一侧就座时,以距门远者为"上座",以距门近者为"下座"。

四是"居中为上"。即座椅有中央、有两侧时,应以位于中央的位置为"上座"。

五是"高座为上"。即座椅有高有矮之别时,应以高者为"上座"。

六是"舒适为上"。即较为舒适的坐椅应被视为待客时的"上座"。

另一方面,在就座之时,为了表示对客人尤其是主宾的敬意,主人通常应邀请客人先行入座。有时亦可与对方"平起平坐",即宾主双方一同落座。千万不要抢在来宾之前入座,更不可以不向对方让座,或是让错座。

4. 均等

所谓均等,在此是指,当主人在同一时间、同一地点接待来自不同单位、不同身份的来访者时,应当对于各方来访者在礼仪上给予合乎情理的平等待遇。简言之,就是在同一时间之内接待多方的来访者时,应当在礼遇上对其平等相待。具体而言,在下述两个方面,尤须主人在接待多方来访者时倍加注意。

一是一视同仁。一视同仁，在此处的主要含义是：主人在同一时间、同一地点接待来自不同方面的多方来访者时，应当有意识地在态度上与行动上对其一律平等相待。此刻分亲疏、论贵贱，甚至厚此薄彼，都是绝对不允许的。

二是待客有序。待客有序，通常是指在与客人握手、问候以及让座、献茶时，主人要注意按照惯例，由尊而卑地"依次而行"。在正常情况下，待客的具体次序有下列六种讲究。第一，女士先于男士。第二，长者先于晚辈。第三，老师先于学生。第四，已婚者先于未婚者。第五，职位高者先于职位低者。第六，先来者先于后到者。越是正规的场合，就越需要关注待客有序的问题。一视同仁与待客有序，是均等原则的两个不同侧面。二者相辅相成，并无矛盾。

5. 送别

送别亦称送行。作为待客的尾声，送行必须为主人所高度重视。常言道："迎来送往"，可见在待客时不能有迎而无送。否则，主人在迎宾时所付出的种种努力便会付之东流。

一般而言，告辞的要求，应由来客首先提出。届时，主人应认真加以挽留。倘若客人执意要走，主人方可起身送行。不到万不得已，不允许主人以自己的语言、表情、动作暗示"送客"之意。当客人辞行时，亦不允许坐而不起，切切不可有意不为对方送行。

送行的具体地点，可以有所不同。对远道而来者，可以是机场、港口、车站或其下榻之处；对本地的客人，则应为大门口、楼下，或是其所乘车辆离去之处。至少，也要将客人送至室外或电梯门口，不然就算是对客人的失礼。

与客人告别时，主人要与对方握手，并道以"再见"。此刻双方在握手时，最好首先由客人伸出手来。要是主人在此情况下首先伸手与客人相握，则带有极不耐烦的"逐客"之意。与平时难以谋面的客人道别时，还应请其"多多保重"，并请其代向家人或同事致以问候。

在一般情况下，当客人正式离去时，主人应主动向其挥手致意。只有当对方离开之后，主人方可离开。应当特别强调的是，前往机场、港口、车站为来宾送行时，若对方所乘的交通工具尚未开动，主人抢先离去是不应该的。否则万一来宾所乘坐的交通工具误点，或者有其他事情发生，可就无人相助了。

（三）热情相待

在接待客人之时，主人一定要表现出自己的热情、真诚之意。做到了这一点，就会让客人更好地感受到主人的友善完全出自真心实意，而不仅仅只是循例而行。

热情待客，是拜会进行之中对于主人一方的基本要求之一。要真正地做到热情待客，既要求主人感情热烈，对客人的关怀、照顾无微不至，又要求主人的所作所为合乎礼仪、讲究形式，并力求形式与内容相统一。在下述三个方面，尤其需要主人有所表现。

1. 一心一意

在拜会进行期间，主人对待客人必须自始至终、始终如一地表现出一心一意。对主人而言,客人就是主人的"上帝",待客就是主人的"工作重心"。因此,在接待客人时,一定要真正做到时时、处处、事事以客人为中心,尽心尽力地对其关照有加。切切不可在接待过程中有意无意地显得三心二意、用心不专。那样一来,必然会顾此失彼、因小失大、冷落客人,甚至令对方产生不满。

主人在面对客人的时候,如果爱答不理,闭目养神,大打哈欠,看书看报,听广播、看电视、播放音乐,忙于处理家务,打起电话没个完,与家人大聊其天,甚至抛下客人扬长而去,……只能说明自己轻视或者不欢迎对方,而且在待客礼仪方面也表现得不及格。

2. 兴趣盎然

孔子曰:"有朋自远方来,不亦乐乎!"在待客之际,主人有必要热情饱满,并且对宾主双方的所言所行表现出极大的兴趣。

交谈,不仅是宾主相见之际的基本交际方式,也是主人借以表现自己对来宾的谈吐、见识充满兴致与敬佩的主要途径。在宾主进行交谈之时,主人不仅需要准确无误地表达和接受信息,而且还要扮演一个称职的"主持人"和最佳的听众。无论如何,主人都不宜使宾主之间的交谈冷场,或是对客人的谈吐明显地表现出毫无兴致。

作为"主持人",主人有义务为宾主之间的交谈引起话题、寻找话题,而不至于使大家相对静坐、无话可说。万一客人之间的交谈不甚融洽时,主人还需出面转移话题。

作为听众,主人则需要在客人讲话时洗耳恭听,并对此抱有浓厚的兴趣。有时,还可主动向客人讨教,以引发对方的话题。这些做法,均可令对方谈兴骤增。

3. 主次分明

主次分明,是主人待客不可忽略的重要注意事项之一。具体而言,其要求有二。

一是主人的私人事务一般均应从属于来宾接待这一中心任务。在任何情况下,都不允许主人将私人事务的处理凌驾于来宾的接待之上,尤其是不允许当着来宾的面堂而皇之地那么做。

二是主人在待客之时应当将此时此刻正在接待的客人视为自己最重要的客人。它的主要含义是:主人既要接待后到的客人,又不能"喜新厌旧",转而冷落甚至抛弃当前正在接待的客人。万一主人在待客时客人有先来后到之分,则可以合并在一起进行接待,或是先请他人代为接待一下后来之人,自己打过招呼即应回来。即便先来与后到的客人在身份、地位上有所差别,待客时主人所必须讲究的"先来后到"也不容改变。当然,有可能的话,最好还是不要安排多批重要的客人同时到场为妙。

第三节 集会礼节

在各种形式的聚会之中,集会是最为正规的一种,而且也是教师平日接触最多的一种。所谓集会,通常指的是人们集合在一起,有议题、有组织、有步骤、有领导地研究、讨论、商议有关问题。有时,集会亦称会议。

在现代社会里,集会是人们参与社会活动的主要方式之一。尽管人们在日常生活里有机会出席各式各样的集会,例如,办公会、研讨会、务虚会、洽谈会、座谈会、发布会、庆祝会、纪念会、展览会等,但是它们都无一例外地具有以下四个方面的共同性特征。

首先,集会是有议题的。集会的议题,即为其主题。开会的目的,就是要围绕议题各抒己见,集思广益,以求统一思想、解决难题。因此,集会是不能没有主题的。

其次,集会是有步骤的。集会的步骤,在此指的是它的内容与程序的具体安排。它既有约定俗成之规可循,又需要有一定的区别。要取得一次集会的成功,主办方必须安排好其具体的步骤,使之在召开时进行得井然有序。

再次,集会是有组织的。一人独处,难称其为集会。多人相聚议事,才能算作集会。要妥善地使多人在一起集会,就必须有组织地进行安排、协调,并且为集会的召集与进行处理好必要的日常性、事务性问题。

最后,集会是有领导的。但凡正式的集会,皆须由专人负责、专人主持。即便是集会的一般性组织、准备工作,如果没有专人负责具体操作,往往也是做不好的。

就礼仪规范而言,集会的礼仪内容包罗万象,对集会的方方面面均有涉及。以下将分别介绍集会的核心人物——主持者、发言者和聆听者在集会中所应恪守的个人行为规范。

一 主持集会

一般而言,凡属较为正式的集会,均应指定专人负责主持。主持者,是集会的现场"总指挥"。在集会上,主持者主要应负责落实议程、控制时间、掌握会场等三项工作。处理这三项具体工作是否得力,通常是检验集会主持者是否称职的最佳标尺。

(一)落实议程

议程,一般是对集会具体程序的简称。它所指的是,一次集会在其具体进行时的各项基本内容及其所应遵循的、既定的先后顺序。凡是较为正规的集会,其议程大都在事先进行过认真的讨论和拟定。

作为集会的现场指挥者和现场的掌握者,主持者有必要尽心竭力地使集会的各项议程得以认真落实。要做到这一点,主持者有必要以高度的责任心具体做好以下两件事情。

1. 熟悉议程

要使一次集会的全部议程得以落实,首先就要求主持者必须真正熟悉议程。俗语说"熟能生巧",只有熟悉了集会的各项议程,主持者才能在集会进行时熟练地驾驭集会,并且沉着妥善地应付一切难以想象的突发性问题。

一般而论,大凡一次较为正式的大型集会,其议程大都约定俗成,只不过不同类型的各种集会之间小有一些差别而已。通常来讲,一次正式集会的主要议程,大体上包括下列五项:

一是由主持者宣布正式开会。必要时,与会者须全体起立,奏国歌或者会歌。随后,亦可演奏或演唱会歌、校歌等。在此之前,主持者应暗示与会者就座,并相机将就座于主席台上的要人依次介绍给大家。

二是由专人做主旨报告。其主要内容,应与集会的议题直接相关。此项内容,往往是集会之核心点。

三是由全体与会者讨论主旨报告。讨论的具体方式,可以是分组进行讨论,也可以是进行大会发言、讨论。二者亦可综合运用。

四是全体与会者达成共识。全体与会者在讨论主旨报告后所达成的共识以及所提出的问题,可由专人在会上进行总结性发言,亦可就此通过相应的集会决议。

五是由主持者宣布集会结束。

在集会上具体落实议程时,其基本框架通常不容予以变动。但在具体环节问题上,却允许随机进行调整。能否做好这一点,就需要凭借主持者个人的经验和应变能力。

2. 执行议程

在一般情况下,集会的主持者作为一名具体的工作人员,往往无权变更集会的正式议程,尤其是无权变更其中的主要议程。不论遇到什么特殊情况,主持者在主持会议时都必须想方设法履行自己的职责,以确保集会按照既定方针进行,努力兑现各项议程,以完成预期的任务。需要强调的是,执行集会既定的议程,乃是主持者不可推卸的职责。

在集会上,未经集会主席团或者其召集、组织者授权,主持者无权对集会的议程进行全面的调整,或是对其自行增减。倘若遇到特殊情况,例如,发言者缺席、发言时间不够用、听众意见较大、音响设备出现故障等,而主持者认为确有必要对议程进行必要的临时调整时,最好首先征求一下集会主席团或主要负责人的意见,不到万不得已,不要自作主张地"先斩后奏"。

(二)控制时间

在现实生活里,一次集会的成功与否,往往与它何时举行、举行多久关系甚大。这些关键问题,主要应当由集会的主席团或者其召集、组织者进行认真考虑。对主持者而言,在此方面所要做的主要工作,就是要对规定的集会时间具体加以控制。

主持者在集会上控制时间,具体应当在以下三个不同的方面得以体现。

1. 严守起止时间

任何一次正式集会,都有其公开宣布的起止时间。在集会的时间方面,起止时间是最为重要的一点。不注意此点,就会使集会无始无终,至少也会令其难以善始善终。

集会的起止时间不但要事先予以确定,而且它一经确定,便应当得到全体与会者,特别是集会工作人员的遵守。任何人,不论他具有什么身份,若是对集会时间不予以重视,就等于表明他不重视这次集会,并且不尊重其他的与会者。

在集会进行期间，严守集会的起止时间，是主持者所必须重视的一桩"例行公事"。因此，主持者必须明确：应当在什么时间宣布开会，应当在什么时间宣布散会。在具体的时间上，最好把握得完全正点，分秒不差。此种做法，将有助于提升集会的正规性和严肃性。没有非常重要的特殊情况，主持者万万不宜随便改动、拖延开会时间或散会时间。

2. 限制发言时间

在正式集会上，不仅集会的起止时间要认真遵守，而且对现场发言的具体时间也要有明确的限制。从一定意义上讲，限制发言时间是防止集会拖延时间的良方之一。

在一般情况下，有关方面在具体拟定集会议程时，即应对每一位发言者的发言时间做出明确的规定，并且一律提前通知其本人。主持者在主持集会时，需要做好两件事情：一是在发言者发言之前再次关照一下其限定的时间长度；二是可使用技术性手段，例如，悬挂计时器或者铃响提示等，在现场对发言者做出暗示。

需要强调的是，主持者在集会上对发言者的发言时间做出必要的限制时，切不可手法粗暴、态度恶劣。尽量不要当众口头打断他人的发言，不要强迫对方收场，更不要为此而大喊大叫，搞得与会者人人皆知，从而令发言者难于下台。

3. 留有休息时间

倘若集会举行时间较长，一般应当由主持者在其间安排一定长度的休息时间，以供与会者稍事休息，活动手脚，处理私事，或是进行"方便"。

从原则上讲，集会贵短。因此，大体上一次集会最好控制在 3 小时之内，并以 2 小时左右为佳。凡举行集会的时间长于 1.5 小时，即应在其间安排一次长约 1 刻钟左右的休息。

如果集会事先未确定总体上的时间长度，而且在举行时间已经过了 2 小时，并且尚未告终，则主持者也应主动建议进行一次必要的会间休息。

宣布进行会间休息前，主持者需要当众明确休息时间的具体长度，以便与会者能够准时返回会场。

若集会打算进行一整天，或者连续多日举行，则除了规定必要的会间休息之外，往往还需要安排专门的正式的午间休息与休会日。

（三）掌握会场

在集会举行期间，主持者掌握会场的能力与水平，往往会直接影响到集会的成败。一般而言，主持者在掌握会场时，最重要的是要注意少讲多看和调节气氛等两个具体问题。

1. 少讲多看

在集会上，主持者的中心任务就是主持集会，而不是充当主要的报告人或发言者。因此主持者一定要恪守自己的本分，在会上少讲多看。

一是要少讲。在主持集会时，主持者所要做的主要工作，基本上就是"照本宣科"，使既定的集会议程得以贯彻。由此可见，在主持会议的具体过程中，主持者切勿随意作秀、大抢风头,尤其是不要兴之所至地信口开河。

二是要多看。在集会上,主持者最应当做的就是要多看多听。所谓多看,在此是要求主持者认真观察集会的进行情况,耐心观察与会者的现场情绪与反应,深入了解整个气氛的变化,以便防微杜渐,尽可能地不出问题、少出问题,并且及时地发现问题、解决问题,努力使集会得以顺利进行。

2. 调节气氛

要掌握好会场,除了少讲多听之外,还要求主持者在集会举行时变被动为主动,积极采取必要的措施,以调节现场的气氛,令集会自始至终保持良好状态。

当贵宾出席集会时,主持者可在开会之前或对方演讲之前,对其进行适当的介绍。

在发言者发言前与结束时,主持者应带头为其鼓掌,以带动全场听众予以热烈响应。

若是集会在进行期间出现局部骚动混乱或者其他未曾料到的场面时,主持者切勿听之任之、无所作为,而是应当沉着冷静地努力扭转局面。

二 会间发言

在各种集会上,正式上台演讲、报告、发言、讲话的人,可以被统称为发言者。在任何情况下,发言者无疑是集会的中心人物和主角。在集会上,欲成为一名称职的、受人尊敬和受人欢迎的发言者,就必须在仪表整洁、态度谦恭、内容周全等几个方面倍加注意。

(一)仪表整洁

发言者出场发言之前,其个人的仪表整洁与否,往往会给现场的广大听众留下十分深刻的印象,甚至直接关系到发言者是否会受到欢迎。因此,在出席集会之前,发言者一定要抽出必要的时间,对其个人仪表进行修饰和检查。

1. 整理仪容

在修饰仪表时,发言者务必要整理一下自己的仪容。其着重之点,一般应为发型与面部。总而言之,发言者的发型应当端庄、大方,面部则要力求干净、整洁。通常,男士应当剃去胡须,女士则应当尽量不染彩色头发。不论男女,都应当把自己的头发梳理整齐。无论如何,发言者在集会上出场亮相时如果不修边幅、蓬头垢面、异味扑鼻、邋邋遢遢,都极不明智。

2. 讲究着装

如果打算在集会上进行发言,尤其是进行重点发言,就要在衣着上做到"有备而来"。具体而言,在着装方面有两点要求发言者特别予以注意。

一是风格庄重。绝不允许在着装方面随心所欲,尤其是不允许发言者穿过分怪异、性感、散漫或不洁的服装登台发言。

二是规范严整。对于能穿什么,不能穿什么,发言者不仅要一清二楚,而且还必须懂得应该怎么穿,不应该怎么穿。例如,发言者在发言时,不允许穿着风衣,披着外衣,"袒露胸怀",挽起袖口、裤管,或者戴着帽子、手套、墨镜。

3. 注意妆饰

对于发言者而言,适当地进行妆饰虽然必要,但仍须以庄重、保守为度。对于这一要求,女性发言者尤须重视。与参加宴会、舞会、晚会等交际活动有所不同,参加集会多属公务活动,因此在妆饰上切勿过分地抢眼、招摇。否则,发言就有可能异化为"表演"。具体来讲,发言者在进行化妆时,应当淡雅而清新,切忌给人以浮华或轻佻之感。如果打算佩戴首饰,既要令其与本人的实际身份相符合,又要使之少而精。

(二)态度谦恭

调查证明,对于普通听众而言,发言者发言时的现场态度,往往比其发言的具体内容更受重视。有鉴于此,发言者无论在任何情况下,都要对自己发言时的态度妥善地进行调整。从总体上讲,发言者的态度应当自谦与敬人。具体而言,就是要注意以下四个方面的问题。

1. 自谦自重

见多识广的发言者一定明白:自己在发言时所提出的见解能否为听众所接受,自己能不能在集会上得到应有的尊重,关键取决于自己临场发挥的水平,而不在于自吹自擂。谈到发言者的临场发挥,一个重要的不变之点,就是要求其自谦自重。在发言时,一定要少用"我"字,慎提"本人",尤其要力戒自我推销、自我宣传和过分的自我肯定。若是把发言的重点放在其他方面,通常会比"我"字当头收效要显著得多。与此同时,还要收敛自己的态度,切勿嚣张狂妄、得意忘形。

2. 尊重听众

在发言的整个过程中,发言者都不能失敬于听众,而是自始至终都要对对方重视有加。在上台发言之初,发言者循例要向主持者与其他听众欠身致意,并进行问候。在发言之中涉及听众时,需要采用尊称与敬语,而不能使用任何对听众不尊重的语言、动作或表情。当发言结束时,要先道一声"谢谢大家",并在欠身施礼后,才可以退场。这些尊重听众的重要礼节,通常都必不可少。

3. 宽待对手

有时,在同一次集会的发言者之间,见解难免会各异,甚至会相去甚远。极个别的时候,在集会上还会出现发言者各执一词、针锋相对的情况。当他人在集会上的观点与自己的发言相左时,一方面要善于求同存异,以理服人;另一方面则要求发言对事不对人。切勿为了捍卫个人的某些无关紧要的观点,而对其他持异议者毫不相让,甚至为此而大肆争吵,打断他人的发言,或进行人身攻击。其实,在绝大多数听众看来,能够宽待对手的发言者,才最值得尊敬,才最具做人的风度。

4. 适可而止

发言之时,发言者必须谨记"要言不烦"的原则,具有明确的时间观念,宁短勿长,绝不拖延自己的发言时间。在准备发言时，即应具有这一意识。集会若规定了发言限时，则必须严格加以遵守。若无合理的理由，则切勿延长自己发言的时间。延长哪怕是几分钟，也不适当。若集会对发言时间未作明确规定，发言时亦应长话短说，切勿让自己的陈词滥调去招人厌烦。在一般情况下，正式发言不宜长于一刻钟，即席发言则应以 5 分钟为限。发言者要对此心中有数。

(三)内容周全

在集会上发言时，发言者不是在进行表演，而是重在系统地阐明个人对于有关问题的具体见解。因此，发言的具体内容，才是听众关注的重点。发言者的个人临场风度不论有多么好，若是其发言内容言之无物，照样会给人以华而不实之感，并且不为听众所接受。

在准备发言时，发言者务必要做好下述七点，以力保自己的发言内容周全，并令人欢迎。

1. 分清对象

在准备发言的内容时，首先要对自己的听众有所了解。具体来说，至少要对其思想状况、文化程度、职业特点、心理需求与现场情绪等有一定程度的认识，然后才可以使自己的发言因势利导、中矢中的。否则，就很有可能闭门造车、无的放矢，从而失去听众。

2. 观点鲜明

在集会上，每一位发言者在发言时，都既要坚持己见，又要防止人云亦云。最重要的是，要使自己的发言观点明确、中心突出、态度清楚、主张合理。做到了这一点，就一定会使自己的发言真正地抓住听众，并且给其留下深刻的印象。应予明确的是，发言者所提出的鲜明观点，应当合情合理、言之有据，切勿为一鸣惊人而故作惊人之语。

3. 材料翔实

掌握一定的发言技巧的人都知道，在集会上所进行的正式发言，不仅要以理服人，而且还需要以例服人。所谓以例服人，是指在发言时善于进行枚举，以充分的具体事实去证明自己的观点的正确，并且使听众心悦诚服。实践证明，发言者倘若举例适时而合理，往往会使自己的发言说服力大增。然而必须注意，选择发言时的论据既要少而精，更要真实无误。若生编滥造，则是害人害己的。

4. 语言生动

任何人在集会上所进行的发言，都以语言晦涩枯燥为最大忌讳。发言时语言枯燥，通常会令人感到索然寡味、不厌其烦。而发言时语言晦涩，则又令人感到莫名其妙、故弄玄虚。在任何情况下，简单明了、通俗易懂、生动形象的语言都最受欢迎。因此，在集会上进行正式发言时，每一位发言者所用的语言都应当朴素、具体，而又幽默、形象、耐人寻味、不失哲理。

5. 感情真实

应当承认，在集会上进行发言时，发言者固然要以自己的真情实感去感染听众，争取听众,打动听众,但是切勿为了达到这一效果而一味片面地煽情。不要低估听众的见识与智商。实际上,在发言时滥用感情、无病呻吟、矫揉造作、逢场作戏、小题大做,根本不会为听众所接受。所以,发言者在发言时的感情抒发必须适度而自然。它既要出自内心、发自肺腑,又要有所控制、适可而止。

6. 结构合理

在集会上,一次成功的发言不但要求层次清晰、逻辑缜密,更重要的是,还要求它在充分表达个人见解的同时,能够尽快吸引听众的注意力,使其自觉自愿地洗耳恭听,并且聚精会神。而要做到这一点,通常要求发言者在发言的整体结构方面进行适当的、合理的安排。一般而言,在发言的具体结构上,应当做到疏密有致、有张有弛。既要抓好发言的开端,令其开门见山;又要抓好发言的收尾,使其首尾呼应。

7. 先期预演

大凡在正式集会所预定进行的发言,均应事先进行一定的准备。先期预演,是发言者准备发言时所必不可少的一个重要步骤。如果有时间的话,在发言稿或者发言提纲草拟完毕之后,最好将其多读几遍,并且进行一两次预演,以便使自己对其胸有成竹。在进行发言预演时,若有条件,可请他人在场,并请其发表意见或建议,使发言有所提高。不过一般的发言都没有必要事先进行背诵,否则往往会令人对其产生反感。

三 聆听讲话

集会上的聆听者,亦即听众。就集会的角色分工而言,听众一般并非主角,但是,如果离开了听众的自觉配合,集会也是很难取得成功的。

在许多情况下,集会的参与者通常身兼数职:既是主持者、发言者,又是聆听者。当主持者、发言者需要聆听他人的发言时,都必须力争做一名合格的聆听者。

听众在集会上的最佳表现,一是要遵守集会纪律,二是要认真倾听发言。对其中任何一方面缺乏重视,都是不应该的。

(一)遵守纪律

正式一些的集会,通常都会提前宣布有关的集会纪律,并促请全体与会者自觉对其加以遵守。即使有些集会没有对集会纪律的明文规定,事实上它也是在人们的意识中普遍存在的。

具体而言,集会纪律一般是指为确保集会的顺利进行而专门制定,并要求全体与会者自觉执行、遵守的有关规则、要求或者条文。不同具体类型集会的会议纪律往往小有差别,但从总体上看,它们却大都具有以下三个方面的共同之处。

1. 准时到会

严格地遵守集会的时间,是保证集会顺利进行的基本条件之一。要确保这一条得到贯彻落实，不但要依靠集会主持者、组织者的积极努力和得力的措施，同时也要依靠全体与会人员的自觉和认真。

接到集会通知后，若准备出席，则应当按照通知所规定的具体时间，准时抵达会场。参加在本地举行的集会，一般应提前5分钟以上进入会场，以便有一定的时间进行个人必要的会前准备。例如，签到、会合他人、寻位、领取材料等。参加在外地举行的集会，则最好提前1天报到，以便事先熟悉情况，并且做好一切必要的准备。

自己一旦答应参加某一次集会，就不应当无故迟到或者缺席不到。即使本人位高权重，也绝对不宜如此。万一自己有特殊原因不能出席原定将要出席的集会，则一定要提早请假为宜。

2. 保持肃静

在集会正式进行期间，全体与会者都有义务自觉地保持肃静，以维护会场秩序，不至于影响发言者的讲话与其他听众的倾听。

当发言者或主持者在集会上讲话时，不允许任何听众有意起哄，或是直接制造对其有碍的噪声。例如，听众们在集会进行期间，不应在会场上使用手机，不应收听录放机和MP3，不应把玩电子游戏机，不应吃东西、喝饮料，等等。

当听众与主持者、发言者或者集会的组织者的意见相左时，可以通过适当的渠道进行合理的表达。但是，不应当在对方发言时予以打断，或是大声予以斥责、议论，狂吹口哨，拍打桌椅，跺脚乱踢，等等。

在集会上鼓掌，主要是为了对发言者表示欢迎和支持。因此，听众不可以对鼓掌反其道而行之。不可当自己心怀不满时，动辄对发言者大"鼓倒掌"，令其难以下台。

在整个开会过程里，包括听众在内的任何人都不应当随意走动，或者主动与周围之人交头接耳。在一般情况下，带孩子参加集会是不许可的。

3. 不得逃会

一旦参加集会，就要自觉地坚持自始至终，而不宜巧借任何借口在集会举行期间半路脱逃。否则，既说明自己对集会或者集会的组织者心怀不满，又说明自己缺乏做人的基本涵养。

万一有个别听众在集会举行途中确有特殊原因，需要中途离去，一定要在离开之前向有关方面的负责人正式请假。必要时，还须亲自向集会的主持者说明原因，求得其谅解，并为此而道歉。无论如何，都不应当在参加集会时"半途而废"，不辞而别。

即便他人的发言不甚悦耳，或者对自己抱有明显的敌意，也不妨冷静对待、愿闻其详。与拍案而起、挺身而斗或者拂袖而去的种种过激做法相比，它们之间在策略与风度上孰优孰劣自不待言。

(二)专心倾听

对集会上的每一位听众而言，在集会具体进行的整个过程中认真倾听他人的发言，都是对集会本身、集会的组织者与发言者所表现出来的应有的尊重，同时也是自己掌握集会精神的主要途径和自身教养的真实写照。一般而论，要真正做好这一点，需要注意以下三点事项。

1. 有备而来

在参加较为正式的集会之前，每一位以听众为身份的与会者都应当进行必要的准备。下列四种准备工作，通常都必须认真地着手进行。

一是进行充分的休息。这样做，主要是为了养精蓄锐，否则在集会时疲劳困乏、大打瞌睡，必定影响听讲。

二是处理好其他工作。免得自己在开会时神不守舍，三心二意，用心不专。

三是预备好必要的辅助工具。例如，纸、笔、录音机等等，皆可有助于自己。

四是认真阅读集会所下发的材料。这是掌握集会主旨、全面了解集会情况的必要步骤。

2. 聚精会神

在集会正式举行期间，每一名听众都要聚精会神地聆听他人的讲话、发言，并且始终如一。在参加集会时，唯有聚精会神、全神贯注，方能汲取他人发言的精华，抓住其要点。正因为如此，任何有心的听众在聆听他人的发言、讲话时，都不应该在主观上放任自己，或使自己心神不定。倘若聆听者兼具发言者的身份，则在本人发言之后转而充当听众时，更要专心致志地倾听他人的发言，而且切不可在这方面"宽于律己，严以待人"。

3. 进行笔录

我国民间有句家喻户晓的俗语，叫作"好记性不如烂笔头"，它所阐述的其实就是做笔记的重要性。每一个人在参加集会时，如果被允许的话，参加集会时就要尽可能地对他人的讲话、发言择其要点进行笔录。它对于会后深入体会和准确传达、贯彻、执行集会精神，都将会帮助极大。

在会上进行记录，可根据本人的条件与集会的规定，酌情采用笔记或者录音的方式。假定二者并用，也未尝不可。如果会议不允许记录，则一定要遵守此项规定。参加一些重要的集会时，要是打算录音，最好事先征得集会组织者的同意。在集会上，通常不允许擅自拍照、录像。会上所进行的记录，尤其是重要集会的记录，切勿自行广为扩散或者公开进行发表。

第四节　宴会礼节

宴会，比较严格地说，是一种正式而且隆重的宾主在一起聚餐的集会。根据交际礼仪的规范，宴会应被视为一种高层次的社交活动形式。换言之，出席宴会，对教师而言，往往都是"非为饮食，为行礼也"。

第五章 师 行

在日常交往中，人们经常会以宴会的形式款待客人，教师也经常会有机会应邀赴宴。不论去吃中餐，还是去吃西餐，不论宴会的具体形式是庄严隆重，还是轻松随意，教师届时都应当牢记：自己是置身于一种交际应酬的场合，而不是在家中与家人一道用餐。出门在外，前去出席正式宴会时，尤须切记此点。在宴会上勿忘交际，勿忘遵守礼仪，并且严于律己，才是教师所应取的正确态度。

考虑到目前我国教师的实际情况，在此主要介绍餐前的表现、席间的禁忌、工作餐礼仪和自助餐礼仪。

一 餐前的表现

所谓餐前的表现，泛指赴宴者在接到邀请后，直至用餐前，一切与宴会相关的所作所为。注意自己餐前的一切表现，努力使之文明礼貌、大方得体，是对参加宴会的教师的基本要求。下述各点，务必注意。

（一）应邀赴宴

依照惯例，正式的宴会应以请柬邀约客人。在一般情况下，请柬至少应当提前10天以上到达客人之手，以便对方提前进行安排。

如果宴会是专门为某些特定对象而举行的，例如：洗尘宴会、庆贺宴会、生日宴会、饯行宴会等等，则主人在确定宴会的具体时间、地点与邀请对象时，需要与对方进行友好协商，并且在原则上应当"主随客便"。假如不征求对方意见，便自作主张地先把请柬寄给了对方的"对头"，即便想要充当双方之间的"和事佬"，也不会有谁领情。

接到邀请自己赴宴的请柬后，通常不论能否出席，都应当尽快确认，并尽量早一些向主人通报。在正式的宴会上，主人需要为全体出席者排定桌次与位次。若届时有人临时缺席，致使座位空置或酒菜浪费，对主人是极不尊重的。

一旦通知主人决定赴宴，此后就不宜再作变动。反反复复，或是告知以"定不下来，到时候再说"，都是不礼貌的。

同一切正式约会一样，告诉主人自己决定赴宴，到时候又炮制各种借口缺席，会让主人十分寒心。绝对不要再说什么"临时有重要的事情要办"！出席宴会，会见主人，谁能说不是一件重要的事情呢？！要是再讲自己还有更"重要的事情"，则等于告知主人：他的盛情邀请不够重要。

假如真的不能如约赴宴，务必早日告诉主人，并为此诚心诚意地进行道歉。如果临时不能出席的话，亦须尽快告诉主人。事后，还应当去"负荆请罪"，登门向主人亲口道歉。

主人在邀请客人出席宴会时，如果在请柬上或口头上通知了某些具体的要求，诸如是否携带配偶、要不要穿礼服、应当何时到场等等，则务必遵守。

规模盛大的宴会，尤其是西餐宴会，往往约请客人夫妇一同参加。假定一方的配偶不在本地，或是尚未成婚，应提前告知主人。如果有必要的应酬，请自己的子女、兄妹或秘书一同出席宴会是可以的，但此举需要提前征得主人的同意。

比较正式的宴会，特别是举行于晚间的盛大宴会，对出席者的服饰大都有所规定。如果要求赴宴者穿礼服，通常男士应着黑色与其他深色的西装或中山装套装，女士则应穿旗袍或其他应时、应景的高雅、端庄的裙式服装。尽管这么穿与国际上公认的礼服式样还有一定的不同，但从我国的国情出发，此亦不为过也。

在普通的宴会上，对着装可能没有明确的规定。即便如此，赴宴者也不可对维护自我形象一事掉以轻心，赴宴时的着装不宜过于随便。T恤配牛仔裤、跨栏背心配西式短裤、宽松式上衣配健美裤等等，在风格上散漫、休闲，都是不合时宜的。

在请柬上，对于举行宴会的具体地点与时间，多有明确的通知。若发现无此项内容，需要打电话事先了解一下，免得到时候误事。

（二）抵达现场

一般都认为：宴会出席者抵达宴会现场的具体时间的早晚，是与对主人和其他出席者的尊重与否密不可分的。从总体上讲，出席宴会不宜晚到，也不宜早到。晚到会让人久等，早到则会令主人因准备未妥而措手不及、手忙脚乱。具体而言，出席宴会的主宾应正点到场，稍晚一点的话，至多也不要超过5分钟。其他的宴会出席者，如出席宴会作陪者等，按照礼仪规范不应当迟于主宾到场。通常，这些人应提前一两分钟或正点入场。

应邀赴宴，不一定非要给主人带去礼品。如果出席规模盛大、人数众多的宴会，则更没有必要这样做。要是参加亲友举办的小型宴会，如家宴、生日宴会，则可以为主人预备上一份小礼品。此时此刻，既拿得出手，又让主人开心笑纳的礼品，当首推鲜花。除此之外，带上一瓶好一些的酒，也会大受欢迎。

到达宴会现场后，通常须先往专设的衣帽间去存自己的外套、帽子与皮包。在衣帽间脱下外套时，男士有义务协助自己的配偶或其他与自己一起入场的女士。有时，当贵宾脱外套时，男主人还可亲自动手予以协助。碰上这种情况，被协助者应表现得落落大方，同时还应向协助者表示自己的感谢。

走出衣帽间后，宴会的出席者按照惯例应当主动去向主人问候，并感激对方的邀请。如果男女主人同时在场，不要忘却"女士优先"，即应当首先问候女主人，然后再问候男主人。若主人当时正与主宾寒暄，或忙得焦头烂额，则对其的问候与感谢可以向后推一下。

主人或接待人员没有邀请或引导来宾入席时，切勿擅自提前闯入宴会厅。届时可以在宴会厅门外不远处静候，在主人的指定之处集合，或是在休息厅内稍事休息。

当主人邀请大家入席时，不可争先恐后、一拥而上。依照宴会礼仪，首先入席的，应当是主人夫妇与主宾夫妇。在此之后，其他人方可按照由尊而卑的先后顺序井然有序地依次入席。

(三)依次就座

不论西式宴会还是中式宴会,桌次与位次的排列摆放都非常讲究。通常,在每张餐桌上,居中都摆放着桌次牌。在每个人的座次前方,也有写着姓名的位次牌。这些大都会在请柬上注明。入席的时候,一定要"客随主便"。不要到处乱坐,不要随便提议与他人换桌或换座,更不要在这个问题上小题大做,不要以"挑礼"为形式向主人"发难"。

在宴会上入座时,应从自己行进方向的左侧就座。拉动座椅时,应同时使用双手,并轻挪轻放。不要一手拎起或举起座椅,也不要把座椅搞得响声大作。

与他人一同就座时,应先请同桌的女士、长者、职位高者或嘉宾落座。必要的时候,还须主动协助他们拉出座椅,照顾其坐在座位上。

坐下时,椅面不要距离餐桌过近或过远。一般认为,二者之间有 20 厘米左右的间隔最好。坐姿要端庄而稳重,不要仰在椅背上"歇息"。双手托腮左顾右盼,双臂支在餐桌上"研究"饭菜,双腿在餐桌下面动来动去,或是双脚到处乱踩、乱蹬,都是不雅之姿。此外,在进餐之前,勿动餐桌上的一切器具,也不要猜测或向周围之人"咨询":"今天将会品尝什么?"

如果有衣帽间,就千万不要将自己的大衣、帽子、皮包带入宴会厅。如果没有衣帽间,也不能将自己带入宴会厅的东西乱放。不能把它们放在桌上、地上或窗台上。最好不要带大的提包去赴宴:一则它可能让主人空欢喜一场,因为它可能会让人觉得是为携带礼品才带的;二则它会让人以为自己是为了连吃带拿地"打包"而有备而来的。

最后,除了上述餐前礼仪之外,教师在赴宴时还有三个细节要注意。

一是用餐期间不宜随便走动、东游西逛,或是去找熟人打招呼。

二是在宴会举行当中,如无要事,不能退席,否则会被当成是向主人表示抗议。需要中途退场,则应在离去之前向主人进行解释,并为此而道歉。

三是在吃饱之后,不要急于退席。只有当主人与主宾离开之后,才可以告退。在退场时,应向主人再表谢意。来不及当面讲,则可在事后打电话或写信专门致谢。如果参加的是家宴,餐后至少应停留一刻钟以上,以便再与主人谈上一会儿。马上就走,等于有意表明自己是专门"为吃而来"的。

二 席间的禁忌

由于宴会属于一种高层次的社交应酬,因此教师在宴会上的一切举止谈吐都应当端庄、文雅、得体。要做到这一点,就需要对以往一些人们所不以为然的不良举止,从根本上加以禁止。在此方面坚持"有所不为",就不会出现大的过失。在这里,特此规定了以下席间的 30 条戒律。

1. 戒用餐时响声大作

在餐桌上吃食物、喝饮料时,一定要入口量少,慢慢地享用。这样的话,就不会发出过大的声音。要是吃得忘乎所以、响声大作，自己可能觉得有滋有味，其实却是既不雅观，又影响他人的食欲。

2. 戒剔牙时毫不掩饰

在餐桌上虽然备有牙签，但不一定非用不可。即使要用，也不宜当众展示整个过程。咧开嘴，在其中捅来捅去，甚至以筷子或手指替代牙签放入嘴里连抠带扒，都是令人作呕的。剔牙之时，应以一只手或餐巾挡在嘴前，作为屏障遮挡。剔出来的东西，应悄悄进行处理，切不可当众"观赏"，甚至再次入口。牙签用毕，即应立即取出。不要对其恋恋不舍，长时间将它噙在嘴里。

3. 戒随处乱吐废物

在餐桌上，遇到不宜下咽之物时，应以一只手或餐巾掩口，将它轻轻吐在另一只手所拿的勺子或叉子上，然后再将其放入自己面前的食盘上端，待侍者取走。不要把它吐在手上，或以手去口中直接拿取。尤其是不能把它随口吐在餐桌上进行陈列展示，或是悄然吐在地上。随口吐出废物时唾液飞溅，是极其败坏他人胃口的。

4. 戒每次入口食物过多

用餐时，细嚼慢咽，吃相才好看。一次入口的食物过多，腮帮子鼓胀，眼珠子直瞪，不仅自己难受，也会令他人担心。吃食物、用饮料时，一次不要取得太多，入口时尤其应当适量，并应以不妨碍咀嚼、下咽为宜。用餐不是攻取敌人的阵地，不讲究时不我待，所以大可不必狼吞虎咽。

5. 戒用餐时满脸开花

在用餐过程中，吃完一口或喝完一口之后，特别是预备与身边的"邻居"寒暄几句时，务必要用纸巾或餐巾首先揩干净嘴角。要是吃得大汗淋漓，则应随时用餐巾把汗擦干。如果吃得顺嘴流汤、嘴角带渣、一脸油汗，是很不雅观的。

6. 戒咳嗽、打喷嚏、吐痰

在餐桌上咳嗽、打喷嚏、吐痰，是一种极其不自尊、不自爱的表现。它不仅不卫生，有可能污染环境、传播病菌，而且还有悖于社会公德，并会破坏人们的食欲，让人极其厌恶。

7. 戒就餐时吸烟

不一定有明文禁止，但是宴会上是不宜吸烟的。在用餐时不吸烟，既是对在座的不吸烟者表示尊重，也是为了净化空气、有利健康，以便使大家能够更好地用餐。

8. 戒在用餐过程中当众"宽衣解带"

有的人在宴会上吃得开心了，喜欢脱去外衣、松开领带、放松腰带、撸起袖子、敞开领口、挽起裤管、脱下皮鞋，以便减少束缚、通风透气。实际上，这一系列的做法，俱有损于自我形象，甚至还会失敬于人。

9. 戒在餐桌上整理发型或补妆

整理发型或补妆,应于餐前或餐后在化妆间、休息厅或洗手间内进行。让这一过程当众曝光,会让人觉得浅薄,甚至还会妨碍他人。在补妆时,他人是不便用餐的。当自己整理发型时,倘若发屑飞扬、发丝乱舞,则会让人极度反感。

10. 戒口含食物与人交谈

在餐桌上与周围之人交谈时,声音宜小不宜大。此时,不应口含食物、边吃边说。嘴里含着食物时说话,难以让人听清楚。原则上,食物入口后不准再吐出来,因此吃东西时应当一次一小口。这样,遇到有人找自己说话,就可以迅速将其下咽,再去与人应酬。当然,当别人口含食物时,有教养的人是不该去找对方攀谈的。

11. 戒替人布菜

在用餐时,爱吃什么,想吃多少,讲究的是大家自己照顾自己。主人只要在口头上对来宾相劝即可。千万不要越俎代庖,也不管对方爱不爱吃、能不能吃光,动不动就下手替别人布菜。此举不仅让人勉为其难,而且还会造成餐具使用上的不卫生。

12. 戒对他人不断劝酒

在饮酒时,常有个别人口头上对人友好,说什么"感情深,一口闷;感情浅,抿一点"。其实他这样做,主要是想拿别人寻开心,想把别人灌醉、令其出丑。对任何人都不要这样做,尤其是不要几位男士联手,对外方人员或对一位陌生的小姐"群起而攻之"。

13. 戒饮酒之时找人划拳

某些国人有一大嗜好,饮酒之时要是不找几个人猜拳行令,便觉得喝不下去。在亲朋好友聚餐时这样做,或许还能使人自娱自乐,可是在正式的宴会上饮酒划拳、大吼大叫、起哄争吵,则往往会破坏宴会的气氛,所以是不允许的。

14. 戒下手取用应用餐具所取用的菜肴

不论吃中餐还是吃西餐,绝大多数菜肴均应用餐具取用。在一般情况下,切不可直接下手"攫取"。遇上某些没见过的菜肴,不知道该当如何去取,不妨耐心等待一下,先看看别人是怎么操作的,然后再"照此办理"。

15. 戒站起身来取菜

在有些大型宴会上,每张餐桌都很大,菜也很多。想吃自己够不到的菜时,可以请侍者或周围的人帮一下忙,此后对他们只要道一声谢就可以了。千万不要起身超越"万水千山"去夹菜,更不要离开自己的座位直接走过去取用。

16. 戒对食物挑三拣四

取用公用的餐盘内所盛放的食物之前,先要看准目标,然后"一次到位",又快又准地把它取过来。不论取什么东西,只要自己的餐具夹住了,就不准再放回去。在公用的餐盘里,对食物切不可翻来翻去、挑肥拣瘦、反复"推敲"。自己已经碰过的食物,别人怎么好去吃呢?

17. 戒用餐时餐具铿锵作响

在使用餐具时，应当小心谨慎、轻拿轻放。不要使其彼此之间无故"交战"，或是在接触碗、盘、碟时叮当乱响。在吃西餐使用刀叉切菜时，两肘应夹在腰部两侧，以控制动作的大小。要是像拉大锯一样磨刀霍霍甩开膀子大干，不只是让身边的人"挨打"，而且还会制造难听的噪音。

18. 戒以餐具指点他人

在与人交谈时，非但不宜吃东西，而且手中的餐具同时也应当放下来。准确地讲，是应当将其先放在自己面前的食盘上。筷子应当并排竖放，勺子应当平躺，刀叉则应当呈"八"字形摆放。不要把它们摆在公用的菜盘上，或是让它们"立正"于自己的碗、盘之中。切勿一面与人高谈阔论，一面将餐具挥来舞去。用餐具直接指交谈对象，则更不准许。

19. 戒乱用餐具

各种各样的餐具都有其各自独特的使用方法，在宴会上使用它们时，应当遵守成规。例如，使用筷子是为了夹取食物，而不可以挑起食物；勺子只宜取用汤或流质食物，不宜用其舀菜；使用刀叉时，讲究左叉右刀，以叉按住食物后，再以刀将其自左而右地切割成小块；单独用叉子时，则需用右手拿着它。如果用筷子吃西餐，用刀子取食豌豆……则必定会贻笑大方。

20. 戒"品味"餐具

在宴会上，餐具只能用以取用食物。它们本身无滋无味，所以切勿当众将其抿来抿去、连舔带咬，或是长时间地含在嘴里。此类做法，不但令人作呕，而且也是很不卫生的。

21. 戒同人抢菜

在取用食物时，不要不讲顺序地与人争抢。在他人尚未取好之前，不要"眼到手到"地逼对方"浅尝辄止"。如果与他人"一同到场"，则应退让一步，示意对方先取。要切记，在取菜时完全没有必要在餐桌上抢来抢去。

22. 戒端着碗、盘用餐

宴会上用餐时，应当正襟危坐，以筷子、刀叉或勺子将食物送入口中。端起碗、盘吃饭和喝汤的做法，则是不允许的。除此之外，也不宜低下头去趴在餐桌上俯就食物。

23. 戒捡食掉出来的食物

出于卫生等方面的考虑，掉到桌上、椅子上、衣服上或地面上的任何食物，都不可捡起来再吃。此外，掉到餐桌上、椅子上或地面上的餐具，尤其是西餐餐具，亦不得捡起来再用。坐在自己两侧或对面的，或许是一位异性。因此，当自己低下头，去桌子下面拾东西时，很可能让对方"担惊受怕"。如果还需要餐具，叫侍者换一副上来就可以了。

24. 戒一边行走一边吃喝

除非是参加准许边吃边走的酒会或冷餐会，在按固定的位次就座的宴会上，是不许一边大吃大喝、一边走来走去的。

25. 戒乱吹、乱搅汤或饮料

在餐桌上，有时会为用餐者提供热汤、热茶、热咖啡。如果嫌其太烫，可稍等片刻，或用勺子搅动一下。万万不可用口去吹，用勺子乱搅，或是用两个碗、两只杯子将其折来折去。除了喝汤应以勺子舀食外，茶或咖啡都是不准用勺子舀起来品尝的。

26. 戒双手乱动、乱放

在餐桌旁坐定之后，最好"安分守己"地把双手放在餐桌边缘，或者放在大腿上。切不可将其支在餐桌上、端在胸前、抱在脑后、插在口袋里，或是随意扶在他人所坐的椅背上。那样做，不仅不礼貌，而且还很不雅观。尤其值得注意的是，在正式场合与他人一同用餐时，千万不要对他人或饭菜指点不已，不要掩口而笑或与人低语，也不要用手搔痒痒、摸鼻子、抓耳朵、搓泥巴，或者在餐桌底下动来动去。在用餐时，以手玩弄餐具也是不应该的。

27. 戒在别人致祝酒词时表现得迫不及待

当宾主在宴会开始之初先后致祝酒词时，应目视发言者，专心地聆听其讲话。在这时与旁人聊天、闭目养神、埋头干自己的事等心不在焉的做法，都会失敬于人。只有在宾主致完祝酒词、宣布开宴后，才可开始进餐。

28. 戒在用餐期间不搭理任何人

宴会既然是一种社交形式，那么赴宴者在有必要与他人进行交流时，就不应该一言不发。在许多宴会上，主人往往会把身份、地位相似的人安排坐在一起。有时，还有意将不相识者组织在一块儿，以便大家相互结识。对于这个大好机会，主动放弃就太可惜了。在适当的时候，不妨主动找人攀谈几句。有人找自己攀谈时，亦应予以友好合作。当他人对自己表示友好，如敬酒时，应起身示敬。不过在宴会上话也不可太多太滥，不宜喋喋不休。尤其是在谈话对象的选择上，不宜一味地"钟情"于异性，而"目无"同性。

29. 戒大谈特谈令人"浮想联翩"的事物

在用餐时，所谈论的内容应当愉快、健康、有趣。容易让人难以"消化"的内容，尤其是倒人胃口的内容，则绝对不要提及。例如，不要谈论死亡、疾病、凶杀、令人厌恶的动物或在感官上让人恶心的东西。想去洗手间的话，切勿公然告知众人，也不宜约人同去。确实需要告诉周围之人时，不妨说："出去有点事情"，或是"去打一个电话"。

30. 戒非议席上的饭菜

俗话说："萝卜白菜，各有所好。"在任何宴会上，都难免众口难调。遇上自己不喜欢的菜肴，不用即可，千万不要告知主人。当主人征求意见时，应当对饭菜好话多讲，不足莫提。对饭菜"品头论足"，喟叹其"今不如昔"，甚至议论饭菜做得不及某处，都会使主人难堪。

三 工作餐礼仪

工作餐，有时亦称工作聚餐，或者餐会。它所指的是，有着业务关系的合作伙伴，为进行接触、保持联系、交换信息或洽谈生意,而假借用餐的形式所进行的一种工作聚会。站在交际礼仪的角度来看,正规的工作餐既不同于正式的宴会,也不同于亲友们之间的普通会餐。教师对此往往有机会接触,因此必须系统地掌握基本的工作餐礼仪。其主要之点,是规范工作餐的安排、工作餐的主人、工作餐的进行等等。

(一)工作餐的安排

安排工作餐,此处主要是在工作餐进行之前的有关准备事项。这件事情,主要应由东道主一方负责。它主要分为目的、时间、地点等三个具体问题。

1. 目的

主动提议与他人一道共进一次工作餐前,提议者大都胸中有数,意欲借此机会来实现自己的某种目的。假如毫无任何目的性可言,那么工作餐便不成其为工作餐了。

一般来说,利用工作餐这一极其灵活的形式,教师可以会晤客人、接触同行、互通信息、共同协商,洽谈事项。然而有一点必须明确,那就是举行一次工作餐,首先应当有要事要办,要能够解决实际问题,绝对不允许无的放矢,将其等同于吹牛、聊天、发牢骚的无所事事的"神仙会",浪费有关各方无比宝贵的时间。

已经明言,与有关人士一道共进工作餐,其实只不过是暂时转移一下工作的阵地罢了。举行工作餐,主要是为了与有关人士就某些双方共同感兴趣的问题进行一种非正式的会谈。所以,在此之前,必须确定自己的目的,以便为其定下基调。此后所做的一切,均应与自己的目的密切相关。

2. 时间

举行工作餐的具体时间,原则上应当由工作餐的参与者共同协商决定。有时,亦可由做东者首先提议,并且经过参与者的同意。不论怎么说,它都应当既方便于众人,又不至于耽误正事。

按照惯例,工作餐绝对不应当被安排在节假日,而应当是在工作日举行。举行工作餐的最佳时间,通常被认为是中午的十二点钟或一点钟左右,故此它又被称为工作午餐。若无特殊情况,每次工作餐的进行时间以一个小时左右为宜,至多也不应当令其超过两个小时。当然,若是届时要事尚未谈完,而大家一致同意,适当地延长一些时间也未必不可。

有些关系密切的商务伙伴,往往会以工作餐为形式进行定期的接触。也就是说,有关各方事先商定,每隔一段时间,如每周、每月、每季,在某一既定的时间举行工作餐,以便保持经常性的接触。

3. 地点

根据惯例,举行工作餐的地点应由主人选定,客人们则应当"客随主便"。具体而言,举行工作餐的地点可有多种多样的选择。饭庄、酒楼的雅座,宾馆、俱乐部、康乐中心附设的餐厅,高档的咖啡厅、快餐店,等等,都可予以考虑。不过从总体上讲,选定工作餐的具体地点时,应当兼顾主人的主要目的与客人的实际情况。

一般而言,工作餐的用餐地点尽管应由主人选定,但主人在做出具体的选择时,还是有必要考虑客人的习惯与偏好,并给予适当的照顾。如果有必要,主人不妨同时向客人推荐几个自己中意的地点,而请客人从中挑选。或者索性让客人自己提出几个地点,然后再由宾主双方共同商定。

主人与某一方面的客人多次共进工作餐时,大可不必固定于某一地点。不过,若是举行定期的工作餐的话,这样做则是允许的。

(二)工作餐的主人

作为主人,工作餐的做东者在举行工作餐的时候,大致必须负责如下几件事情。对此若不闻不问,就是一种失职。

1.通知客人

正式决定进行工作餐之后,依照常规应由主人负责将相关的时间、地点、人员、议题等等,通报给其他人员。对于重要的人士,尤须由主人亲自相告。

如果宾主双方事先讲好了要在某处共进一次工作餐,那么主人在将一切具体事宜操办完毕之后,仍须再一次地详告于客人。仅仅告知对方具体的时间、地点,有时还远远不够。作为主人,做东者还必须善解人意地同时将工作餐将在哪一家餐厅进行、那一家餐厅的具体方位与主要特征、交通的大致路线、宾主双方在何处会面等等,一并告知对方。

假定主人所邀请出席工作餐的人员之中,有个别人彼此之间尚未相识,那么在对对方进行邀请或通知时,最好先打一个招呼。若无特殊原因,出席工作餐的人员一经确定,并正式进行通知之后,不宜临时再对其增加。万一有必要增加,也要首先征得客人的同意。

2.餐厅订座

前往某些著名的餐馆举行工作餐,通常需要提前预订座位。此事循例应由主人负责。如果对此一无所知,而临时贸然前往,不但有可能会排长队、浪费时间,而且还有可能根本没有指望找到座位。

前往餐馆订座,目前主要有下列五种方法。第一,派遣专人前去订座。第二,拨打指定的电话号码进行订座。第三,利用传真进行订座。第四,网上进行订座。第五,使用餐馆所发放的特惠卡或VIP卡进行订座。

至于在上述五种方法之中具体采用哪一种为好,关键是要看何者有效。哪一种方法能够确保自己预订到理想的座位,就应当优先对其加以采用。

在订座时,必须将自己的有关要求,例如理想的位置、用餐的开始时间、大致的结束时间、到场的人数、特殊的要求、付费的方式等等,同时告诉餐馆的工作人员。如有必要的话,还应依照对方的要求预付一定数额的押金。

即使座位已经先期订妥,东道主一方亦须派人提前一些时间到达现场,以便落实一下预订的座位有无变故，免得届时出现"座位危机"。

3. 迎候客人

按照惯例，举行工作餐时，做东者必须先于客人抵达用餐地点，以迎候客人们的到来。这既是一种惯例，也是一种礼貌。

在正常情况之下，做东者应当至少提前 10 分钟抵达用餐地点。稍事休整之后，即应在适当之处恭迎客人们的到来。一般认为，餐馆的正门之外、预订好的餐桌旁、餐馆里的休息室，以及宾主双方提前所约好的会面地点，都是做东者迎宾的适当之处。

倘若宾主在此之前尚未谋面，则主人还可亲自驱车前往迎接客人。此外，也可以在通知对方之时，与对方互相通报一下宾主双方各自的基本特征，例如，性别、年龄、高矮、胖瘦、着装等等，以便于双方届时易于进行辨认。

在迎候地点，宾主双方见面之后，应一一进行握手，并且互致问候。如果双方的人员不尽熟悉的话，双方的负责人还须各自对自己的随员一一进行介绍。

假定做东者因故不能提前抵达用餐地点迎候客人，最好是委托专人代表自己前往。必要时，做东者还须说明原因，并为此向客人致歉。不论怎么说，客人准时抵达后而无人迎候，都算是主人的失礼。

4. 餐费结算

根据常规，工作餐的结算，应当由做东者负责。具体来讲，工作餐的付费方式通常又分为"主人付费"与"各付其费"等两种。

一是"主人付费"。它指的是在就餐结束后，由做东者自掏腰包，负责买单付账。要是宾主十分熟悉，则做东者在餐桌上当着客人们的面算账掏钱即可。要是宾主双方初次相识，或者交往甚浅，则做东者一般不宜当着客人们的面，在餐桌上查看账单和算账掏钱。得体的做法是，做东者应当先与侍者通好气，独自前往收款台结账，或是在自己送别客人之后，再回过头去结账。尽量不要让侍者当着客人们的面口头报账，更不能让侍者将账单不明主次地递到了客人的手里。

二是"各付其费"。它又称"AA 制"，在此是指就餐结束后，由全体用餐者平均分摊账单，各自支付各自所应支付的费用。在国外，教师在共进工作餐时，更多的是以此种方式付费。采用此种付费方式，需要有言在先。在算账时，做东者所要做的，主要是动手算账、伸手收钱、跑腿交费而已。在结账时，不论"主人付费"还是"各付其费"，都要符合众人的习惯。因考虑不周而惹人非议，则明显是做东者的失策。

(三) 工作餐的进行

在参加工作餐时，宾主双方都有一些需要通晓的注意事项。它们主要包括如下四条：

1. 就餐的座次

鉴于工作餐是一种非正式的工作聚会，所以人们对于其座次通常都是不太讲究的。不过，仍有下述几点应予注意。

可能的话，一起共进工作餐的人士应当在同一张餐桌上就餐，尽量不要分桌就座。万一同一张餐桌上安排不下，则最好将全体用餐者分桌安排在同一个包间之内。倘若分桌就座时，一般并无主桌与次桌之分。但是，仍可将主人与主宾所在的那张餐桌视为主桌。

在餐桌上就座时，座次上往往不分主次，而可由就餐者自由就座。不过出于礼貌，主人不应率先就座，而是应当落座于主宾之后。若是主人为主宾让座的话，一般应当请对方就座于下列之一较佳的座次：主人的右侧或正对面；面对正门之处；主画之下；视野开阔之处；较少干扰之处；以及能够观赏优美景致的位置。主人宜坐的位置，则在主宾之左或者其正对面。

主人与主宾若是同性，则双方就座时可根据具体情况有较多的选择。主人与主宾若为异性，则双方最好是对面而坐。

宾主双方各自的随员就座时，一般可在双方的上司入座后自由地择位而坐。有时，客方的随员亦可听从主人的安排而坐。需要翻译时，既可令其就座于主人与主宾之间，亦可安排其就座在主人左侧。

2. 菜肴的选择

与宴会、会餐相比，工作餐仅求吃饱，而不刻意要求吃好。因此，工作餐上上桌的菜肴大可不必过于丰盛。它的安排，应以简单为要。只要菜肴清淡可口，并且大体上够吃，就算是基本"达标"了。

根据常规，工作餐的菜肴安排应当由东道主负责。然而东道主若要表现得称职，在其具体安排菜肴、饮料时，最好还是先同其他人，特别是主宾进行一下协商为好。最重要的，是要主动回避对方的饮食禁忌。

假使担心客人过于拘束，不愿将自己的饮食习惯以实相告的话，则主人最好不要包办代替，为大家统一点菜。此刻的可行之法是：由每位用餐者各点一道菜；由大家各点各的；或者统一选择套餐。

出于卫生方面的考虑，工作餐最好采取"分餐制"的就餐方式。不习惯的话，代之以"公筷制"亦可。

在一般情况下，工作餐在营业性餐馆举行时，可酌情安排一些该餐馆拿手的"特色菜"，只是没有必要非上山珍海味不可。

为不耽误工作，工作餐所上的饮料应将烈性酒除外。同时，全体就餐者还须自觉地禁烟，而不论自己就餐的餐馆是否有此规定。

3. 席间的交谈

举行工作餐时，讲究的是交谈与吃饭两不耽误。所以，在为时不久的进餐期间，宾主双方所拟议进行的有关实质性问题的交谈，通常开始得宜早不宜晚。不要一直等到大家都吃饱喝足了，方才正式开始交谈。那样一来，时间便往往不太够用。

依照惯例，待主宾用毕主菜之后，主人便可以暗示对方交谈能够开始了。此刻，主人说一声"大家谈一谈吧"，道一句"向您请教一件事情"，皆可作为交谈的正式开始。在点菜后、上菜前，亦可开始正式交谈。

有关各方在百忙之中共进工作餐，意在谈论正事，所以宾主在交谈之中不宜节外生枝、偏离正题。自己说话时，不要东拉西扯、插科打诨。别人说话时，则务必要认真倾听，既不要中途打岔，也不要与旁人七嘴八舌、心不在焉。

在交谈中，切勿影响他人用餐。因此，有必要讲讲停停，一张一弛。在别人用餐时，切勿毫无眼色地向其讨教。自己在讲话时，则不要长篇大论，或是张牙舞爪、口水乱飞。

一般来讲，在用工作餐时的交谈不宜录音、录像，不宜布置专人进行记录。非有必要进行笔录、录音、录像或使用计算器、便携式电脑时，应先向交谈对象打招呼，并求得对方首肯。千万不要随意自行其是，好似对对方缺乏信任一般。发现对方对此表示不满时，切勿坚持这么做。

在交谈期间，有关人员均不宜中途无故离去，也不宜离座去与其他人士交谈。实际上，在工作餐上忙于交谈的人，都不希望受到外人的打扰。如果在用餐期间偶尔遇见了自己的熟人，向其打个招呼，或是将其与自己的同桌之人互作一下简略的介绍，通常都是合乎礼仪的。但是，不允许擅作主张，将其留下来一道就餐。要是有人不识相，赖在边上久久不去，不妨措辞委婉地向对方下上一道有礼貌的"逐客令"。例如，可以告诉对方："某先生，再会！您很忙，我就不再占用您的宝贵时间了。"或者是："某小姐，我们改天再联系。我会主动打电话给您。"这么一来，对方就不能不"知难而退"了。

4. 用餐的终止

进行工作餐，必须注意适可而止。依照常规，拟议的问题一旦谈妥，工作餐即可告终，不一定非要拖至某一预定的时间不可。

在一般情况下，宾主双方均可首先提议终止用餐。主人将餐巾放回餐桌之上，或是吩咐侍者来结账；客人长时间地默默无语，或是反复地看表；都是在向对方发出"用餐可以到此结束"的信号。只是在此问题上，主人往往需要负起更大的责任。尤其是在客人需要"赶点"去忙别的事情，或者宾主双方接下来还有其他事要办时，主人则更是应当掌握好时间，使工作餐适时地宣告结束。

当有人用餐尚未完毕，或是有人正在发表高论时，一般不宜提出终止用餐。在就餐期间不告而辞，或者在中途借故离去，都是失敬于人的。

四　自助餐礼仪

自助餐，有时亦称冷餐会。它是目前国际上所通行的一种非正式的西式宴会，在大型的公务活动中尤为多见。它的具体做法是，不预备正餐，而由就餐者自作主张地在用餐时自行选择食物、饮料，然后或立或坐，自由地与他人在一起或是独自一人用餐。

自助餐之所以称为自助餐，主要是因其可以在用餐时调动用餐者的主观能动性，而由其自己动手，自己帮助自己，自己在既定的范围之内安排选用菜肴。至于它又被叫作冷餐会，则主要是因其所提供的食物以冷食为主。当然，适量地提供一些热菜，或者提供一些半成品而由用餐者自己进行再加工，实际上也是允许的。

自助餐礼仪，泛指人们安排或享用自助餐时所需要遵守的基本礼仪规范。具体来讲，自助餐礼仪又分为安排自助餐的礼仪与享用自助餐的礼仪等两个方面。

（一）自助餐的安排

安排自助餐的礼仪，此处所指的是自助餐的主办者在筹办自助餐时的规范性做法。一般而言，它又包括就餐的时间、就餐的地点、食物的准备、客人的招待等四个要点。

1. 就餐的时间

在公务交往之中，依照惯例，自助餐大都被安排在各种正式活动之后，作为其附属的环节之一。因为自助餐多在正式的公务活动之后举行，故其举行的具体时间要受到正式活动的限制。不过，它很少被安排在晚间举行，而且每次用餐的时间不宜长于一个小时。

根据惯例，自助餐的用餐时间不必进行正式的限定。只要主人宣布用餐开始，大家即可动手就餐。在整个用餐期间，用餐者可以随到随吃，大可不必非要在主人宣布用餐开始之前到场恭候。在用自助餐时，也不像正式的宴会那样必须统一退场，而不允许"半途而废"。用餐者只要自己觉得吃好了，在与主人打过招呼之后，随时都可以离去。通常，自助餐是无人出面正式宣告其结束的。

一般来讲，主办单位假如预备以自助餐对来宾进行招待，最好事先以适当的方式对其进行通报。同时，必须注意一视同仁，即不要安排一部分来宾用自助餐，而安排另外一部分来宾去参加正式的宴请。

2. 就餐的地点

选择自助餐的就餐地点，大可不必如同宴会那般较真。重要的是，它既能容纳下全部就餐之人，又能为其提供足够的交际空间。

按照正常的情况，自助餐安排在室内外进行皆可。通常，它大多选择在主办单位所拥有的大型餐厅、露天花园之内进行。有时，亦可外租、外借与此相类似的场地。

在选择、布置自助餐的就餐地点时，有下列三点事项应予注意。

一是提供一定的活动空间。除了摆放菜肴的区域之外，在自助餐的就餐地点还应划出一块明显的用餐区域。这一区域，切不可显得过于狭小。考虑到实际就餐的人数往往具有一定的弹性，实际就餐的人数难以确定，所以用餐区域的面积宁肯划得大一些。

二是提供数量足够的桌椅。尽管真正的自助餐所提倡的是就餐者自由走动、立而不坐，但在实际上，仍有不少的就餐者，尤其是其中的年老体弱者，还是期望在其就餐期间，能有一个暂时的歇脚之处。因此,在就餐地点应当预先摆放好一定数量的桌椅,以供就餐者自由使用。在室外就餐时,提供适量的遮阳伞,往往也是必要的。

三是就餐地点环境宜人。在选定就餐地点时,不只要注意面积、费用问题,而且还须兼顾安全、卫生、温湿度等问题。要是用餐期间就餐者感到异味扑鼻、过冷过热、空气不畅,或者过于拥挤,显然都会影响到对方对此次自助餐的整体评价。

3. 食物的准备

在自助餐上,为就餐者所提供的食物,原则上应当既有其共性,又有其个性。

它的共性在于:为了便于就餐,以提供冷食为主;为了满足就餐者的不同口味,应当尽可能地使食物在品种上丰富而多彩;为了方便就餐者进行选择,同一类型的食物应被集中于一处摆放。

它的个性则在于:在不同的时间或是款待不同的客人时,食物可在其具体品种上有所侧重。有时,它以冷菜为主;有时,它以甜品为主;有时,它以茶点为主;有时,它还可以酒水为主。除此之外,还可酌情安排一些时令菜肴或特色菜肴。

一般而言,自助餐上所备的食物在品种上应当多多益善。具体来讲,一般的自助餐上所供应的菜肴大致应当包括冷菜、汤、热菜、点心、甜品、水果以及酒水等几大类型。

通常,自助餐常上的冷菜有:沙拉、泡菜、榨菜、腐乳、香肠、火腿、牛肉、猪舌、肉松、鸭蛋,等等。常上的汤类有:红菜汤、牛尾汤、鸡蛋汤、玉米汤、酸辣汤、三鲜汤,等等。常上的热菜有:炸鸡、炸鱼、烤肉、烧肉、烧鱼、时蔬、土豆片,等等。常上的点心有:面包、菜包、水饺、汤面、热狗、炒饭、蛋糕、曲奇饼、克力架、三明治、汉堡包、比萨饼,等等。常上的甜品有:布丁、蛋塔、果排、冰激凌,等等。常上的水果有:香蕉、菠萝、西瓜、木瓜、柑橘、樱桃、葡萄、苹果,等等。常上的酒水则有:牛奶、咖啡、红茶、可乐、果汁、矿泉水、鸡尾酒,等等。

在准备食物时,务必要注意保证供应。同时,还须注意食物的卫生以及热菜、热饮的保温问题。

4. 客人的招待

招待好客人,是自助餐主办者的责任和义务。要做到这一点,必须特别注意下列具体的环节。

一是照顾好主宾。不论在任何情况下,主宾都是主人照顾的重点。在自助餐上,也不例外。主人在自助餐上对主宾所提供的照顾,主要表现为陪同其就餐,与其进行适当的交谈,为其引见其他客人,等等。只是应为主宾留下一些可供其自由活动的时间,切勿始终伴随其左右。

二是充当引见者。作为一种社交活动的具体形式,自助餐自然要求其参加者主动进行适度的交际。在自助餐进行期间,主人一定要尽可能地为彼此互不相识的客人多创造一些相识的机会,并且积极为其牵线搭桥,充当引见者,即介绍人。应当注意的是,介绍他人相识,必须了解彼此双方是否有此心愿,而切勿一厢情愿。

三是安排服务者。小型的自助餐上,主人往往可以一身而二任,同时充当服务者。但是,在大规模的自助餐上,则显然是不能缺少专人服务的。在自助餐上,直接与就餐者进行正面接触的,主要是侍者。

根据常规,自助餐上的侍者须由健康而敏捷的男性担任。侍者的主要职责是:为了不使来宾因频频取食而妨碍了同他人所进行的交谈,而主动向其提供一些辅助性的服务。例如,推着装有各类食物的餐车,或是托着装有多种酒水的托盘,在来宾之中巡回走动,而听凭宾客各取所需。再者,侍者还可以负责补充供不应求的食物、饮料、餐具等等。

(二) 自助餐的享用

所谓享用自助餐的礼仪,在此主要是指在以就餐者的身份参加自助餐时,教师所需要具体遵循的礼仪规范。享用自助餐的礼仪对绝大多数人而言,往往显得更为重要。通常,它主要涉及下述八点。

1. 排队取菜

在享用自助餐时,尽管需要就餐者自己照顾自己,但这并不意味着他就可以因此而不择手段。实际上,在就餐取菜时,由于用餐者往往成群结队而来的缘故,大家都必须自觉地维护公共秩序,讲究先来后到,并排队选用食物。不允许乱挤、乱抢、乱加队,更不允许拒绝排队。

在取菜之前,首先要准备好一只食盘。轮到自己取菜时,应以公用的餐具将食物装入自己的食盘之内,然后即应迅速离去。切勿在众多的食物面前犹豫再三,让身后之人久等。更不应该在取菜时挑挑拣拣,甚至直接下手或以自己的餐具取菜。

2. 循序取菜

在自助餐上,如果想要吃饱、吃好,那么在具体取用菜肴时,就一定要首先了解合理的取菜顺序,然后再循序渐进。按照常识,自助餐上取菜时标准的先后顺序,依次应为冷菜、汤、热菜、点心、甜品和水果。因此,在取菜前最好先在全场转上一圈,了解一下其具体情况,然后再去有所选择地取菜。

如果不了解这一合理的取菜的先后顺序,而在取菜时完完全全地自行其是,乱装乱吃一通,难免会使本末倒置、咸甜相克,令自己吃得既不畅快又不舒服。举例而言,在自助餐上,甜品、水果本应作为"压轴戏",最后再吃。若不守此规,为图新鲜,而先来大吃一通甜品、水果,那么立即就会饱了。等到后来才见到自己想吃的好东西,很可能就会心有余而力不足,只好"望洋兴叹"。

3. 量力而行

参加自助餐时,遇上自己喜欢吃的东西,只要不会撑坏自己,完全可以放开肚量,尽管去吃。不限数量,保证供应,其实这正是自助餐所大受欢迎的地方。因此,教师在参加自助餐时,大可不必担心别人笑话自己。爱吃什么,到时候只管去吃就是了。

不过,应当注意的是,在根据本人的口味选取食物时,必须要量力而行。切勿为了吃得过瘾,而将食物狂取一通,结果因自己"眼高手低",力不从心,从而导致了食物的浪费。严格地说,在享用自助餐时,多吃是允许的,浪费食物则绝对不允许。这一条,被世人称为自助餐就餐时的"少取原则"。有时,有人亦称之为"每次少取原则"。

4. 多次取菜

在自助餐上遵守"少取原则"的同时,还必须遵守"多次原则"。"多次原则",在此是"多次取菜原则"的简称,它与"少取"相辅相成。之所以"多次",就是因为每次必须"少取"。它的具体含义是:用餐者在自助餐上选取某一种类的菜肴时,允许其再三再四地反复去取用。每次应当只取用一小点,待品尝之后,觉得它适合自己的话,那么还可以再次去取,直至自己感到吃好了为止。

换言之,在自助餐上选取某种菜肴时,去取多少次都无所谓,一添再添也是允许的。相反,要是为图省事而一次取用过量、装得太多,则是失礼之举,必定会令其他人瞠目结舌。"多次原则"与"少取原则",其实是同一个问题的两个不同侧面。"多次"是为了量力而行,"少取"则是为了避免造成浪费。所以,二者往往也被合称为"多次少取原则"。

会吃自助餐的人都知道,在选取菜肴时,最好每次只为自己选取一种。待吃好后,再去取用其他的品种。要是不谙此道,在取菜时乱装一气,将多种菜肴盛在一起,导致其五味杂陈、相互串味,则难免会暴珍天物。

5. 禁止外带

所有的自助餐,不论是以之待客的、由主人所亲自操办的自助餐,还是对外营业的正式餐馆里所经营的自助餐,都有一条不成文的规定,即自助餐只许可就餐者在用餐现场自行享用,而绝对不允许对方在用餐完毕之后携带某些饭菜回家。

教师在参加自助餐时,一定要牢牢记住这一点。在用餐时不论吃多少东西都不碍事,但是千万不要偷偷往自己的口袋、皮包里装上一些自己的"心爱之物",更不要要求侍者替自己"打包"。那样的表现,必定会使自己见笑于人。

6. 送回餐具

在自助餐上,既然强调的是用餐者以自助为主,那么用餐者在就餐的整个过程之中,就必须将这一点牢记在心,并且认真地付诸行动。在自助餐上强调自助,不但要求就餐者取用菜肴时以自助为主,而且还要求其善始善终。即享在用餐结束之后,应自觉地将其餐具送至指定之处。

在一般情况下,自助餐大都要求就餐者在用餐完毕之后、离开用餐现场之前,自行将餐具整理到一起,然后一并将其送回指定的位置。在庭院、花园里享用自助餐时,尤其应当这么做。不允许将餐具随手乱丢,甚至任意毁损餐具。在餐厅里就座用餐,有时可以在离去时将餐具留在餐桌之上,而由侍者负责收拾。虽则如此,亦应在离去前对其稍加整理为好。

不要弄得自己的餐桌上杯盘狼藉、不堪入目。自己所取用的食物，以吃完为宜。万一有少许食物剩了下来，也不要私下里乱丢、乱倒、乱藏，而应将其放在适当之处。

7. 照顾他人

教师在参加自助餐时，除了对自己用餐时的举止表现要严加约束之外，还须与他人和睦相处，彼此之间多加照顾。对于自己的同伴，特别需要加以关心。若对方不熟悉自助餐，不妨向其扼要地进行介绍。在对方所愿意的前提下，还可向其具体提出一些有关选取菜肴的建议。对于在自助餐上所碰见的熟人，亦应如此加以体谅。不过，不可以自作主张地为对方直接代取食物，更不允许将自己不喜欢或吃不了的食物"处理"给对方吃。

在用餐的过程中，对于其他不相识的用餐者，应当以礼相待。在排队、取菜、寻位以及行进期间，对于其他用餐者要主动加以谦让，不要目中无人、蛮横无理。

8. 积极交际

一般来说，参加自助餐时，教师必须明确，吃东西往往属于次要之事，而与其他人进行适当的交际活动才是自己此时最重要的任务。在参加由单位所主办的自助餐时，情况则更是如此。所以，不应当以不善交际为由，只顾自己躲在僻静之处一心一意地埋头大吃，或者来了就吃、吃了就走，而不同其他在场者进行任何形式的正面接触。

在参加自助餐时，一定要主动寻找机会，积极地进行交际活动。首先，应当找机会与主人攀谈一番。其次，应当与老朋友好好叙一叙。最后，还应当争取多结识几位新朋友。

在自助餐上，交际的主要形式是几个人聚在一起进行交谈。为了扩大自己的交际面，在此期间不妨多转换几个交际圈。需要注意的是，在每个交际圈多少总要待上一会儿时间，不能只待上一两分钟马上就走，好似蜻蜓点水一般。

介入陌生的交际圈，大体上有三种方法。第一，请求主人或圈内之人引见。第二，寻找机会，借机加入。第三，毛遂自荐，自己介绍自己加入。不论怎么说，加入一个陌生的交际圈，总得事先求得圈内之人的同意。愣头愣脑地硬闯进去，未必会受到欢迎。

第五节　舞会礼节

舞会，一般是指以参加者自愿相邀共舞为其基本内容的一种文娱性社交聚会。在舞会上，人们主要可以自娱，同时兼以娱人。大凡正规的舞会，其组织者、参加者均须自觉地严守相关的礼仪规范。正规舞会的本质，实际上依旧是社交活动。

它的基本特征是：在优美的乐曲、美妙的灯光、高雅的舞姿的相互衬托下，人们不仅可以从容自在地获得自我放松，恰到好处地展示自己的个人修养，而且还可以联络老朋友，结识新朋友，进一步扩大自己的社交圈。故此，它亦称交谊舞会。

在当今各式各样的社交性聚会当中，若以号召力最强、受欢迎程度最广、参加者的积极性最大而论，恐怕要首推舞会。实际上，舞会也的确是人际交往，特别是异性之间进行交往的一种轻松、愉快的良好形式。

从礼仪规范方面来讲，舞会的成败，既取决于其组织工作进行得如何，又受制于其参加者的自身素质与临场时的表现。

一　舞会的组织

要想举办好一场舞会，使其获得圆满成功，舞会的组织工作能否中规中矩，通常至关重要。在组织任何正规的舞会时，首先必须认真地遵守礼仪规范。具体而言，在时间、场地、曲目、来宾、接待等方面，都必须安排、准备周全。

(一) 确定时间

举办舞会，首先必须选择适当的时间。对于舞会的组织者而言，举办舞会的时间问题，实际上又涉及举办的具体时机和舞会的具体长度等两个方面。

1. 舞会的举办时机

举办任何一场舞会，通常都应当"事出有名"，要为其找到一个恰当的名义，例如，庆祝生日、纪念结婚、晋职升学、欢度佳节、出国留学、荣获嘉奖、款待贵宾等等。换而言之，适逢此类情况时，便是举办舞会的最佳时机。

除此之外，举办舞会的常规时机还有下列两个。一是周末、节假日。在这种闲暇时刻，通常可以举办以自娱为主的舞会。二是对外交往、应酬活动之余。此时所举办的舞会，则大多具有联谊性质。

2. 舞会的具体长度

举办的每一次舞会，在其具体长度上都有着一定的限制。对此，必须先行予以确定，并且告知舞会的参加者。没有特别的变故，一场舞会的具体长度，既不应该随便延长，也不应该任意缩短。

具体而言，确定一次舞会的具体长度，应当兼顾各种因素的制约。但是其中最重要的有两个因素，一是不要令参加者过度疲劳；二是不要有碍工作、学习、生活和休息。

在正常情况下，舞会最适合于傍晚开始举行，并以在周末举行、不超过午夜为好。其最佳的长度，通常被认为是 2 小时左右。无论如何，它都不应占用工作时间、不应影响正常的工作。

(二) 选择场地

举办舞会，总要选择一定的场地。舞会的举办场地问题，实际上又可以具体分为举办地点与舞池选择等两个不同的方面。

1. 地点

根据常规，举办舞会的具体地点的选择，首先需要考虑其参加的实际人数的多少。举办小型舞会，可选择自家的客厅、庭院或是公园、广场。而举办大型舞会，则宜租借单位的俱乐部，或是营业性舞厅。在校园里举办交谊舞会，一般未必合适。

除了参加者的具体人数之外，在确定舞会举行的具体地点时，通常还应当兼顾下述五个方面的主要因素：一是实际档次；二是安全状况；三是交通条件；四是配套设施；五是所需费用。在具体进行操作时，既要力求好上加好，又须量力而行。

2. 舞池

舞池，一般是指在舞会举办地点之内专供跳舞的地方。在举办大型、正式的舞会时，对于舞池的选择与布置必须再三斟酌，对于以下五个细节尤须高度重视：

一是面积大小。举办舞会时，必须使舞池的具体面积大小适度。一般的规则是，舞池面积的大小，应与跳舞的总人数大致呈正比，并以人均1平方米最佳。

二是地面状况。舞池的地面状况如何，直接影响到舞会的参加者能否尽兴。因此，必须保证其平整而干净。若是舞池的地面过脏、过滑、过糙、过于坎坷，都是其致命的硬伤。

三是灯光设置。必须要求舞池的照明符合常规的标准，并且要使之在柔和之中又有所变化。若其经常"失明"，或是过强、过弱，都有碍于人们跳舞。无论如何，都不能使一场正规的舞会变成"黑灯舞"。

四是音响效果。对于舞池专用的音响设备，事先一定要认真进行安装与调试。一定要保证传声效果良好，并且使其音量柔和悦耳，而非鼓噪烦人。

五是休息用具。在一般情况下，应在舞池四周安放好足够数量的桌子和椅子，以供跳舞者休息时之用。摆放在舞池周转的桌椅既要足量、牢靠，又要间隔适度。

（三）斟酌曲目

在正规的舞会上跳舞，是离不开舞曲伴奏的。有经验的人都懂得，舞曲是舞会的导向和灵魂。因此，要组织好一场舞会，就必须认真挑选舞曲的曲目，并安排好它的具体演奏。根据舞会礼仪的规定，在为舞会选择、安排舞曲的曲目时，有以下五点应予重视。

1. 在选择上从众

选择舞会的舞曲，一定要尽可能地照顾本场舞会的绝大多数人的习惯与喜好，切忌"曲高而和寡"。在一般情况下，最好选择众人所熟悉的、节奏鲜明清晰的、旋律优美动听的、易于伴舞的曲目作为舞曲。

2. 在总体上交错

从舞曲安排的总体上来讲，应当使曲目的安排有"快"有"慢"，彼此交错。从而在节奏上令人一张一弛，各取所需。这就要求曲目的安排者尽量将不同国家、不同风格、不同节奏的曲目穿插在一起，使舞曲在演奏时，时而婉转抒情，时而热烈奔放，好似波涛起伏、峰回路转一般，令人为之陶醉。

3. 在数目上适量

大凡正规的舞会，均会提前将正式选定的舞曲印成专门的曲目单，届时发给人手一份。

按照惯例，曲目单上所列的舞曲总数，应与舞会所预定的时间相呼应，并且"雷打不动"。依照常规，跳舞者一看到曲目单上的舞曲数量，便会对舞会的时间长度略知一二。一般而言，为了显示舞会的正规，舞会的专用曲目单一经确定，往往便不宜再进行任何增减。

4. 在习惯上依例

为正规的舞会选择舞曲的具体曲目时，组织者还须照顾舞会参加的习惯，遵守约定俗成的惯例。例如，一般的舞会均以《一路平安》等作为最后一支舞曲。此曲意在督促大家相互告别。此曲一经演奏，等于宣布："舞会到此结束。"除此之外，在遵守舞会的惯例方面，人们通常还讲究"客随主便"。当然，主方对于来宾尤其是主宾的特殊习惯，亦须酌情予以照顾。

5. 在演奏上审慎

按照人们的一般见解，凡属正规的舞会，均应有专门的乐队在现场进行舞曲的演奏，而以录音机播放舞曲的做法则被视为不上档次。安排乐队在舞会现场演奏舞曲的话，一定要令其预先进行认真排练，并不得任其在现场任意变更曲目或进行发挥。假如在小型舞会上以录音机、CD 机等播放舞曲，亦未必不可。不过对录音带、光盘等一定要先行试放、试听，并要在现场指定专人进行负责。

（四）邀请来宾

一般的舞会，尤其是大型的、正规的舞会，都不属于自得其乐的活动，而是要酌情相邀一定数量的外界来宾到场参加，借以扩大人们的交际圈，并且提升舞会自身的规格。对组织者一方来讲，舞会来宾的邀请工作既要早做，又要认真做好。因此，在下列几个方面，切切不可轻心大意。

1. 来宾的约请

凡是正规的舞会，均须向其参加者发出正式的邀请。具体的做法，是先要正式确定舞会参加者的名单。舞会的主要参加对象，除本单位的人士之外，还须包括本单位的主要友邻单位、合作单位，以及与此次舞会主旨相关的有关人员。除非师生联谊，教师内部所举行的舞会通常不宜邀请学生。

舞会参加者的名单一旦确定后，即应尽早以适当的方式，向对方发出正式邀请。在常用的口头邀请、电话邀请、书面邀请等几种方式中，书面邀请最为正规。需要强调的是，为了便于被邀请者早作安排，在一般情况下，最好令对方在舞会正式举办之前的一周左右亲自接到邀请。

2. 人员的限量

在任何情况下，邀请来宾都要在总体上对其数量加以适当的控制。举办舞会时，切勿片面地追求"人多势众"。因为来宾假如过多，尤其是当其超过了举办单位的接待能力时，不但会造成现场拥挤，使舞者难以尽兴，而且还有可能由此危及大家的人身安全，并且因此而损害主办单位的名声。当然,来宾过少,使舞会的现场"门前冷落车马稀",也应当加以避免。

在筹办舞会时,组织者在兼顾舞会宗旨的同时,必须以舞池面积为重要依据,据此具体规定参加者的具体数量,并予以认真掌握。必要时,宁肯使参加者少一些,也切切不可令其超过正式规定的限量。

3. 性别的定比

在舞会上,特别是在正规的社交舞会上,全体参加者都必须自觉加以遵守的一条基本规则,是每个人的相邀共舞之人不应当是同性,而必须是异性。也就是说,不仅每一名舞会的参加者不宜贸然犯规,而且舞会的组织者事先也要采取必要的措施,想方设法避免舞会的参加者总体比例失衡的情况出现。

要做到这一点,舞会的组织者就要采取适当的具体措施,以保证舞会的全体参加者在总量上做到男女比例大致相仿,并且基本上各占一半。

(五) 接待工作

要确保舞会的顺利进行,在主人一方,还有一些具体的接待工作需要认真加以处理。其中,来宾的接待工作便是相当关键的一环。在一场正规的舞会上,来宾倘若得不到较为妥善的接待,往往就会令其大为扫兴,甚至还会令其因此而对主人产生不满。

就正规舞会的来宾接待工作而言,主要是要确定舞会的主持人、招待员,准备好待客的茶点,以及布置好宾客的迎送工作。

1. 主持

较为正规的舞会上,通常需要由一位经验丰富、具有组织才能和敏捷临场反应能力的人士充当舞会主持人。在一般情况下,校园舞会的主持人应由女教师担任。在家庭舞会上,女主人则是主持人的最佳人选。

在舞会上,主持人的主要任务,一方面是要有意识地控制、调整场内情绪,使舞会始终保持欢快、热烈的气氛;另一方面,则是要代表舞会的主办单位或主办者,出面与舞会的参加者进行接洽应酬。

2. 招待

根据举办舞会的惯例,在力所能及的前提下,舞会的主办单位或主办者一方还须组织一支精明强干的招待来宾人员的队伍。一般来说,他们应由青年男女组成,或者以其为主要成分。为了易于辨认,并且增强其责任心与荣誉感,他们应当尽可能地统一服装,或佩戴统一的标志。

招待人员,通常是舞会来宾接待工作的具体经办者。其主要职责有五:一是迎送来宾;二是陪同重要客人;三是为来宾提供必要的服务;四是邀请单身前来的嘉宾共舞;五是为遭到异性纠缠的客人"排忧解难"。

3. 茶点

为了替舞会的参加者补充能量，或者是为了替对方消饥解渴，在时间较长、较为正规的大型舞会上，应由负责主办方为来宾提供适量的茶点，以供自行选用。

一般来说，在舞会上供应给客人们的茶点，讲究量小而质精。它的主要内容，通常有点心、饮料和一些干鲜果品。

在正规的舞会上，提供茶点的具体方式，可以是一视同仁的按桌定量供应，也可以是宾主两厢方便的自助式。一般而言，供应茶点大都是在舞会进行期间进行。有时，亦可专门在舞会结束后为来宾安排一次简易的以茶点为主要内容的自助餐。

4. 迎送

在正规的舞会上，要想增加其隆重气氛，除了要布置好现场之外，一项重要的工作，是要做好来宾的迎送。大凡正规的舞会，尤其是由单位所主办的重要舞会，一定要重视此点。

在舞会来宾的迎送工作中，又以来宾的欢迎更为重要。通常的做法是，在舞会规定的开场时间之前，应由主办单位的负责人、舞会的主持人率领招待人员列队在舞场入口处，一一与来宾握手寒暄，直至舞会正式开始为止。来宾的欢送，具体做法也与此大体上相似。因为舞会通常允许来宾中途退场，所以亦可不安排来宾的欢送。

二 舞场的表现

既然舞会通常被视为一种重要形式的社交活动，那么舞会的所有参加者均须检点个人的行为举止，注意自己的临场表现，并时时处处认认真真地遵守舞会的相关礼仪规范。

对教师而言，约束自己在舞场上的具体表现，主要是要注意妆饰、邀人、拒绝、舞姿、交际等五个方面的问题。

（一）个人妆饰

舞会礼仪规定，在参加舞会之际，每一位参加者均应先期进行对本人的形象进行必要的、合乎惯例的妆饰。其中最重要的，是要注意下述三个具体方面。

1. 仪容

在仪容方面，舞会的参加者均应提前进行一次沐浴，并梳理好适当的发型。男教师务必要专门进行一次剃须，女教师在穿短袖装时，须剃去腋毛。

对于每一位舞会的参加者而言，特别需要强调的有两点：

一是务必注意个人口腔卫生。要认真清除口臭，并禁食烟、酒、葱、蒜、韭菜等气味刺激的食物。

二是外伤患者、感冒患者以及其他传染病患者应自觉地不要参加舞会。否则不仅有可能传染于人，而且还会因此影响大家的情绪，令与之共舞者进退两难。

2. 化妆

参加较为正规的舞会前，有条件的人都要根据个人的情况，进行适度的、认真的化妆。

当本人有可能在此次舞会上处于醒目的位置时,尤其需要这么做。

参加一般的舞会时,男教师化妆的重点,通常是美发、护肤和祛除体味。女教师化妆的重点,则主要是美容和美发。

与家居妆、上班妆相比,因舞会大都举行于晚间,舞者肯定难逃灯光的照耀,故舞会妆允许相对化得浓、烈一些。但若非参加化装舞会,化舞会妆时仍须讲究美观、自然,切勿搞得怪诞神秘、令人咋舌。

3. 服装

在正常情况下,教师舞会着装的基本要求,是干净、整齐、美观、大方。有条件的话,还应当令其具有个人特色。一般来讲,舞会的参加者应当优先考虑礼服、时装以及本民族的民族服装。若举办者对此有特殊要求的话,则须认真遵循。

在舞会上,通常不允许戴帽子、墨镜,或者穿拖鞋、凉鞋、旅游鞋。在较为正式的舞会尤其是涉外舞会上,一般不允许穿外套、军装、警服、工作服。穿的服装过露、过透、过短、过小、过紧,动不动就有可能令自己"春光外泄",则既不庄重,也不合适。

(二)邀人共舞

在舞会上跳舞,通常需要由两个人来进行合作,所以每一名舞会的参加者都不可避免地需要面临邀人或者被邀的问题。在正规的舞会上邀人共舞时,特别要关注常规、方法、选择、顺序等四个具体要点。

1. 常规

在舞会上,邀请舞伴的下述基本规范,是人人所必须严格遵守的。不然的话,就会失敬于人,或是令人见笑。具体来讲,其基本内容有三。

一是宜邀请异性。邀请舞伴时,都要邀请异性。通常讲究由男士去邀请女士,不过女士可以拒绝。此外,女士亦可主动前去邀请男士,然而男士却不能拒绝。

二是忌讳邀请同性。在较为正式的舞会上,尤其是在涉外舞会上,同性之人切勿相邀共舞。两位男士一同跳舞,会给人以关系异乎寻常之感。而两位女士一起跳舞,则等于是在宣告"没有男士相邀",所以迫不得已以此举呼请男士们"见义勇为""英雄救美"。

三是请人仅限一次。根据惯例,在舞会上一对舞伴只宜共舞一支曲子。接下来,需要通过交换舞伴去扩大自己的交际面。舞会上的第一支舞曲,一般讲究男士要去邀请与自己一同前来的女士共舞。如有必要,他们二人还可以在演奏舞会的结束曲时再同跳一次。

2. 方法

邀请他人跳舞,应当力求文明、礼貌、大方、自然,同时还应当讲究具体方法。千万不要勉强对方,尤其是不要出言不逊,或是与其他人争抢舞伴。

一般来说,邀请舞伴时,有两种具体办法可行。

一是直接法。即由自己主动上前邀请舞伴。可先向被邀请者的同伴含笑致意,然后再彬彬有礼地询问被邀请者"能否有幸请您跳舞"？

二是间接法。即自觉直接相邀不便，或者把握不是很大时，可以托请与彼此双方相熟的人士代为引见介绍，以牵线搭桥。

不论采用何种方法请人跳舞，万一自己来到被邀请者面前，已有他人捷足先登时，则须保持风度，遵守先来后到的顺序，礼让对方，等下一次有机会时再去进行邀请。

3. 选择

在舞会上自行选择舞伴时，亦有规范可循。一般不应急于行事，而是最好先适应一下四周的气氛，进行一番细心的观察，随后再做定夺。一般来说，以下八类对象，是自选舞伴之时最理智的选择。

一是年龄相仿之人。年龄相似的话，一般都是容易进行合作的，至少双方也会有共同的语言。

二是身高相当之人。如果双方身高相差过大，则未免会令人感到尴尬难堪。

三是气质相同之人。邀气质、秉性相近的人一同共舞，往往容易各对各眼，相互之间产生好感，从而和睦相处。

四是舞技相近之人。在舞场，"舞艺"相近者"棋逢对手"、相得益彰，有助于彼此更好地发挥技艺，产生快感与满足。

五是少人邀请之人。邀请较少有人邀请之人，既是对其所表示的一种重视，也不易遭到对方的回绝。

六是未带舞伴之人。邀请未带舞伴的人共舞，成功的把握往往是较大的。

七是希望结识之人。想结识某人的话，不妨找机会邀对方或是其同伴共舞一曲，以舞为"桥"，去接近对方。

八是打算联络之人。在舞会上碰上久未谋面的旧交，最好请其或其同伴跳一支曲子，以便有所联络。

此外，在舞会上倘若发现有人遇上异性的纠缠骚扰，最得体的做法，是应当挺身而出，主动前去邀请被骚扰纠缠者共舞，以便巧妙地"救人于水火之中"。

4. 顺序

根据舞会礼仪的规定，在较为正规的舞会上，人们除了要与自己一起前来的同伴同跳开始曲、结束曲，或是可以酌情自择舞伴之外，还须按照某些既定的顺序，去"毫无选择"地邀请其他一些舞伴。以下就简介一下男士邀请舞伴的既定的顺序。

一是主人方面。就主人方面而言，演奏舞会上的第二支舞曲开始，男主人应当前去邀请男主宾的女伴跳舞，而男主宾则应回请女主人共舞。

接下来，男主人还须依次邀请在礼宾序列上排位第二、第三……的男士的女伴各跳一支舞曲，而那些被男主人依照礼宾序列相邀共舞的女士的男伴，则应同时回请女主人共舞。

二是来宾方面。就来宾方面而言，下列一些女士都是男宾所应当依礼相邀，与之共舞一曲的。她们主要包括:一是舞会的女主人;二是被介绍相识的女士;三是所遇到的女性故旧;四是坐在自己身旁的女士。上述女士若被男宾相邀后,与其同来的男伴则最好回请该男宾的女伴一次。

(三) 拒绝邀舞

在一般情况下,当本人在舞会上受到邀请时,通常不宜拒绝对方。因为别人邀请自己跳舞,实际上是在给自己捧场。万一非要回绝他人的邀请,则务必要注意态度和措辞,切勿伤害对方的自尊心。

1. 态度友好

在拒绝他人邀舞的请求时,态度要友好、自然,表现要彬彬有礼。不要把对方"晾"在一旁下不了台,或者对其视而不见、置若罔闻。

口头拒绝对方时,最好起身相告具体原因,并且勿忘向对方致歉。届时应对其说上一声"实在对不起",或是"抱歉之至"。别人邀请自己跳舞,是尊重自己的表现,所以千万别令其难堪或受到伤害。

被人拒绝后,则要有自知之明,有台阶就下。千万不要自找没趣、赖着不走,更不要胡搅蛮缠。

拒绝一个人的邀请之后,不要马上接受他人的邀请,尤其是不要当着前者的面,堂而皇之地那样做。否则,会被理解成有意侮辱对方。

2. 托词标准

拒绝他人时,语言不宜僵硬、粗鲁,或者戏弄、捉弄对方,尤其是不要把话讲得过于难听。

通常,拒绝别人,应在说明其原因时使用委婉、暗示的托词。使用这些托词时,拒绝者要善于选择,而被拒绝者则应当"听话听声"、知难而退。

目前,在舞会上通行的婉拒他人邀舞的标准形式的托词,最常见的有下列六种:一是"已经有人邀请我了"。二是"我累了,需要单独休息一会儿"。三是"我不会跳这种舞"。四是"我不喜欢跳这种舞"。五是"我不熟悉这首舞曲"。六是"我不喜欢这首舞曲"。

(四) 舞姿限制

参加舞会时,讲究人人重在参与。一个人的舞姿不必美不胜收,其舞技也不必无可挑剔,但是他在跳舞时的所作所为却不可不慎,必须尽量达到合乎规范的标准,而且还必须文明大方。

1. 标准的作为

一是男女之间的合作。在舞场上跳舞时,按照惯例,步入舞池时,须女先男后,由女士负责选择跳舞的具体方位。而在跳舞的具体过程中进行合作时,则通常讲究男先女后,应由男教师带领在先,女士配合于后。一曲舞毕,在一般情况下,往往男教师应当将自己所请的女士送回其原来的休息之处。与之道谢告别之后，男教师才能再去邀请其他女士。

二是运步方向。在跳舞时，每个人都要认真掌握自己的运步方向。要记住，在变换各种方向时，均应以自己左脚或右脚的前脚掌为轴心进行转动。跳舞时所有人的行进方向，都必须按照逆时针方向进行，唯有如此，方能确保舞池的正常秩序，不至于发生跳舞者互相碰撞拥挤的状况。

三是跳舞之时的身姿。在跳舞时，身体的姿势既要规范，又要美观。基本的要求是：每个人在跳舞之时，身体都应保持平衡，步法切勿零碎、杂乱。在需要前进或后退的时候，迈出的脚步、身体的重心、力量的分配，一定要认真、准确，并且要注意移动自如。

四是曲终之时的致谢。舞会礼仪规定：当有乐队伴奏时，一曲舞毕，跳舞者应首先向乐队立正鼓掌，以示感激。此后，方可离去。

有条件的话，对基本的舞姿可多做练习，以便熟能生巧。

2. 文明的表现

在舞场上跳舞时，每一位跳舞者的具体表现都要力求文明而大方。具体来讲，下述四点特别应当认真予以注意。

一是举止得体。跳舞时，每一个人的具体动作，都要有所检点。要注意与届时所演奏的舞曲协调一致。在任何时候，都不要自我创作、乱跳一气。尤其是不允许有意采用夸张、怪异、粗野甚至色情的舞蹈动作，去吸引他人的注意。

二是保持间距。在跳舞之时，一定要注意与其他的跳舞之人保持适当的距离，以防相互影响。万一不慎碰撞或踩踏了别人，应当自觉地向对方道歉。若系他人因此而向自己道歉，则须大度地向对方表示"没关系"。

三是勿生事端。参加舞会时，尽量不要多言多语、招惹是非。对于其他不相识者，切勿指点评说，或者出言不逊。不要非议别人的舞姿、打扮或者舞伴，更不要追逐素不相识的异性，或者与别人为了争抢舞伴而大打出手。

四是尊重舞伴。不论与自己一起跳舞的舞伴系何种关系，与之共舞时，都要对其加以尊重。除必要的以手相互持握外，身体的其他部位之间都要保持大约 5 厘米左右的间隔。男教师不能借机对女士又拉、又搂、又抱，女教师则不宜主动贴靠男士。双方都不应当在跳舞时贴面、贴胸、贴腹，有意粘在一起。除交谈之外，在跳舞时切勿长时间地紧盯着舞伴的双眼。万一碰到了对方身体的其他部位，应立即为自己的不慎向对方说一声"对不起"。

(五) 舞场交际

许多正规的舞会，都是以促进其参与者的交际为主要目的。因此，人们在参加舞会时，不能只图跳舞尽兴，而忘却了本应重点进行的交际活动。

1. 宾主之间的交际

在舞会上，宾主之间的交际往往是十分重要的。对于客人而言，无论如何，都一定要寻找一个适当的机会,去与主人进行一下攀谈。这一做法,是对主人尊重的重要表示。对于主人而言,则一定要抽出适当的时间,主动与各界来宾畅叙一番。若对客人视而不见,或见而不谈,则往往会失敬于对方。

2. 旧交之间的交际

作为舞会的参加者,若在舞会上碰上了老朋友、老关系,除了要争取邀请对方或其同伴共舞一曲之外,还要尽量抽时间找对方叙上一叙。此种做法,一方面是致以必要的问候,另一方面则是要传递适当的信息。千万不要在舞会上表现得"喜新厌旧",为了结交新朋友,而对旧交始终不屑一顾。

3. 初识之人的交际

参加正规的、盛大的舞会时,千万不要错过结交新朋友的机会。在舞会上结识新朋友,通常有以下三种方法可行:一是主动把自己介绍给对方。二是请主人或者其他与双方熟悉的人士代为引见。三是通过邀请舞伴的方式直接或间接地认识对方。

在舞会上结识新友之后,一般不宜长时间深谈。有必要时,可在此后适当的时间,主动打电话联络对方,以便进一步推进双方关系。不过,这一切都有赖于双方的两相情愿。

需要指出的是,教师在与互不相识的舞伴跳舞时,可略作一般性的交谈。其内容以称道对方的舞技、表扬乐队的演奏等等为佳。有时,也可以进行简短的自我介绍。但是,在交谈时不宜打探对方的个人隐私,或是自吹自擂。无论如何,都不要在跳舞时伺机向对方提出单独约会的请求,更不能急不可耐地向其表白爱慕之意。

第六节 交通礼节

交通,往来通达之谓也。在日常工作中,教师不论进行何种活动,往往都与交通不无关系。不论个人徒步行走,还是乘坐公用交通工具,教师均应自觉遵守必要的礼仪规范。不遵守必要的交通礼仪,既会破坏交通秩序,也会因此而给人以表里不一、缺乏自律之感。所谓交通礼仪,是对与交通相关的各种具体的礼仪规范的一种泛称。对教师而言,其所应认真掌握并遵守的基本交通礼仪,主要集中在徒步行进、驾驶汽车、乘坐车辆、乘坐火车、乘坐轮船以及乘坐飞机等六个具体方面。

一 徒步行走

徒步行走,又称步行或者走路。对于每一位正常人来说,徒步行走无一例外都是其平日进行活动的基本方式。教师平常在徒步行进时,尤其是在公共场所或室外正规的道路上徒步行走时,对于基本礼仪规范必须了解得仔仔细细,更为重要的则是要在下述四个方面时好自为之。

(一) 遵守交规

在室外的道路上行走时，尤其是在交通干道上行走时，教师首先必须严格地遵守交规。交规是对交通规则的简称。所谓交通规则，是由国家为了确保交通的顺畅与安全，而专门规定出来以供全体社会成员所共同遵守的有关交通的章程制度。遵守交规，是每一位公民义不容辞的义务，每一名教师自然也不应对其有所例外。

教师在遵守交通规则时，尤其需要认真注意下列五个方面的具体问题。

1. 走人行道

在室外行走时，一定要选择人行道。若是没有明显的人行道时，也要尽量靠路边行走。千万不要在机动车道上行走，更不要行走在交通干道的正中央，或者有意与车辆抢夺道路。

2. 靠右行走

为了确保交通的顺畅，我国规定，不论行人还是车辆，均应在道路上一律靠右侧行进。在室外行走时，特别是在正规的道路上行走时，教师一定要切记此点。

3. 走过街道

需要横穿道路时，务必要走指定的过街人行横道，或是专用的过街天桥、地下通道等。千万不要随随便便地横穿马路，或是任意跨越专用的隔离栏。

4. 看红绿灯

按照交规，行人或车辆通过路口时，均应遵从红绿灯的指示。一般的做法都是"红灯停，绿灯行"。对于这一点，既要了解，更要遵守。不要对此视若不见，或贸然抢行。不论是否有人监督，均应遵守有关的规定。

5. 服从管理

在路上行走时，教师切莫自高自大、我行我素。对于交通警察与其他交通管理人员善意的批评、教育，应当表现得心悦诚服。对对方的正常管理，不但要自觉服从，而且还应当积极予以配合和协助。

(二) 明确方位

徒步行进时，方位方面有其一定的讲究。在正式场合里，教师一定要重视这一点，并且要在平时努力养成良好的习惯，在行走时当前则前，当后则后，当左则左，当右则右。

行走时的具体方位问题，在与其他人一道同行时才会有所涉及。对广大教师来讲，主要需要注意以下五点。

1. 单行行走

当多人一同单行行进时，通常以前排为上。因此，当教师与领导、长辈、贵宾一起单行行进时，应当自觉地随行于其后。唯有当对方初来乍到、毫不认路时，方可在前排为之引导带路。

2. 并排行走

假若许多人在一同并排行走时，其方位的讲究应视具体人数的不同而有所不同。当两人并排行走时,一般以内侧为上,即靠道路内侧、靠墙的位置较为尊贵。而当三人或三人以上并排行走时,则往往以中间为上。

3. 出入房门

当教师与其他人一同出入房门,特别是当自己以学生、晚辈、主人的身份陪同他人一起出入房门时,应当谨记"后入后出"的规则。即出于礼貌,自己应当在他人之后进入房门,或在他人之后走出房门。

4. 上下楼梯

在一般情况下,上下楼梯,包括使用平面自动电梯时,教师一定要牢记"单行右行"的规则,即不要在楼梯上并行,不要不分左右地横行霸道或者居中而行,以免阻挡他人。礼貌的做法,是要单行行进,并居右而行。此外,与领导、客人、长辈、女士、儿童一道走下陡梯时,为安全起见,教师还必须主动行走在前。

5. 进出电梯

使用升降式电梯,必须切记"先出后入"的原则,即电梯内的乘客出来之后,电梯外的人方可进入。陪同他人一同乘坐升降式电梯时,若其无人驾驶,陪同者通常应当先进后出,以便操纵电梯;若其有人驾驶,陪同者则应当后进后出。

(三)礼让他人

教师在徒步行进时,尤其是在大街小巷、公共场所行走时,难免会路遇他人。与他人一道行进时,一定要不分亲疏,一律以礼相待,并且彼此谦让。

1. 不争抢道路

多人一同行走时,大都讲究先来后到,并依次而行。若有急事,可轻声对身前之人道一声"对不起,请让一下",然后侧身通过,并向对方随后道谢。切勿争先恐后、横冲直撞,此时切切不可不在乎其他人的存在。

2. 不阻塞交通

在道路狭窄之处,应当快速通过,不要逗留。要么席地而坐,要么徘徊不前,要么与人交谈,皆为不当之举。还须注意,不要在通过道路狭窄之处与通行者并行,尤其是不要与其勾肩搭背、搂抱而行。

3. 不目无弱者

徒步行走时,对于老、弱、病、残和妇女、儿童,教师不但应当礼让,而且还应当在必要时主动对其加以照顾。对于问路的外地人、外国人,则更是应当有求必应。

4. 不蛮横无理

在道路上或者公共场所内行进时,教师一定要礼待他人,并保持风度。通过狭窄之处或门庭时,可请他人率先通过。需要让路时,应当立即采取行动。不小心碰撞、踩踏别人之后,则应立即向对方致歉。得到他人的礼让、帮助后,应当道谢。切不可自高自大、目中无人，在任何情况下，都不允许教师待人蛮不讲理。

（四）严于律己

即便一个人独来独往，教师外出行进之时，亦应对自己严格要求，并在种种细微之处好自为之。除了要严格遵守交规和礼让他人之外，教师还必须注意以下四点。

1. 忌手舞足蹈

在人多之处手舞足蹈，不但显得自己神经兮兮，而且往往还会因此而冒犯他人，进而酿成事端。

2. 忌吃吃喝喝

在行走之际大吃大喝，不仅吃相不雅，而且也不够卫生，甚至因而有损于个人健康。在人多之处这么做，有时还会妨碍于人。

3. 忌过度亲昵

同异性外出时，教师务必要对个人举止多加检点。不要在大庭广众之前表现得过分亲热，使自己显得轻浮浅薄，又令他人不堪入目。

4. 忌围观尾随

外出行进时，为了自觉维护公共秩序，教师切莫动辄在街头巷尾围观、起哄。不要对陌生人过分好奇。切忌极其失礼地对对方指点、议论，或者长时间地尾随其后。

二　驾驶汽车

现代生活中，越来越多的人钟情于汽车驾驶。对许多教师而言，驾驶车辆外出早已不属于谋生的手段，而是提高其生活质量与生活效率的一大乐趣。

驾驶汽车时，每一名教师都必须牢记出行有礼、礼让三先，时时刻刻不允许忘乎所以、目中无人。在技术合格、服从管理、安全驾驶、礼让他人等四个具体方面，一定要努力表现得好上加好。

（一）技术合格

在世界各国，驾车上路均应提前取得正式的资格，并进行系统的知识学习、技术培训与正规考试。技术不合格者，绝对不允许其驾驶汽车外出。

具体而言，每一名驾驶汽车的教师均应一丝不苟地对待下述各点。

1. 掌握驾驶技术

掌握熟练的驾驶技术，是每一名驾驶汽车的教师畅行无阻的前提条件。只有在驾驶车辆的过程中找到"人车一体"的感觉，并且能够逐渐对车辆的速度、位置，车辆所在的空间及其与周边的各种动态、静态物体的间距了然于心，才算是自己车辆的真正的主人。

2. 精心维护车辆

任何一名具有责任心的驾驶汽车的教师，都必须爱车如己，精心地对自己所驾驶的车辆进行定期或不定期的保养、检查与维护。经验证明：车辆自身状况好坏、涉及行车安全的相关部件是否齐全有效，往往是发生交通事故与否的关键因素。

3. 取得正式资格

根据《中华人民共和国道路交通管理条例》的规定，我国的每一名机动车驾驶者，均应经过车辆管理机关考试合格，领取驾驶证后，方可驾驶车辆。申请机动车驾驶证时，申请者在身体条件、技术掌握、交规学习、手续合法等方面，必须符合规定。此外，我国还规定：对机动车驾驶者进行定期审验。

(二) 服从管理

教师驾驶汽车外出时，如欲高兴而出、满意而归，就必须认真遵守有关规定，虚心接受管理。

1. 遵守规定

《中华人民共和国道路交通管理条例》规定：我国的每一名机动车驾驶者都必须自觉地遵守如下各点：

第一，驾驶车辆时，必须携带驾驶证和行驶证。

第二，不准转借、涂改或仿造驾驶证。

第三，不准将车辆交给没有驾驶证的人驾驶。

第四，不准驾驶与驾驶证准驾车型不相符合的车辆。

第五，未按规定审验或审验不合格，不准继续驾驶车辆。

第六，饮酒之后不准驾驶车辆。

第七，不准驾驶安全设备不齐或机件失灵的车辆。

第八，不准驾驶不符合装载规定的车辆。

第九，患有妨碍安全行车的疾病或过度疲劳时，不准驾驶车辆。

第十，车门、车厢没有关好时，不准行车。

第十一，不准穿拖鞋驾驶车辆。

第十二，不准在驾驶车辆时吸烟、饮食、闲谈或有其他妨碍安全行车的行为。

2. 接受管理

在驾车行驶时，每一名教师为了自己与他人的安全，为了交通的畅行无阻，都应以小我服从大我，自觉接受管理。下述四点，尤须教师重视。

一是严格地遵守交通法则。在任何时候、任何情况下，每一名汽车驾驶者均应严格地遵守各种交通法则。此乃保证自己安全驾驶的第一准则。

二是自觉地服从交警管理。对于交通民警的指挥、检查、处罚与管理，教师必须无条件地予以服从。

三是及时地了解临时状况。要及时地掌握交通管理部门就有关重大活动场所、路线所发布的有关道路交通管理通告,以便确定、调整自己的行车时间与路线。

四是认真地进行车辆检验。依照国家的有关法规与标准,公安交通管理部门负责对机动车进行初次登记检验、核(补)发牌证、变更、转籍、过户、报废、停驶、定期检验。对驾驶机动车人员的交通违规、违法行为,有关部门要进行教育、处罚。此外,每一部机动车还须定期交纳养路费、保险费。以上环节,都不可被教师所忽略。

(三) 安全行驶

俗话说,"行车走马三分险","安全是金"。教师驾驶汽车外出时,不论为了自己还是为了他人,都必须始终牢记安全第一。

1. 树立安全意识

有道是"观念决定思路"。每一名驾驶汽车的教师均应认真地树立安全意识,力求有备无患。具体而言,所谓树立安全意识,就是开车时一定要做到"查一查""想一想""严一严""看一看""停一停""让一让"。

一是"查一查"。开车出门前,一定要耐心细致地再次对所要驾驶的汽车进行例行检查。

二是"想一想"。为了自己、家人与他人的安全与幸福,在驾驶车辆时,始终都要想到安全第一。

三是"严一严"。在驾驶期间,律己务必从严。务必切记:没有休息好不要开车,吃了某些容易令人嗜睡的药品不要开车,喝了酒不要开车,情绪欠佳不要开车,打手机时尤其不要开车。

四是"看一看"。通过陌生路段时,一定要首先看清楚路况再行驶。

五是"停一停"。遇到红灯、拥堵、道路管制时,当停则停。

六是"让一让"。万一遇到其他车辆或车辆驾驶者不遵守交通法则时,不必与之争强好胜,当让则让,此时此刻"退一步海阔天空"。

2. 采取安全措施

要真正做到安全驾驶车辆,教师还应当采取一些必要的安全措施。

一是掌握道路特点。通过平坦道路时,不可麻痹大意。通过高速公路时,应当保持合理的车速。通过坡路、窄路、胡同、隧道、坑洼、沟槽、泥泞或涉水路段时,则需依据具体情况低速、减速、限速。

二是注意异常天气。当遭遇大风、降雨、下雪、下雾、结冰等异常天气时,应尽量减少驾车外出。万一有此必要时,则要及时了解道路管制情况,并要谨慎再三。

三是重视夜间行车。有必要夜间行车时,要注意个人休息、人身安全、夜灯使用等问题。尤其需要注意集中精力、保持警惕,因为夜间能见度差、视野变窄、光亮有限,往往易于产生问题。

四是善处危险情况。在驾驶汽车出行时,万一发生危险情况,不论自己车辆出了问题,还是前方道路或车辆发生问题,均应沉着冷静,机智勇敢,善于面对。

(四)礼让他人

行车之礼,让人第一!在任何条件下,驾驶汽车的教师均应以自己的实际行动对其他人、其他车辆礼让三先。

1. 礼让其他机动车

驾驶机动车行驶时,都应当具有与所有人平等的意识。大车不宜欺负小车,新车不宜欺负旧车,高档车不宜欺负低档车。同样的道理,老司机不可欺负新司机,大车司机不可欺负小车司机,本地司机不可欺负外地司机。

在行驶期间,每一名驾驶汽车的教师都要遵守交通法规。不要强行超车,不要动辄挤占其他车辆的车道。万一有人那么做了,则不妨主动避让、让出车道,令其先行。

一旦自己的车辆与其他车辆发生事故,不要与对方吵嘴、打架,更不要制造交通拥堵。应与对方协商处理办法,或听从交通民警的处理意见。

2. 礼让非机动车与行人

对"实力"不如自己的非机动车与行人,驾驶汽车的教师更要认真礼让。切勿在行驶时"惟我独尊""仗势欺人",更不可以"车匪"或"路霸"自居。

一是礼让非机动车。对自行车、三轮车、架子车等非机动车,最好避免并行,而是要错开行驶。

二是礼让行人。对行人,尤其是老人、孩子、残疾人士,一定要予以照顾。该避让就要避让,该减速就要减速,该停车就要停车。遇雨雪天时,一定要防止自己车辆通过时所溅起的污泥浊水有碍于行人。

三是礼让外国贵宾。遇到外国贵宾所乘坐的车辆通过时,不论当时是否实行交通管制,对其都要自觉而主动地予以礼让。

三 乘坐车辆

在日常生活里,教师乘坐车辆的机会甚多。在正常场合乘坐车辆时,上下车的顺序、就座时的座次、在车上的表现等,无一不与礼仪密切相关。以下,就来简介一下乘坐公共汽车、轿车以及地铁时,教师所应当恪守的主要礼仪规范。

(一)上下车的顺序

上下车时,其具体顺序问题十分重要。从总体上讲,上下车时必须注意礼让他人。但是具体来说,车辆的类型不同,则又有其各不相同的具体讲究。

1. 乘公共汽车或地铁

在乘坐公共汽车或地铁时,教师所需要注意的有关顺序的礼仪问题主要有四:

一是上车依次排队。需要上车的人数较多时，一般讲究先来后到，排队依次上车。惟有老、幼、病、残、孕者，方可优先上车。在理当排队上车时，切勿蜂拥而上，切切不可不讲顺序地与别人乱挤，也不要加队。

二是讲究先下后上。在上下车时，一般的惯例是"先下后上"。它的含义是：当车上的乘客首先下车后，车下的乘客方可随后上车。假如不遵守这一规矩，上下车的乘客就会混乱不堪，而且还会浪费大家的时间。

三是在指定处上车。上车时，必须寻找规定之处。不允许有门不走，反而爬窗而入。有些无人售票的公共汽车要求乘客"前门上，后门下"，或者"中间上，两边下"，乘客切不可反其道而行之。

四是下车提前准备。需要下车时，应当提前有所准备，并主动向车门靠近，不要在车停之后才急忙这样做。倘若有不少人同时需要下车，则亦应讲究先来后到的顺序，自觉地依次下车。

2. 乘坐轿车

在乘坐轿车时，教师所需要注意的有关顺序的礼仪问题则主要包括下列三点。

一是后上先下。在一般情况下，教师与他人一道外出乘坐轿车时，均应争取做到"后上先下"，即后上轿车，先下轿车。这是合乎礼仪的标准做法。

二是方便为要。有些时候，由于轿车上的具体座次安排的限制，教师上下轿车时难以做到"后上先下"。此时此刻，则不必非要墨守成规。

三是车后绕行。国内的轿车依照交规，均停靠于道路右侧。因此，教师需要在中排、后排左座上就座，而右座上已有他人在座时，应从车后绕行上下车，而不宜在就座者身边强行通过，或从车前绕行。

(二) 就座时的座次

在车上就座之时，如有他人同时在座，通常应当对具体座次的尊卑适当地加以注意。具体而言，乘坐轿车较乘坐公共汽车与地铁时对座次的问题更为讲究。

1. 乘公共汽车或地铁

乘坐公共汽车或地铁时，在座次方面的基本讲究大致包括如下五条。

一是前面的位置高于后面的位置。在公共汽车或地铁的某一节车厢内就座时，因前面的位置颠簸较少，故其被视为上座。

二是面向前方的位置高于背对前方的位置。在车上就座时，面向前方的位置令人舒适，背对前方的位置则令人别扭，所以前者高于后者。

三是位于右侧的位置高于位于左侧的位置。由于"以右为尊"是国际上所普遍适用的位次排列规则，因此当车上的座位在车厢两侧面对面时，一般应根据车辆行驶的方向为准，以位于右侧的位置较位于左侧的位置为高。

四是位于内侧的位置高于位于外侧的位置。当车上的每排座椅规定不止一人就座时，通常认为受干扰较少的内侧座位较受干扰较多的外侧座位为高。在一般情况下，临窗的座位因其视野最佳，故被视为车上的最佳座位。

五是正式的座椅高于临时的座椅。在有些车辆上，座椅有正式与临时之别。在正常情况下，大凡正式的座椅均在座次排列上优于临时的座椅。

2. 乘坐轿车

为轿车具体确定座次时，必须谨记：座椅排数、座位数量不同的轿车，在具体排位时讲究有别。而在同一种轿车上，驾车者的具体身份对排位亦有相当大的影响。

一是双排四座轿车。当主人驾车时，其座次自高而低位次应为：前排右座，后排右座，后排左座。当专职司机驾车时，其座次自高而低则应为：后排右座，后排左座，前排右座。

二是双排五座轿车。此种轿车，在国内最为多见。当主人驾车时，其座次自高而低依次应为：前排右座，后排右座，后排左座，后排中座。当专职司机驾车时，其座次自高而低则应为：后排右座，后排左座，后排中座，前排右座。

三是双排六座轿车。当主人驾车时，其座次自高而低应为：前排右座，前排中座，后排右座，后排左座，后排中座。当专职司机驾车时，其座次自高而低则应为：后排右座，后排左座，后排中座，前排右座，前排中座。

四是三排七座轿车。当主人驾车时，其座次自高而低依次应为：前排右座，后排右座，后排左座，后排中座，中排右座，中排左座。当专职司机驾车时，其座次自高而低依次应为：后排右座，后排左座，后排中座，中排右座，中排左座，前排右座。

五是三排九座轿车。当主人驾车时，其座次自高而低依次应为：前排右座，前排中座，中排右座，中排中座，中排左座，后排右座，后排中座，后排左座。当专职司机驾车时，其座次自高而低依次应为：中排右座，中排中座，中排左座，后排右座，后排中座，后排左座，前排右座，前排中座。

六是多排座轿车。所谓多排座轿车，在此是指四排和四排以上的多座轿车。不论何人驾车，多排座轿车的座次都讲究由前而后，自右而左，依照其距离轿车前门的远近而具体排定。

(三) 乘车时的表现

在乘车的具体过程之中，教师对于自己在车上的表现一定要认真加以检点。不论有无熟人在场，不论是否有专人进行管理，教师在车上的具体表现都绝对不应当于礼不符。在下列三个基本方面，教师尤须予以注意。

1. 主动让座

与他人一同外出乘车时，教师应当主动请对方在上座就座。当座位不够时，则应当首先恳请对方入座。在车上就座时，假如发现中途上车而无座位的老、幼、病、残、孕者，教师还须主动发扬互助友爱的精神，将自己的座位让给对方。不要自以为理所应得，而对对方熟视无睹。应当说明的是,乘坐轿车时,务必应当自觉遵守乘车的额定人数,切勿随意违规而使轿车超载。

2. 注意安全

在乘车时,教师一定要谨记安全至上。无论如何,都不要因为不注意乘车安全而自找麻烦。在上下车时,一定要等待车辆停稳。在上下车辆的具体过程中,与身前身后之人要尽可能地保持一定的距离,不要推挤践踏对方。当车辆启动之后,千万不要逞一时之勇,而去扒车或者跳车。在车辆行驶期间,不要主动与司机攀谈,免得分散其注意;不要在车窗、车厢连接处等危险的地方就座,更不要信手向窗外乱扔东西。不注意他人的安全,同样也是不应该的。

3. 好自为之

在乘车的时候,广大教师必须处处注意严格要求自己,下列五点尤须重视。

一是不争抢座位。在乘车时争抢座位,是极其不文明的表现。

二是不设置路障。在乘车时,既不要在通道上乱放东西,也不要乱伸自己的腿脚,以防阻挡他人。

三是不连吃带喝。在乘车时又吃又喝,往往会给自己的周围之人造成不便。

四是不妨碍别人。乘车时,应使自己的身体距离其他人尤其是不相识者或者异性稍远一些,下雨下雪时所用的雨衣雨伞等物,亦应在上车后立即收好。

五是不坐特殊座。在有的公共汽车或地铁上,通常设有专为老、幼、病、残、孕预留的特殊座位,其他正常人是不宜在此就座的。

四 乘坐火车

在远距离外出时,多数中国人目前主要选择乘坐经济实惠的火车,广大教师自然也不会例外。在乘坐火车时,不但旅程漫长、时间较久,而且乘客甚多,难免你来我往,彼此接触较多,因此教师有必要学习并掌握基本的乘坐火车的礼仪规范。

(一) 持票就座

乘坐火车时,不论任何人,均应自觉地持票上车就座,具体而言,有以下四点必须牢记不忘。

1. 预先购票上车

教师在乘坐火车之前,必须依照有关规定预先购买车票。万一来不及购票,则应在上车之前预先进行声明,并且在上车之后尽快补票。持月票、磁卡通票或电子客票上火车时,亦应按规定将其出示,进行检票或验票。不允许逃票,或者使用废票或假票。

2. 乘坐指定车次

按照常规,持票乘坐火车时,只能够乘坐票上所规定的车次。这既与乘客所支付的乘车费用直接相关,而且也是防止乘客误乘火车而南辕北辙的必要措施。

3. 乘坐指定座位

在同一列火车上,卧铺与座席、软席与硬席、空调车厢与非空调车厢等,往往在舒适程度、服务标准方面存在一定的差别。其具体票价,自然也不可能完全一致。因此,教师在乘坐火车时,只能在指定的车厢、指定的铺位或座位上就座。

4. 每人一票一座

在一般情况下,人们在乘坐火车时,只允许每个人使用一个座位或者一个铺位。在火车满员或者超载时,尤其应当强调这一点。教师在乘坐火车时,不要指望多占座位,而漠视其他无座位者的存在。当车上乘客超载时,大家则应当互谅互让。必要时,教师应当主动为老、幼、病、残、孕者让座,或者为其他无座的乘客腾出一些地方请对方暂时休息一下。

(二)位次尊卑

与别的交通工具进行比较,火车上的位次尊卑问题相对而言不甚明显。但是,这并不等于乘坐火车时可以对位次的尊卑毫无讲究。在具体确定火车上的位次时,有如下四点应当予以注意。

1. 舒适之处为上

在火车上,较为舒适的车厢和座位,理当被视为上座。例如,卧铺较座席为佳,软席较硬席为佳,空调车厢较非空调车厢为佳等。

2. 方便之处为上

火车上行动方便的位置,一般都被视为上座。就座席而言,内侧的位置高于外侧的位置。就卧铺而言,下铺高于中铺,中铺则又高于上铺。

3. 面向前方为上

不论卧铺还是座席,在火车上均以面对火车行驶的方向为上位,而以背对火车行驶的方向为下位。究其原因,主要在于前者令人感觉比较自然。

4. 临窗之座为上

乘坐火车时,假定靠近车窗就座,不仅视野开阔,可以饱览窗外的山川秀色,而且空气清新,可以使人免于晕车,故此这一位置被视为上座。

(三)重在休息

由于乘坐火车者大多是在进行长途旅行,为了保存体力,一般而言,休息乃是人们乘车时的第一要旨。不论自己精力多么充沛,广大教师乘坐火车时均应切记此点。

1. 细声细语

在火车上,不论在平时还是在休息的时间里,都要尽量保持安静,不要无意之中制造有碍他人休息的噪音。在交谈时,应当尽量调低自己的音量。在收听广播、播放音乐、打扑克牌、把玩游戏机或者接打电话、发送短信时,都要使之声音愈小愈好。即使走动、取物、开关门,也要轻手轻脚。

2. 管好孩子

有时，教师在外出乘坐火车时会带上孩子。在这种情况下，一定要自觉地管理好所带的孩子。不要任其哭哭闹闹、到处乱跑，扰乱其他乘客的休息，尤其是不要有意逗弄孩子大喊大叫。与其他乘客所带的小孩玩耍时，亦须注意相同的问题。

3. 与人方便

当自己身边的乘客显得疲倦困乏或者已在休息时，要想方设法避免对对方造成干扰，要尽量减少自己的走动，并切忌反反复复地开灯、关灯。在此时收拾整理自己随身携带的物品，是极不自觉的表现。万不得已需要走动时，不要碰撞对方或者请求对方挪动位置。不要找对方交谈。当自己在卧铺上就寝时，应当头部朝向通道。倘若使自己双脚朝外，则睡相既不雅致，又会影响在通道上行走的其他乘客。

(四) 举止适度

教师在乘坐火车时，务必要对自己的举止行为严格进行要求。在以下三点上，特别应当加以关注。

1. 应对得体

在乘坐火车时，教师可与自己周围的乘客在两相情愿的前提之下进行适度的交际。主动找人交谈时，不要让对方勉强。他人找自己交谈时，一般应当予以合作。不论与任何人交谈，都要检点态度、注意内容。既不要目中无人、言辞傲慢，也不要信口开河、东拉西扯。

2. 装束得体

教师乘坐火车时的具体装束，应当体现出本人的良好教养。在活动方便的前提下，必须对文明与否给予高度的重视。在外人面前，教师切不可失之于自尊，不允许动辄打赤膊，更不可以在车上穿着过于短小的内裤招摇过市。需要更换衣服时，通常应当前往洗手间以避人耳目。

3. 饮食得体

在火车上，教师对于享用饮食时的所作所为，需要时时加以注意。有可能的话，最好去餐车就餐。在车厢内用餐时，则宜"速战速决"，并且不要享用气味刺鼻的食物。不要对自己剩余的食物置之不理，或者将其扔到地上、窗外等处。不要在车厢内吸烟，尤其是不要在禁烟的车厢内吸烟。当自己用餐时，可请身边的其他乘客加以品尝。而当对方如此对待自己，则宜婉言谢绝。

五 乘坐轮船

轮船是水上交通的现代化工具。当教师需要跨越江河湖海，尤其是在进行旅游、观光时，乘坐轮船往往不失为一种合理的选择。

教师在乘坐轮船旅行时，既要遵守通行于世的有关规则，又要对相关的礼仪规范有所了解。具体来讲，在确保安全、各就各位、和睦相处等三个方面，教师均应处处依礼而行。

（一）确保安全

乘坐轮船旅行时，"安全第一"是教师所绝对不容忽视的。对于没有乘坐轮船经验的教师来讲，安全问题则更为显得重要。在乘坐轮船时所需要特别注意的安全问题，主要具体涉及下列四点。

1. 上下有序

在上下轮船时，一定要按照先来后到的顺序排队，并且自觉地依次而行。在正常情况下，上船或下船时，都要争取与身前身后之人保持一定的距离，并且全神贯注、小心翼翼。这样做，既是为了讲究社会公德，也是为了确保安全。在上下船时假如一拥而上、乱挤乱撞，通过旋梯时就难以保证不出现闪失。此刻东张西望，对脚下毫不留神，则也有可能会险象环生。

2. 活动有忌

在乘船旅行途中，进行室外活动亦有一定之规。凡有碍安全的地方，均应敬而远之。切勿为了逞英雄、充好汉，而去拿自己的生命安全冒险。诸如船上的轮机舱以及桅杆、救生艇等处，均非可供常人观光戏耍之处。至于没有护栏之处，则更是不宜只身前往。在夜深人静或者风大浪险之际，尽量不要在甲板上自我陶醉、流连忘返。否则，被风浪无情地卷入水中，或者失足落水的可能性都是很大的。

3. 禁止离船

乘船途中，若未经允许，任何乘客均不得擅自离船进行自由活动，尤其是严禁不告而别。以下两种擅自中途离船的情况，特别应当被禁止。

一是擅自下水游泳。当轮船所在的水域状况不甚明了时，擅自下水游泳无异于自投罗网。

二是擅自登陆上岸。在轮船因故暂时靠岸，而禁止乘客登陆时，切勿反其道而行之。否则，就很有可能会使自己在此地掉队或失踪。

4. 逃生有法

万一在乘船旅行途中遇上了难以预料的天灾人祸，例如，撞船、触礁、劫船、沉船、台风、火灾等，教师一定要处变不惊，与其他乘客一起同舟共济，积极进行自救，并且在力所能及之时给予他人援助。需要弃船逃生时，应当听从船员的指挥，不要惊慌失措、夺路而逃，更不要急不择路。

（二）各就各位

在乘坐轮船时，对具体的顺序、座次也有一定的讲究。教师对于这一方面的礼仪规范，必须既了解，又遵守。在如下三个方面，尤其不可随随便便。

1. 上下轮船的顺序

上下轮船时,在顺序上是有一定讲究的。除了要遵守先来后到、依次排队等有关规定之外,与同行者的先后顺序通常颇有讲究。正确的做法是:在上船时,应当主动请同行之人在前而行,尤其是应当请同行的领导、客人、长辈、妇女、儿童走在自己的前面。而在下船通过舷梯时,则应当自己在前而行,而请同行之人走在身后,尤其是应当请同行的老师、长辈、妇女、儿童走在自己的后面。

2. 客舱之内的位次

在船上专供乘客休息的客舱,是分档次、讲位置的。根据常规,以垂直于水平面而论,越是往上的舱位越是舒适,其位次因而也就越高。在同一平面的舱位之中,单人间通常优于多人间,多人间则又优于通铺。在同一档次的舱房之中,距离通道出口处越近,一般位次便越高。而就普通的多人住宿的客舱来讲,卧铺高于座席,软席高于硬席,下铺高于上铺,空调席则高于非空调席。具体到一间多人住宿的客舱内,则以距离舱门远者为上位,距离舱门近者为下位。

3. 就座于规定之处

在轮船上,不同档次的舱位通常在票价上相距甚远。因此,凡购买标有座号、铺号的船票者,均应自觉地对号入座。不要占据争抢不属于自己的位置,也不要随便与其他不相识的乘客互换座号、铺号。倘若自己所持的是散座船票,则上船后应当在指定之处就座,并一人一座。既不要多占位置,也不要再三调换自己的位置。

(三)和睦相处

乘坐轮船时,教师与船上的其他一切同船之人均应友好相处,彼此之间以礼相待。在下列三点上,尤须认真注意。

1. 照顾同行之人

当教师与自己的亲朋好友一同结伴乘船时,应当对对方给以力所能及的帮助。在客舱之内休息时,应将较好的位置让予对方。在日间活动时,应当主动与对方在一起进行交谈、娱乐,或一起外出观光、散步。发现对方身体不适,或者晕船之时,应当积极为其寻医问药,并且对对方进行安慰和照料。不论在任何情况下,都不应当在乘船时见异思迁,有意或无意之中疏远或者冷落自己的同行之人。

2. 礼待其他乘客

乘船之时,可以适度地与其他乘客进行交际活动。与其他乘客进行交往时,勿忘待之以礼。在船上,只要双方情愿,教师完全可以同自己所碰到的任何人进行交往。大家可以在一起谈天、散步、娱乐,甚至是共同进餐,但是不要忘记给对方留下私人活动的时间。与异性进行交往时,既要光明磊落、大大方方,又要讲究分寸,不要对对方热情过高,不要与对方如影随形。与其他乘客交谈时,对于海难、劫船、台风等一类耸人听闻的话题应当免谈。

当刚刚结识的异性乘客对自己热情相待时,既不要自作多情、受宠若惊,也不宜对对方来者不拒。

3. 尊重全体船员

按照乘船礼仪的基本规范,任何身份的乘客在搭乘客轮时,都要给予全体船员以应有的尊重。教师在出差或旅行时,对此务必要加以重视。以下四条,特别应当尽力做好:

一是尊重船员的人格,不要对对方颐指气使。

二是感谢船员的服务,不要自觉自己对其受之无愧。

三是配合船员的工作,不要有意无意给对方平添麻烦。

四是听从船员的管理,不要一意孤行。

六 乘坐飞机

飞机,是目前最为先进的交通工具。它一方面具有安全可靠、快速便捷、轻松舒适等显著的优点,另一方面对其乘客在礼仪方面也有着更高的要求。在日常生活里,普通教师乘坐飞机的机会并非很多。正因为平时缺乏乘坐飞机的经验,所以教师更有必要认真而系统地学习乘坐飞机的礼仪。

教师所应掌握的乘坐飞机的礼仪,具体而言,主要涉及严守规定、尊重他人、自尊自爱等三个方面。

(一) 严守规定

为了确保飞机的飞行安全,民航方面对乘客乘坐飞机时的表现,有着一系列的具体要求和规定。如果违反此类规定,有时不仅会受到严厉的批评,而且还有可能被依法进行惩处。

1. 购买机票的规定

在我国境内购买机票时,必须出示有效证件,如居民身份证、护照等,否则不能购票。购买机票时,必须在其上面填写购票者的真实姓名。购票之后,可以按规定退票,但不得对其自行涂改,或者自行转让他人。

2. 乘客行李的规定

因飞机载重有限,所以对乘客随身携带或交付托运的行李,都有专门的规定。在我国,持头等舱票者,每人可随身携带两件物品。持公务舱或经济舱票者,每人则只可随身携带一件物品。每件物件的重量不得超过5公斤,其体积应限制在长55厘米、宽40厘米、高20厘米之内。乘坐飞机时,每位乘客均可免费托运一定数量的行李。其具体的重量规定为:头等舱40公斤,公务舱30公斤,经济舱20公斤。超额的行李则应付费托运。凡付费托运的行李,每件均不得重于50公斤。除包装完好之外,其体积应限制在长100厘米、宽60厘米、高40厘米之内。凡违规物品,均不得私自交付托运。

3. 登机检查的规定

在登上飞机之前,每位乘客均应依照有关规定,接受例行的检查。

一是要出示机票、登记牌、个人有效证件。

二是要接受个人安全检查。所谓安全检查,在此是指对每一位乘客及其随身携带物品进行的以维护航空安全为目的的技术检查或者手工检查。按照目前规定,酒类、枪支、弹药、刀具、利器、易燃易爆物、剧毒放射物质以及涉毒涉黄之物,均不得携带登机。

4. 乘机期间的规定

乘机旅行期间,对于所有乘客亦有一定的规定。在飞机起飞或降落时,应在座位上坐好、系上安全带、拉开窗户的遮光板、调直座椅,并且收起身前的小桌板。当飞机颠簸时,不要起身站立、四处走动,或者使用卫生间、取放个人行李。凡禁止触动之处,均不得随意乱摸乱动。机上专用的救生用品,例如,氧气面罩、救生衣等,不得私自携带下机。在飞行期间,一切有碍于飞机正常工作的电子用品,诸如手机、录音机、电子玩具、电子游戏机等,均不得使用。

(二) 尊重他人

乘坐飞机期间,教师必须处处注意尊重其他人,否则就会使自己显得少调失教,从而贻笑大方。

1. 尊重机场工作人员

教师在上飞机之前、下飞机之后,都要始终如一地对机场工作人员表示应有的尊重。享受对方所提供的服务之后,要向对方道谢。得到对方的帮助之后,亦应不忘致谢。接受对方的检查时,则应全力进行配合。此时,既不要有意为难对方,更不要借机对对方吹毛求疵。

2. 尊重机上乘务人员

乘机期间,对机上的所有乘务人员,不论对方是同性还是异性,都应礼貌有加。在上下飞机时,对于来自对方的问候要积极回应。当对方为自己送上食物、饮料、书刊、纪念品时,勿忘向其道谢。请求对方帮助时,不要成心给对方出难题。可以自己解决的问题,最好不要去麻烦对方。当对方对自己提出建议时,一般均应欣然接受,而不宜顶撞对方。

3. 尊重其他同行乘客

乘机旅行的时间通常较短,因此在机上与其他乘客进行交际的时间较少。虽则如此,亦应注意下列五点:

一是上下飞机时要排队依次而行。

二是在机上走动或摆放行李时不要阻挡别人。

三是不要因为个人行为不检点而影响别人休息。

四是不要盯视、纠缠异性、明星或者外宾。

五是不要拒绝与别人进行交谈。

(三) 自尊自爱

教师在乘坐飞机期间,必须注意以实际行动体现自己的自尊自爱。在下列六点上,尤应多加注意。

1. **不要大声喧哗**

当别人休息时,尤其是在飞机夜间飞行时,千万不要高声谈笑、喋喋不休或放声高歌,从而有碍于其他乘客的休息。此时如有必要说话,则声音愈低愈好。

2. **不要危言耸听**

在飞行期间,不要对飞机的性能说三道四,尤其是不要谈论有关劫机、撞机、坠机等令人恐惧的问题。否则既吓唬了别人,还有可能因此而使自己违法。

3. **不要乱走乱动**

不要在飞机飞行期间从座位上进进出出,或者在通道上走来走去。身前的小桌板、身后的椅靠、身旁的窗户遮光板,亦不得反复调试,不然就会令人厌烦。

4. **不要手脚乱伸**

不论自己周围的座椅或通道上是否有人,均不应将自己的手脚随意乱伸出去。至于将身子躺在别人的座椅上或将自己的腿脚搭放上去,则更是不可以的。

5. **不要当众更衣**

万一有必要在机上更换衣服,宜前往洗手间进行,而不宜当众进行。随意在机上脱去鞋袜,虽说较为舒适,但因其污染空气,亦为不雅之举。

6. **不要占小便宜**

在机上享用食物、饮料时,应当量力而行,不要使自己显得欲壑难填。机上专用的报刊、画册、毛毯、枕头、靠垫或餐具等物,均不得私自带下飞机去占为自用。

第七节　礼品礼节

在教师的人际交往中,互赠礼品时有所见。在现实生活里,赠礼乃是人际交往中的一项重要活动。对教师而言,赠礼往往是一种双向的行为。即不单自己时常需要向他人赠送礼品,而且自己时常也需要接受他人所赠送的礼品。从本质上来看,在人际交往中向他人赠送礼品,主要是为了向对方表达自己的敬重、友善之意。与此同时,赠送礼品往往还有借物抒怀、表达情感、满足需求以及留作纪念之用。

应当说,向他人赠送礼品是既容易又不容易做的一件事情。说它容易,是因为赠送礼品这件事本身并不困难:准备好礼品,届时送上即可。说它不容易,则是因为要想使自己赠送给他人的礼品不但准确无误地传递自己意欲传递的信息,而且令对方既欣然接受又真心欣赏,往往是难上加难的。

赠礼,在此指的就是礼品赠送。在赠送礼品时,需要教师们掌握的礼仪规范主要涉及礼品的选择、礼品的赠送与礼品的接受等三个方面。

一 选择礼品

赠礼的第一步,便是要首先进行礼品的选择。只有在选择礼品时严格而认真地遵守相关的礼仪规范,才能够使赠礼行为有所收效。在选择礼品时如果掉以轻心、滥竽充数,则必然会直接破坏赠礼的效果。一般来说,教师在选择礼品时,有必要重视下列三个主要问题。

(一) 量力而行

在选择礼品时,教师需要予以重视的最主要的问题,就是务必要从自己的实际能力出发,始终坚持量力而行的原则。

与社会上的其他人士相比,大部分教师并不属于非常阔绰的阶层。因此,教师在选择礼品时完全不必脱离自己的客观条件,不宜不自量力地勉为其难。至于成心要装富摆阔,或者是要同社会上的富有一族进行攀比,则更是毫无必要。

有道是:"礼轻情义重。"教师在为自己的亲朋好友选择礼品时,一定要牢牢地记住这一点。换言之,在选择礼品时,教师务必要善于勤俭持家,坚决杜绝铺张浪费之习。要想方设法地突出其特殊的纪念意义与丰富的情感内涵,而不是指望以其高价、高档而取胜。更加简单地讲,就是要少花钱,办好事。要厉行节约,绝不乱花一分钱。

(二) 突出特色

本着量力而行的原则,教师在选择礼品时还必须注重突出其特色。在选择礼品时,只讲究节约,而对其特色漠然无视,往往也会出问题。教师在选择礼品时要注重其特色,主要应当体现在如下三个方面。

1. 富有独创性

作为注重情感、崇尚情趣、讲究情调的一族,教师在选择礼品时一定要力求匠心独运、标新立异、与众不同。不论礼品的具体品种还是赠送礼品的具体方式,都要反对千人一面,而应努力使之新、奇、特、异,并且与众不同。向别人赠送具有独特性的礼品,不但可以反映出自己对于它的重视,而且也可以令对方耳目一新、爱不释手、久久难忘。讲究礼品的独创性,并不意味着非要去进行"高消费"。有些时候,亲手为他人制作一件小礼品,便等于"特别的爱给特别的你"。

2. 兼顾时尚性

在力所能及的条件下,送给他人的礼品,还必须适当地兼顾时尚性,即可以酌情选择一些时下正在流行的物品作为礼品送人。有些时候,选择稍微前卫一些的东西送给别人,往往也是可以的。应当注意的是,除非必要,通常不应当将目前早已过时的东西郑重其事地送给别人。将落伍之物充当礼品送给别人，往往会被视为以"处理品"搪塞对方，因而会被对方理解为含有对其应付或者轻视之意。

3. 具备针对性

有经验的人都懂得，为他人选择礼品，理当投其所好。这便是所谓礼品的针对性。具体而言，若想使自己为他人所选择的礼品具有针对性，就必须争取事先对对方有一定程度的了解，然后据此在选择礼品时优先考虑对方的兴趣、爱好或者实际需要。唯其如此，方能使自己赠送给对方的礼品适得其所，受到对方的真正青睐。例如，将一盘优质的西洋古典音乐的激光唱盘送给一位西洋古典音乐的爱好者，好比"雪中送炭"，必定会让对方欣喜若狂；但若将它送给一名对西洋古典音乐一无所知的"音乐盲"，想要借此博得对方开心一笑，恐怕则是难乎其难。

（三）忌送之物

对于教师来讲，在选择送与他人的礼品时，千万不可因为一时疏忽而选择了忌送之物。不论将社会上忌讳的物品还是受赠者忌讳的物品正式赠送予人，都有可能会直接冒犯对方。需要教师所谨记的忌送之物，主要有下列四类。

1. 违法物品

作为现代社会里受过良好教育的一员，教师们必须自觉地奉公守法。在任何情况下，教师们在选择礼品时，都不得使之与法律相抵触。涉毒、涉枪、涉黄以及涉及国家秘密的物品，绝对不允许相赠予人，更不可以明知故犯。将盗版、走私物品送人，亦为不可。不然的话，既会害了对方，又会害了自己。

2. 有害物品

有些物品，虽不为法律所明文禁止，但对于人们的工作、学习、生活和身体健康，依旧是无益而有害的。例如，香烟、烈酒、黄色物品以及内容庸俗低劣的书刊、音像制品等，均属于此类物品。以之送人，尽管不算违法，但却难脱存心伤害对方的嫌疑。

3. 犯规物品

明显触犯某些重要规矩的物品，在选择礼品时必须有意识地不予考虑。它们主要涉及下述五种物品：一是触犯宗教禁忌的物品；二是触犯民族禁忌的物品；三是触犯地方禁忌的物品；四是触犯行业禁忌的物品；五是触犯个人禁忌的物品。上述犯规之物贸然送人，将会直接有损于双方关系。

4. 残次物品

送给他人的礼品，虽然不必一味追求高档、高价，让人叹为观止，但也不应该轻易地将残次性物品出手相赠。自己已经使用过的东西、过期失效的东西、淘汰废弃的东西、难以再用的东西，在一般情况下都不应该再去送给别人。把旧物、废物、残货、次品送给别人，往往意味着不尊重对方的人格。

二　赠送礼品

具体而言，教师在向别人赠送礼品时，还必须注意下列四个方面的问题。只有在这些方面都做好了，才可以使自己所精心挑选的礼品正常发挥其本应发挥的基本作用。

(一) 明确目的

向他人赠送礼品，并非无的放矢，而是往往具有一定的目的。教师在赠送礼品时，不仅应当首先明确自己的目的，而且还必须从根本上端正对赠送礼品的目的性的认识。

对教师来讲，向他人赠送礼品的正确目的主要有六：一是用以向对方表示尊敬。二是用以向对方表示友好。三是用以向对方表示歉意。四是用以向对方表示感谢。五是用以向对方表示祝贺。六是用以向对方表示纪念。

教师必须意识到，抱有以下目的而向他人赠送礼品，都是不正确的。一是指望摆阔炫耀。二是指望收买人心。三是指望贿赂对方。

(二) 选择时机

向别人赠送礼品的具体时机，通常是非常讲究的。最关键的是切勿不分具体时机，而向他人乱送、滥送礼品。

对于教师来讲，在下列时机可以考虑向自己的交往对象赠送适当的礼品。

1. 向人道贺

当交往对象有可喜可贺之事时，例如，晋级、乔迁、结婚、生子、获奖或者过生日时，均可相机向其赠送礼品，以便为其锦上添花。

2. 适逢节庆

在一些重要的节庆之日，例如，元旦、春节、妇女节、老人节、青年节、儿童节、教师节、护士节、建军节、父亲节、母亲节以及情人节时，可向自己的亲朋好友赠送礼品。

3. 初次登门

初次前往他人家中登门拜访，尤其当对方是自己尊敬的师长时，在力所能及的前提下，可以为对方略备薄礼。去外国人家里初次应邀做客时，特别需要注意这一点。

4. 依依惜别

当亲朋好友即将同自己分别远行之际，可以为对方准备具有纪念意义的礼品，以示"海内存知己，天涯若比邻"。

5. 进行慰问

当自己的至交挚友遭遇挫折或不幸，可在探访对方之际，向其赠送含有慰问、安抚、勉励之意的礼品。

(三) 重视方式

向他人赠送礼品时，有必要重视其具体的方式方法。目前，常规的送礼方式主要有下述三种。

1. 亲自赠送

向他人亲自赠送礼品，不仅最为普遍，而且通常也易于产生较好的反响。

2. 托人转送

当自己不能向受赠对象面交礼品，可委托双方或其中一方的熟人将礼品转送给对方。

3. 付费代送

在必要之时，还可以通过付费的方式，委托邮局、快递公司、礼仪公司替自己代劳。需要加以强调的是，向他人赠送的礼品，一般均应加以适当的包装。包装礼品，主要有四点好处：一是可以保护礼品；二是可以提升礼品的档次；三是可以增加礼品的神秘感；四是可以体现赠送者对礼品的重视。

(四) 检点表现

向他人赠送礼品时，务必要注意自己临场时的具体表现。如果在赠送礼品时表现失常，则往往会使自己前功尽弃。

1. 落落大方

向他人赠送礼品时，一定要表现得大大方方、自然而然。千万不要使自己表现得举止失常、手足无措、偷偷摸摸、小里小气，甚至使自己在外人眼里显得形迹可疑、居心叵测。

2. 郑重其事

向别人面呈礼品时，为了避免功亏一篑，务必要表现得端庄稳重、郑重其事。将礼品递交对方时，应当稳步走向对方，先打一声招呼，然后再以双手将礼品捧交到对方手中。不要将礼品放下之后，任由对方自取。若礼品过大，由他人代呈礼品时，送礼者亦应在旁援之以手。

3. 认真说明

向他人赠送礼品，本是光明正大之事。对其虽不应该大张旗鼓、招摇过市，但也不可一言不发、不作任何说明。面呈礼品时，一般有下述三类内容需要酌情向受赠者加以说明：一是赠送礼品的原因；二是礼品自身的寓意；三是礼品主要的功能。缺少上述必要的说明，往往会使人觉得礼品"残缺不全"。

4. 兼顾他人

向他人送礼时，应对其他在场之人适当地予以兼顾。具体需要注意的问题有三：

一是向某人赠送私人性礼品时，不宜在大庭广众之前堂而皇之地公开进行。

二是向数人赠送的礼品若互有不同时，最好分别进行赠送，以防其彼此之间当面加以比较。

三是向多人同时赠送礼品，应依照合乎礼仪的先后顺序，一一将礼品亲自递送到每一名受赠者手中。其具体做法是：要么由尊而卑，依次而行；要么则由近而远，依次而行。

三 接受礼品

在接受礼品时,受赠者亦应遵守有关的礼仪规范。从总体方面来讲,受赠者既要对赠礼者表示出应有的尊重与谢意,又要对对方所赠送的礼品给予应有的重视。在一般情况下,接受礼品时,教师主要有下列三个方面的问题应当予以注意。

(一)态度恭谨

对于人际交往中他人所赠送的礼品,只要其并非违法、犯规之物,教师通常都可以大大方方地欣然笑纳。然而在接受他人所赠送的礼品时,对其一定要认真加以对待,并且要在自己的表情、神态、动作、语言上,表现出对于礼品的重视。唯有如此,才会使赠礼者真切地感受到"功夫不负有心人"。

在接受礼品时,不论对方与本人具体关系如何,均应令自己的态度表现得对其恭谨有加。具体来说,下述三点尤其应予重视。

1. 神态专注

当有人表示要马上向自己赠送礼品时,一定要立即中止自己手头上正在处理的任何事情,立即起身站立,并且适当地迎向对方。不论在任何情况下,此时均应面带笑容,并且面向对方。除此之外,在心理上亦应有所准备。不但要表现出自己稳重大方,保持风度,而且也要表现出专心致志、充满喜悦。这样做,才能够恰如其分地表现出自己对对方的一番好意,并真正地为对方所心领神会。此时此刻,假定对对方不理不睬、若无其事,或者漫不经心、心不在焉,并不意味自己见过世面,而只会对送礼者造成伤害。

2. 双手捧接

对于送礼者尊重和对于礼品重视的一种公认的、合乎礼仪的常规做法,就是要在送礼者送上礼品时,使用双手前去捧接。与此同时,还应当使自己面带真诚而友好的笑容,并且双眼正视对方。

在一般情况下,切勿只用一只手去随随便便地接受礼品,尤其不要使用左手这么做。万不得已之时,则应当先向对方说明具体原因,并且认真表示自己的歉意。

应当提示的是,双手捧接对方的礼品,不仅要认认真真、稳稳当当,而且还要等到对方递过礼品时才可以这么做。不要急不可耐地伸手抢夺礼品。双手摩拳擦掌、双眼紧盯着礼品不放,或者开口相询对方"所送何物",都是教师所不应当有的表现。双手接过他人相赠的礼品之后,倘若需要与对方继续应酬,可以暂时小心翼翼地将礼品放在一旁,或是收装起来。但不要随手乱扔,并且最好不要将礼品直接放在地面之上。

3. 诚心致谢

按照人们一般性习惯,在双手捧接他人相赠的礼品的同时,受赠者还必须真心实意、恭恭敬敬地立即向送礼者当面道谢。假如有可能的话,受赠者还应当与此同时郑重其事地主动与送礼者握手,并再次表达自己的感激之心。不论对方身份如何,不论双方关系如何,不论对方所赠送的礼品价值如何,受赠者都应当认认真真地这样做。不要在对方热情而友好地递送礼品时没有任何感谢的表示,不要让对方"好心不得好报"。也不要在此刻表现得虚情假意、口是心非,对对方所真心相赠的礼品反复推辞,好似不愿接受。

(二) 欣赏有加

在适当的情况下,受赠者可在接受礼品之后,当着送礼者本人的面,以一定的方式,表达自己对对方所赠之物的欣赏之意。只要做得有分寸,这种做法必定会产生良好的反馈。

接受礼品之后,受赠者对其表示欣赏的具体做法,主要有下列三种。

1. 当面启封

接受他人所赠送的礼品之后,如果当时的现场条件允许,并且礼品自身之外拥有较为正式的包装的话,受赠者均应尽可能地当着送礼者的面,当场拆启礼品的包装,以便观赏其中的具体内容。此种做法,是国际上的一种常规。它不仅表示受赠者尊重送礼者,而且也表示受赠者重视自己的获赠之物。客观地说,此种做法比起接受礼品之后不看一眼或随手乱掖、乱丢的做法的确有其所长。

需要注意的是,当场启封礼品的外包装时,动作要既文明又轻盈,不要无意之中损坏了礼品,也不要乱撕、乱扔包装用品。

2. 适度称道

当场拆启礼品的外包装之后,假如现场条件许可的话,受赠者切勿忘记当着送礼者的面,采用适当的语言和动作,来表示自己对礼品的欣赏。

具体来讲,主要有下述两种方法可以采用。

一是口头上对礼品加以肯定。既可以实事求是地称道礼品的优点或者其与众不同之处,也可以高高兴兴地告知送礼者:对方所送的礼品,恰为自己久觅不得之物。

二是动作上表示对礼品青睐。可以面含喜色,对礼品反复观赏;也可以把礼品捧在手中反复观赏,以示自己对其爱不释手。

上述两种做法,可以选择其一,也可以二者并用。出于礼貌,受赠者无论如何都不应当在送礼者面前对礼品加以否定,或是对其吹毛求疵。即使当场告诉对方此物不适合自己,或是自己早已拥有此物,往往也是不明智的。

3. 酌情使用

人们对某种物品表示重视的一种常规做法,就是对其经常使用。在表示对礼品欣赏的时候,受赠者同样可以这样做。受赠者在适当的时候尽可能地使用自己所获赠的礼品,既可以体现其"物有所值",又可以令送礼者在发觉此事之后备受鼓舞。

受赠者在具体使用获赠之物时,有以下三点应予注意:一是不宜有意张扬;二是不宜大材小用;三是不宜转送他人。除此三点之外,受赠者使用获赠的礼品,则可以说是多多益善。道理十分简单,这是受赠者对自己获赠之物欣赏之意的最直接的体现。当一个人不欣赏一件物品时,除非万不得已,他通常都是不会对其反复使用的。

(三)拒绝有方

在人际交往里,对于他人所赠之物,教师并非均应来者不拒。倘有必要,教师也可以对他人所赠送的礼品加以拒绝。

拒绝他人所赠送的礼品,必须依礼而行,并且讲究其方式、方法。具体而言,有如下三个方面的问题必须予以注意。

1. 事出有因

拒绝他人所赠送的礼品,总要有一定的原因。对其不加任何区别地一概回绝,显然是不适当的。一般来讲,教师所不宜接受的礼品主要有下列三类:

一是违法、违规之物。不论对方是什么人,只要他所送的礼品是违法、违规的,教师在任何情况下均不应予以接受。

二是有损国格、人格之物。假定他人所赠送的礼品将有损于自己的国格、人格,则教师对其理当断然加以拒绝。

三是价格过分昂贵之物。如果彼此双方关系一般的话,通常不宜接受他人所赠的贵重之物。特别需要强调的是,教师不宜接受自己学生所赠送的此类礼品。

2. 讲究方式

拒绝别人所赠送的礼品时,一定要具体情况具体对待,并采取适当的方式。合乎礼仪的拒绝方式主要有下列四种。

一是直言缘由法。直言缘由法,即受赠者直截了当而又所言不虚地当面向送礼者说明自己难以接受礼品的具体原因。这种做法开门见山,有时反倒省事。

二是婉言相告法。所谓婉言相告法,即在退还礼品时,由受赠者使用委婉而不失礼貌的语言,向送礼者暗示本人难以接受对方所赠之物的具体原因。此法的长处,在于为对方留有余地。

三是事后退还法。有些时候,退还礼品不宜在众目睽睽之下进行,而可事后操作,此即事后退还法。采用此法时,不宜拖延时间,而应当尽量从速。

四是托人代退法。托人代退法,即受赠者不便亲自退还礼品时,而请他人代劳。这种方法,虽然可以免除受赠者与送礼者双方面对面时的尴尬,但却易于引发误会,故此平时以少用为妙。

3. 不失敬意

退还别人礼品时,切莫有意或无意失敬于对方。因此而有损双方关系,既没有必要,也不值得。

退还别人礼品时,在神态上应当不卑不亢、真诚自然。既不要故作严肃,也不要表现出极不耐烦的神情。

　　退还别人礼品时,在语言上应当依旧以礼待人。不要忘记,即便退还了对方所赠之物,口头上也要向对方道谢。千万不要在退还礼品时小题大做、借题发挥、无事生非。此时此刻,既不要指责对方,更不要流露出自己的不屑之意。

本章小结

- 本章讲授的是教师所应掌握的交际礼节。它是教师处理其私人应酬时律己敬人的有效工具。
- 本章第一节讲授的是会面礼节。它对会面时的称呼、问候、介绍、握手、名片等礼节进行了规范。
- 本章第二节讲授的是拜访礼节。它对做客与待客的礼节进行了规范。
- 本章第三节讲授的是集会礼节。它对主持会议、参加会议与会上发言的礼节进行了规范。
- 本章第四节讲授的是宴会礼节。它对餐前表现、席间禁忌以及工作餐、自助餐礼节进行了规范。
- 本章第五节讲授的是舞会礼节。它对组织舞会与参加舞会的礼节进行了规范。
- 本章第六节讲授的是交通礼节。它对徒步行走、驾驶汽车、乘坐汽车、乘坐火车、乘坐轮船,以及乘坐飞机的礼节进行了规范。
- 本章第七节讲授的是礼品礼节。它对选择礼品、赠送礼品与接受礼品的礼节进行了规范。

练习题

一　名词解释

1. 礼节
2. 握手
3. 介绍
4. 称呼
5. 问候

二　要点简答

1. 怎样处理私人应酬?
2. 怎样为他人进行介绍?

3. 怎样索取他人名片？
4. 怎样遵守会议纪律？
5. 怎样安排菜单？
6. 怎样检点个人的餐桌举止？
7. 双排座轿车上哪个位置是上座？
8. 如何对待他人所赠送的礼品？

参考书目

1. 《毛泽东邓小平江泽民论教育》,北京:人民教育出版社、中央文献出版社、北京师范大学出版社,2002年版。
2. 《教育法·义务教育法·教师法》,北京:中国法制出版社,2000年版。
3. 张乐天主编:《教育学》,北京:高等教育出版社,2007年版。
4. 单中惠主编:《西方教育思想史》,教育科学出版社,2007年版。
5. 本书编写组:《教师礼仪》,北京:新华出版社,2006年版。
6. 李兴国、田亚丽编著:《教师礼仪》,上海:华东师范大学出版社,2006年版。
7. 刘维俭、王传金主编:《现代教师礼仪教程》,南京:南京师范大学出版社,2006年版。
8. 金正昆著:《社交礼仪教程》,北京:中国人民大学出版社,2005年版。
9. 马振海主编:《教师礼仪》,开封:河南大学出版社,2001年版。
10. 郭娅玲编著:《中小学教师礼仪》,长沙:湖南师范大学出版社,2001年版。
11. 〔俄〕鲍·里·伍尔夫松:《比较教育学》,北京:教育科学出版社,2007年版。
12. 〔意〕德·亚米契斯:《爱的教育》,北京:中国少年儿童出版社,2006年版。
13. 〔加〕路易·迪索:《礼仪》,北京:外语教学与研究出版社,2005年版。
14. 〔俄〕马卡连柯:《教育诗》,深圳:海天出版社,1998年版。
15. 〔美〕伊·波斯特:《西方礼仪集萃》,北京:生活·读书·新知三联书店,1991年版。
16. 〔俄〕马特维也夫:《怎样使你彬彬有礼》,上海:上海人民出版社,1989年版。

后　记

　　近年来,我曾多次在中央电视台、东方电视台、沈阳电视台、中央教育电视台、山东教育电视台、中央人民广播电台、北京人民广播电台等广播电视媒体上举办有关现代礼仪的系列讲座。与此同时,我也先后为公务员、经理人、外事人员、大学生、中专生乃至少年儿童编写过专门的礼仪教材。2003年春,有人建议我:不妨尝试着把二者结合起来,撰写一套教材,借助于我国日益发达的广播电视媒体,向广大公众普及、推广现代礼仪。经过我近三年的努力,于是有了这套专门为全国广播电视大学的同学们所编写的教材。

　　在我看来,所谓礼仪,乃是人际沟通的技巧。礼者,敬人也。它要求:在人际交往中既要尊重别人,也要尊重自己。习礼,必须明确待人接物之时尊重为本。仪者,规也。它要求:在人际交往中,尊己与敬人皆须借助于规范化的表现形式。习仪,亦必须明确:尊己与敬人皆应善于表达。简言之,礼仪的宗旨即:尊重为本,善于表达。

　　在课堂讲授礼仪时,我平时所津津乐道的是我国古代先哲荀子所说的一句话:"礼者,养也。"我一向认为,礼仪不仅是人际交往的艺术,而且也是每一名现代人立足于社会时所应具备的基本教养。不闻孔子尝言"不学礼,无以立"?! 对每一名现代人而言,学习与运用礼仪,可使自己赢得社会的广泛的尊重;学习与运用礼仪,可使自己更好地向交往对象表达尊重之意;学习与运用礼仪,可提升自己与他人进行合作的能力;学习与运用礼仪,亦可使自己在人际交往中成为受大家欢迎的人。

　　本套为我国广播电视大学学生所专门编写的《现代礼仪系列》教材,历时近三年,共分为《社交礼仪概论》《商务礼仪概论》《国际礼仪概论》《教师礼仪概论》等四册。其主要区别是:

　　《社交礼仪概论》,主要讲授基础的交际礼仪规范,以各类学生为其适用对象。

　　《商务礼仪概论》,主要讲授商界的基本礼仪规范,以经贸类学生为其适用对象。

　　《国际礼仪概论》,主要讲授国际交往的常用礼仪规范,以涉外类学生为其适用对象。

　　《教师礼仪概论》,则主要讲授当代人民教师所须掌握的职业礼仪规范,以师范类学生以及广大教师为其适用对象。

　　考虑到本套教材不仅以广大广播电视大学学生为适用对象,而且还要借助于广播电视媒体进行教学,因此在其具体编写过程中,我努力追求规范性、针对性、简约性与技巧性兼具,以求真正可以为我国当代的广大广播电视大学的同学们服务。

　　在本套教材编写过程中,中央广播电视大学与北京大学出版社的领导均多次给予指导;许多专家、学者也提出了不少有益的意见与建议,从而令其增色不少。在此,一并表达我由衷的谢意!

　　作为国内第一套广播电视大学所使用的礼仪教材,本套教材难免多有不足。有人说过:广播与电视都是一种"令人遗憾的艺术",因为它们都"一成不变"。好在教材却是可以不断修改、与时俱进、精益求精的。因此,恳请广大师生将使用本套教材的意见与建议及时反馈于我,以便令其日臻完善。谢谢!

作者

2006年6月6日